모바일러닝
설계
모바일 혁명을 통한
조직역량 개발

모바일러닝 설계 **모바일 혁명을 통한 조직역량 개발**

발행일 | 2014년 6월 10일 초판 발행

저자 | Clark N. Quinn
역자 | 서영석, 권숙진, 방선희, 정효정
발행인 | 강학경
발행처 | **(주)시그마프레스**
편집 | 김경임
교정 · 교열 | 김성남

등록번호 | 제10-2642호
주소 | 서울특별시 영등포구 양평로 22길 21 선유도코오롱디지털타워 A401~403호
전자우편 | sigma@spress.co.kr
홈페이지 | http://www.sigmapress.co.kr
전화 | (02)323-4845, (02)2062-5184~8
팩스 | (02)323-4197

ISBN | 978-89-6866-123-5

Designing mLearning: Tapping into the Mobile Revolution for Organizational Performance

* 책값은 책 뒤표지에 있습니다.

* 이 도서의 국립중앙도서관 출판시도서목록(CIP)은 서지정보유통지원시스템 홈페이지(http://seoji.nl.go.kr)와 국가자료공동목록시스템(http://www.nl.go.kr/kolisnet)에서 이용하실 수 있습니다.(CIP제어번호: CIP2014017425)

Designing. mLearning

모바일러닝 설계

모바일 혁명을 통한 조직역량 개발

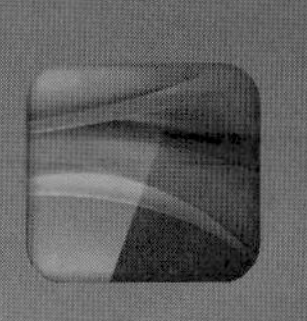

Clark N. Quinn 지음 | 서영석, 권숙진, 방선희, 정효정 옮김

Σ 시그마프레스

모바일러닝이라는 주제가 왜 이슈가 되는가?

오늘날 모바일 기기는 어디에서나 흔하게 찾아볼 수 있다. 그렇다면 모바일 기기를 학습 지원에 활용할 수 있을까? 답은 확실히 "그렇다"이다. 모바일 기기는 형식 혹은 비형식 학습을 위한 새로운 채널을 제공해줄 뿐만 아니라 시간과 장소에 구애받지 않고 학습할 수 있도록 하는 독특한 속성을 가지고 있기 때문이다. 따라서 모바일은 개설된 강좌들에만 국한되는 것이 아니라 광의(廣義)의 학습을 지원해준다. 광의의 학습이란 혁신, 협동, 연구, 설계 그 이상을 포함하고 있으며, 신제품을 만들어내고, 서비스를 창출하고, 문제를 해결하는 것을 말한다. 모바일 기기가 우리에게 필요한 도구들을 제공해주고, 학습을 증진시켜주거나, 사람들을 연결해주는 것을 떠나서 인간의 수행을 지원하는 데 강력하면서도 새로운 도구임에 틀림없다.

독자는 이 책에서 무엇을 얻을 수 있는가?

이 책은 모바일러닝(이후 엠러닝과 혼용)의 강점에 대하여 기본적이면서도 포괄적인 시각에서 다루고 있다. 먼저 기본적으로 엠러닝이 제공하는 다채롭고 풍요로운 기회에 대하여 소개한다. 또한 학습의 역사와 모바일 시장에 대하여 폭넓게 개관하고 있는데, 이를 바탕으로 엠러닝 도입 시 고려해야 할 점과 추진 과정에서 알아야 할 적절한 방법들을 소개한다. 이처럼 엠러닝은 새로운 관점을 요구하는데, 엠러닝이 제공하는 기회들에 대해 다양하게 생각해보는 것은 우리의 생산적 사고를 도와준다. 또한 이 책은 모바일 관련 프로젝트를 전반적으로 안내해주는 조직 원리에 따라 모바일 솔루션을 설계하고, 전달하고, 활용하는 과정에 대해 설명해준다. 마지막으로 엠러닝의 전략적 함의를 논의하고, 앞으로의 경향을 검토함으로써 미래를 준비할 수 있도록 도울 것이다. 아울러 이 책 곳곳에서 제공되는 사례들은 엠러닝에 대한 개념을 잡는 데 도움을 줄 것이다.

이 책은 어떻게 구성되어 있는가?

이 책은 엠러닝에 관심 있는 사람들에게 핵심적인 자료를 제공하고 있다. 우선적으로 기업교육과 관련된 사람들을 독자로 고려하였지만 엠러닝을 도입하려는 교육기관에서 안내서로 혹은 대학 교재로도 활용될 수 있다.

이 책에서는 엠러닝에 대하여 개념적 차원과 실용적 차원에서 소개하고 있다. 개념적 차원에서는 엠러닝을 설계하는 데 필요한 학습 및 수행지원 프레임워크, 최상의 수준 또는 다양하면서도 상세한 방법을 제공하고 있다. 실용적 차원에서는 엠러닝 설계에 도움이 되는 다양한 사례와 도구들을 제공하고 있다.

이 책은 크게 네 부분으로 구성되어 있다. 우선 제1부에서는 엠러닝의 중요성에 대해 간략히 소개하고, 제2부에서는 엠러닝을 도입하는 데 있어서 필요한 기초적인 지식들을 살펴보고, 제3부에서는 엠러닝을 개발하는 데 있어서 필요한 실제원리들에 대해 상세하게 살펴본 후, 마지막 제4부에서는 보다 큰 맥락과 트렌드에 대해 다룬다. 제1~4부는 총 14장으로 이루어져 있는데, 내용을 개략적으로 살펴보면 다음과 같다.

제1부 왜 모바일러닝인가는 엠러닝을 소개한다. 제1장 '개관'은 엠러닝의 중요성을 개괄적으로 제시한 후 제2장 '세부사항'에서 이를 보다 자세하게 다룬다.

제2부 기초에서는 엠러닝과 관련하여 고려할 내용에 대해 광범위하게 다룬다. 제3장 '학습 및 인지 연구의 간략한 역사'는 학습을 재조명한다. 제4장 '기술 외의 문제들'은 엠러닝에서 활용될 수 있는 모바일 기기를 간략하게 소개한다. 제5장 '맥락 이해하기'는 다양한 상황에서 활용되는 엠러닝의 모습을 보여준다. 제6장 '구체적 사례 보기'는 엠러닝의 많은 사례들을 보여준다. 제7장 '모바일 모델들'은 엠러닝을 개념화하는 다양한 방법을 제공한다.

제3부 문제의 핵심에서는 엠러닝의 실제에 대해 다룬다. 제8장 '플랫폼'에서는 구조적 접근방법이 가지는 이점을 제시한다. 제9장 '설계'는 엠러닝과 관련된 분석 및 설계 활동에 대해 다룬다. 제10장 '개발 외의 문제들'은 엠러닝과 관련된 개발 활동 및 이와 관련된 이슈에 대해 다룬다. 제11장 '실행과 평가'는 엠러닝 실행과 관련하여 조직이 부딪힐 수 있는 이슈에 대해 다룬다.

제4부 전망에서는 전략적 관점 및 앞으로 도래할 트렌드를 제공한다. 제12장 '전략화하기'는 조직학습에서 기술을 수행생태계[1]로 보는 관점을 제공한다. 제13장 '모바일러닝의 트렌드와 향후 방향'에서는 현재 트렌드와 앞으로 일어날 수 있는 융합에 대해 다룬다. 제14장 '모바일러닝 실행에 옮기기'는 엠러닝을 시작하는 데 있어서 필요한 실천적 행동을 다룬다.

이 책은 엠러닝을 위한 도서이기도 하지만 참고도서로 활용될 수도 있다. 제1장부터 제4장까지는 모바일에 대한 이해를 다지기 위해 반드시 읽어야 하지만 이후 제5장에서는 개략적인 엠러닝의 모습, 제6장은 사례, 제7장은 여러 개념들을 다루고 있기 때문에 읽고 싶은 내용을 취사선택해도 된다. 특히 제7장은 엠러닝에 대한 생각을 점화시키는 데 도움이 된다. 제3부는 제8장에서 제11장으로 구성되어 있는데 엠러닝을 시작할 때 고려해야 하는 지침서로 활용될 수 있다. 마지막 제4부는 엠러닝을 조직의 전략적 요소이자 사회 전체의 구성요소로 보는 이들을 위한 것이다.

이 책의 대상 독자는 교수설계자뿐만 아니라 개발자, 미디어 전문가, 관리자, 조직에서 수행 지원과 관련된 업무를 하는 사람들도 될 수 있다. 엠러닝 설계에 대해 주요하게 다루고 있지만 엠러닝을 고려해야 하는 이유 및 조직을 모바일화하는 것과 관련된 조직적 이슈에 대한 충분한 근거를 제공해주기 때문이다.

매 장의 뒷부분마다 '생각해볼 문제'를 제시하였는데, 이는 각 장을 어느 정도 이해하고 있는지 스스로 점검해보고, 엠러닝을 개발 및 제공하고자 하는 독자들을 위한 것이다.

관련 자료를 더 보고 싶다면 웹사이트 www.designingmlearning.com에 접속하면 된다.

1) 역자 주 : 수행생태계(performance ecosystem)는 저자가 수행(performance)과 생태계(ecosystem)라는 두 개념을 조합하여 만든 용어로, 조직의 자원 조건 및 수행자의 삶의 변수에서 수행 효과성을 극대화하기 위해 솔루션을 균형적 · 포괄적 · 통합적으로 적용한 것을 말함

차례

제3부 문제의 핵심 _165

제4부 전망 _221

역자 서문

영국의 극작가 버나드 쇼의 묘비명에는 "우물쭈물하다가 내가 이럴 줄 알았다."라는 글이 써 있다고 한다. 정보화 사회로 들어서며 하루가 다르게 바뀌는 신기술을 보며 많은 사람들이 이를 언제 도입해야 하는가에 대하여 끊임없이 질문을 하고 있다. 이러한 질문은 "어떤 사양의 스마트폰을 구매해야 하는가?"라는 개인적 질문부터 "어떤 스마트 시스템을 도입해야 하는가?"라는 기관의 질문까지 그 수준과 범위가 다양하다. 이 책은 이에 대한 해답을 제공하고 있다.

즉 하루가 다르게 바뀌는 새로운 기술로 인해 도입 시기를 고민하기보다는, 새로운 기술을 도입하기 위해 들어간 비용보다 더 큰 성과를 내면 된다는 것이다. 이 원칙은 이 책의 '모바일러닝'에 대한 정의에서도 잘 나타나 있다.

모바일러닝이란 '개인이 항상 가지고 다닐 수 있고, 안정적으로 네트워크에 연결될 수 있으며, 지갑이나 주머니에 휴대할 수 있는 소형의 휴대용 디지털 기기를 이용하여 개인을 보다 생산적으로 만드는 모든 활동'으로 정의된다. 즉 모바일러닝은 강의를 전달하는 것이 아니라 개인의 성과를 높일 수 있도록 지원하고 학습을 보완하는 모든 활동으로 정의된다.

따라서 이 책에서는 휴대용 전화기부터 손안의 컴퓨터Palmtop Computer 그리고 아이폰과 같은 스마트 단말기까지 다양한 기기를 활용한 성공 사례를 보여주고 있다. 아울러 그 대상 영역도 우체국, 제약회사, 공공기관, 민간기업 그리고 학교에 이르기까지 다양한 영역에서 성공 사례를 제시하고 있다.

저자에 의하면 이러한 성공 사례들의 근간에는 사람은 정보를 기억해내는 데 매우 취약하고, 형식 학습이 아니라 비형식 학습을 통해 더 많은 것을 배우는데 모바일러닝이 이를 가능하게 하기 때문이라고 한다.

역자들은 처음 이 책의 제목을 접하며 모바일 기기를 통하여 어떻게 강의를 잘 전달시켜줄 수 있는지 설계 원리를 제공해주지 않을까 하는 막연한 생각을 가지고 있었다. 물론 이 책의 일부 장에서는 최근의 학습 이론을 접목한 사례를 소개하고 있다. 하지만 이 책은 모바일 기기를 통해 개인의 성과와 기업의 성과를 어떻게 높일 수 있는가를 처음부터 끝까지 주요 주제로 다루고 있다.

이 책은 공공, 민간, 그리고 학교 영역에서 모바일 기기를 통해 구성원들의 성과를 높이고자 하는 교육담당자들에게 아주 중요한 시사점을 제공해줄 것이다. 그리고 새로운 정보 통신 기술을 활용하여 교육의 변화를 이끌어가고자 하는 연구자들과 정책 입안자들에게도 많은 도움이 되리라 생각한다. 모바일 기기는 우리가 더 이상 우물쭈물하기에는 이미 모든 사람들이 소유하고 있는 효과적인 성과 향상 도구로 변화하고 있다.

역자 대표 서영석

저자 서문

엘러닝과의 인연은 아주 우연한 기회를 통해 맺어졌다. 나의 첫 번째 저서인 *Engaging Learning: Designing e-Learning Simulation Games*의 서문을 써주었던 Marcia Conner가 내게 엠러닝 원고를 부탁하면서 인연이 시작된 것이다. PDA광이었던 나였지만 휴대전화는 탐탁지 않아서 마지못해 사용하고 있던 차에 엠러닝과 관련된 글을 써야만 했다. 그때는 2000년이었는데, 모바일과 관련된 생각을 글에 고스란히 담았고 덕분에 내 이름이 어느 정도 알려지게 되었다. 이 과정에서 겪었던 무엇보다 소중한 경험은 엠러닝에 대한 생각의 기틀이 잡히기 시작했다는 것이다.

이후에 Judy Brown이 주최하는 모바일 엑스포에서 고객사인 Knowledge Anywhere를 대표하여 엠러닝에 대해 설명하게 되었다. 여기에서 Judy와 David Metcalf 등과 조우했고, 그다음 날 컨퍼런스에 참여하면서 엠러닝에 깊이 매료되기 시작하였다.

고객사인 Knowledge Anywhere의 엠러닝 개발 프로젝트를 진행하면서 실전 경험을 쌓을 수 있었는데, 이 프로젝트와 관련된 내용이 동료

David Metcalf의 도움을 받아 *mLearning: Mobile e-Learning*(2006)으로 출간되기도 하였다.

나는 엠러닝과 관련된 다양한 프로젝트에 참여하고 있을 뿐만 아니라 저술활동도 꾸준히 하고 있는데, Steve Wexler의 권유로 'eLearning Guild[1]'에서 발간하는 보고서에 엠러닝 설계에 관한 글을 연재하였고, 'Learning Circuits[2]'에서는 엠러닝 기기에 대한 글도 기고하였다.

뿐만 아니라 엠러닝 전략을 개발하는 기회를 갖게 되면서 꾸준히 엠러닝 설계에 관한 워크숍을 개최하고 있으며, 엠러닝을 설계하는 일에도 참여하고 있다.

엠러닝에 대한 이 책이 전문가인 Judy Brown이나 David Metcalf에 의해 출판되기를 내심 기대했지만 두 분 모두 고사하였고, 그 필요성을 느끼고 있던 차에 이 책을 집필할 수 있는 기회가 나에게 주어졌다.

부연설명

이 책에서는 학습자, 수행자, 사용자, 개인이라는 용어를 번갈아가면서 사용하고 있는데, 저자가 취한 관점이 형식 학습인가 수행 지원인가 아니면 편의성 검사인가에 따라 용어 선택을 달리했을 뿐이다.

엠러닝 분야의 많은 전문가들의 의견을 책 속에 녹여내고자 하였다. 이들은 엠러닝 분야에 대한 열정으로 이 분야의 길라잡이가 되고 있으며, 공헌

1) 역자 주 : 기업, 정부, 학교 등 여러 기관의 이러닝 전문가들이 관련 정보를 공유할 수 있는 이러닝 전문 사이트. 여기에서 컨퍼런스 및 온라인 포럼을 주최하기도 하고, 연구 보고서 및 온라인 잡지를 발간하기도 하는데 이를 통해 이러닝의 경향을 파악할 수 있다. 웹사이트는 http://www.elearningguild.com/

2) 역자 주 : 미국 산업교육학회인 ASTD[American Society for Training & Development, 2015년부터 ATD(Association for Talent Development)로 명칭 변경]에서 2000년부터 발간하는 뉴스레터로 이러닝과 관련된 800여 개 이상의 글이 기고됨. 웹사이트는 http://www.astd.org/Publications/Newsletters/Learning-Circuits.aspx

하고 있는 선구자들이다. 이 모든 사람들을 저자의 트위터(@quinnovator)와 블로그(learnlets.com)에서 만나볼 수 있다. 통찰을 얻기 원한다면 저자의 트위터를 팔로우하거나 블로그에 방문할 것을 권한다.

제시되는 사례에 기관명과 같은 특정 정보는 보안 문제 때문에 자세하게 언급하지 않았지만 사례를 이해하는 데 충분할 정도로 맥락적인 정보를 제공하고자 노력하였다.

학습, 교육, 훈련 및 수행 지원의

미래 모습에 관심 있는 사람이라면 이 책을 반드시 읽어야 한다.

정보와 아이디어에 학습자들이 연결된다는 전망은 이를 주장하는 옹호자들을 10년 넘게 괴롭혀왔다. 학습을 지원하는 데 있어서 모바일 기기의 사용이 가지는 명백하고도 자명한 가치에도 불구하고, 엠러닝은 일상에 서서히 스며들어왔기 때문이다. 우리는 여전히 학습과 교육, 훈련의 모든 양상에 관하여 생각하는 방식을 변화시킬 불가항력의 트렌드의 초기 단계에 머물러 있다.

게다가 우리가 아직까지도 이렇게 핵심조차 파악하지 못하고 있어 센세이션을 불러일으키기에는 어려움이 있다. 최근까지도 플랫폼, 기기, 속도, 피드feed[1]의 이슈와 씨름하고 있기 때문이다. 아울러 다음과 같은 가장 크면서도 골치 아픈 장벽에 첨예하게 부딪히기 시작했다.

1) 역자 주 : 빈번하게 갱신되는 내용을 사용자에게 제공하는 데 사용되는 데이터 형태로 일반적으로 RSS(Really Simple Syndication) 형식을 사용함. 는 피드 버튼임.

- 엠러닝이 실제로 실행 가능한가?
- '차세대 유망주' 를 도입하는 관점에서 엠러닝이 곧 사라져버릴 일시적 유행이 아니라는 것을 어떻게 구별할 수 있는가?
- 갈수록 더 광범위해지는 이해관계자들과 이들이 갈망하는 학습 솔루션 사이에 있는 조직적이고 문화적인 이슈를 어떻게 다룰 것인가?
- 엠러닝으로 학습이 가능하다는 것을 어떻게 보장할 수 있는가?

엠러닝은 정말로 깨기 어려운 호두와 같다. 앱 시장이 폭발적으로 증가하고, 네트워크가 점점 빨라지고, 놀랄 만한 새로운 기기들이 세상을 뒤흔든다고 치더라도 이동성이라는 놀라운 성능으로 학습 서비스에 영향력을 행사하겠다는 목적은 계속해서 달성하기 힘들기 때문이다.

그래서 나는 큰 흥분감을 갖고 놀라운 뉴스를 공유하고 싶다. 영원히 풀 수 없는 고르디우스의 매듭Gordian knot을 누군가가 풀었다. 드디어 엠러닝의 액션 영웅을 찾은 것이다.

Clark Quinn은 인식론, 존재론적인 프레임워크, 플랫폼, 네트워크 장치, 인터페이스 설계, 사용성 테스트, 평가, 결과, 투자수익률 등이 뒤범벅되어 마치 그 속을 알 수 없고, 변수가 많은 여러 바닷길을 보는 데 필수적인 '항해자용 가이드' 를 저술하였다.

독자들은 내가 저자의 업적을 기리기 위해 시적으로 표현하고 있는 것 같다고 생각할 것인데, 그 말이 맞을지도 모른다. 그러나 무엇보다 핵심은 내가 기억하는 한 처음으로 학습 이론과 조직 이슈에 관해 관심을 가지고 있는 우리 같은 사람을 위한 자료가 생긴 것이다. 이제 우리는 엠러닝이 제공하는 무한의 가능성을 탐구하는 데 필요한 프레임워크를 가지게 되었다. 바로 이것이 우리를 흥분하게 만드는 그 무엇이다.

전체를 아우르면서 통합적인 엠러닝 프레임워크의 가치제안value proposition[2]을 과장하고 있다고 생각하지 않도록 여기에 약간의 상황을 넣어 부연설명을 하고 싶다. 나는 운 좋게도 어도비Adobe로 흡수합병되기 전인 매크로미디어Macromedia에서 전 세계적인 고등교육 솔루션 사업에 관여한 적이 있다. 2004년 말 상사는 나를 사무실로 불러 전략 과제를 맡아달라고 요청하였다. 그녀는 교육 및 훈련 분야에서 엠러닝의 시장성 여부에 대해 알고 싶어 했다. 결론부터 이야기하면, 이 일과 관련하여 플래시Flash라는 프로그램이 나왔고, 이것은 여전히 사용되고 있다.

심층적으로 시장조사를 수행하기 위해 포커스 그룹 인터뷰를 하고, 이를 위해 현장 리더, 비즈니스 리더, 연구자, 분석가들과 만났다. 또한 소비자 행동, 학습자 행동을 관찰하였다. 회를 거듭할수록 학습 전문가, 기술 전문가, 비즈니스 분석가, 학습 실천가들이 가치제안의 모든 요소를 고려하기 전까지 엠러닝은 결코 그 잠재성에 부응하지 않을 것이라는 현실의 벽에 부딪혔다.

어떤 이들은 포기하고 보다 밝고 전망 좋은 혁신으로 갈아탔다. 그러나 Clark는 달랐다. 그는 모든 요소를 배열하고, 노이즈를 걸러내어 중요한 사안에 집중하고, 설정된 가설을 검증하여 개발해보고, 이를 검사해보는 등 여러 논쟁과 매도에도 불구하고 묵묵히 나아갔다. 오늘날 빠른 진보를 이루면서 우리 모두는 Clark의 지혜와 비전, 순수한 고집 덕에 혜택을 볼 기회를 가지게 되었다. 그는 자신의 이론적 지식, 실용적 경험, 기술적 감각, 그리고 설계 감도를 하나의 프레임워크로 바꾸어 엠러닝의 가능성을

2) 역자 주 : 특정한 고객의 니즈에 부합하는 혹은 필요로 하는 가치를 창조하기 위한 상품이나 서비스 혹은 둘의 조합. 기업이 고객에게 무엇을 줄 수 있는지를 총괄한 실체로 고객에게 혁신적인 가치를 제공하거나 생소한 가치를 제공할 수 있음.

실현하는 기회를 우리에게 주었다.

Clark는 의심할 여지 없이 엠러닝의 액션 영웅이다.

학습, 교육, 훈련 및 수행 지원의 미래 모습에 관심 있는 사람이라면 엠러닝의 액션 영웅을 찾을 텐데, 그 탐색은 이제 종지부를 찍었다.

자, 이제 일을 시작하면서 이 책을 읽어보자. 세상이 우리를 기다리고 있다.

세이지 로드 솔루션Sage Road Solutions
선임 분석가 겸 파트너 Ellen D. Wagner

왜 모바일러닝인가
WHY MLEARNING

지금은 급변하는 시기이다. 시간은 부족하고 정보는 넘쳐 흐르며 가용한 자원은 줄어들고 책임은 늘어나고 있다. 요컨대, 고효율 · 고성과를 요구하는 시대가 온 것이다. 어느 때보다 많은 사람을 만나고 다양한 장소로 이동할 일이 많은 요즘 우리에게 정말 필요한 것은 휴대가능하면서 개인의 수행 개선을 지원해주는 그 무엇이다. 이것이 모바일러닝에서 다루고자 하는 것이면서, 이 책의 요지이기도 하다.

우리는 모바일러닝을 위한 준비가 되어 있는가? 답은 "그렇다"이다. 이유는 다음과 같다.

- 모바일 기기는 이미 대중화되어 있다.
- 이러한 기회가 지금 실재하고 있다.
- 무궁무진한 잠재성을 가지고 있다.
- 모바일러닝은 충분히 시도할 만하다.

여기에 대해서는 다음 두 장에서 자세히 다루도록 하겠다.

- 제1장 '개관' 은 왜 모바일러닝인가에 대해 개괄한다.
- 제2장 '세부사항' 은 개관에 대한 구체적인 내용을 다룬다.

01

OVERVIEW

개관

모바일러닝은 이미 중요한 주제이며, 빠른 속도로 성장하고 있다.
지금이 바로 모바일러닝을 깊이 생각해봐야 할 때이다.

모바일러닝은 수치상으로 보자면 이미 믿기 힘들 정도로 발전해 있으며, 이는 앞으로 더 높아질 것이다. 예를 들어 국제전기통신연합International Telecommunications Union, ITU(2010)의 조사에 따르면, 2009년 말에 조사된 휴대전화cell phone의 숫자가 46억 개였으며, 몇 달 뒤 2010년에는 50억 개를 넘을 것으로 예측하였다. 그리고 이러한 경이적인 성장세는 휴대전화만 계산한 것이다. 물론 다른 모바일 기기들은 나름의 성장세를 지속하고 있다.

사람들은 이미 모바일 솔루션을 이용하여 실제 성과를 내고 있다. 업계의 사례 연구들은 더 가까워진 고객 관리, 빨라진 고객 지원, 쉬워진 고객 추적, 그리고 그 외의 많은 성과들을 보여주고 있다. 그리고 이러한 성과들은 계속 늘어나고 있다.

기기가 강력해질수록, 모바일을 통한 가능성들은 보다 더 커진다. 다양한 플랫폼들에 솔루션을 설치하는 것이 가능해졌으며, 새로운 기회들이 계속해서 나타나고 있다.

결과적으로, 도구들은 보다 강력해지고 사용하기 편리해지고 있다. 공급자들은 기존 콘텐츠들이 다양한 플랫폼에서 구동될 수 있도록 하였는데, 이는 변환도구들을 활용하여 기존의 콘텐츠들이 다양한 플랫폼에서 사용될 수 있도록 한 것이다.

현재 출시되는 모바일 기기의 성능들은 더 편리해지거나 작아지고 있는데, 이는 우리가 학습하고 수행하는 방식을 바꾸고 있다.

다음과 같은 상황들을 상상해보자.

- (잠재적) 고객이 방문하기 전, 고객의 최신 정보를 받고 난 후 고객과 있는 동안에 주문을 하는 세일즈맨
- 출근하면서 다른 팀에서 가장 최근에 작성한 백서를 오디오 버전으로 듣는 엔지니어
- 고객의 계약을 최적으로 조율하기 위하여 상호작용 도구를 사용하는 영업 담당자
- 산만한 일상을 피하여 비행기에서 의무교육을 마치는 임원
- 문제 상황에 대한 사진을 원격에 있는 동료들과 공유하고 해결책을 찾는 현장 서비스 근무자
- 자신이 편한 시간에 퀴즈(시험)를 보고 답을 하는 학습자
- 향후 검토를 위해 일련의 절차나 과정을 즉각적으로 기록
- 문제를 해결하기 위해 원거리 지역 출장 시 고장 수리 가이드에 접속

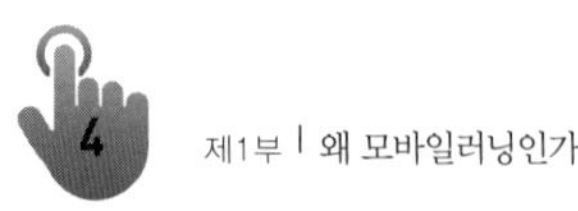

이러한 것들은 머릿속에서 상상해낸 것들이 아니라 지금 현재 일어나고 있는 일들이다. 이러한 일들은 많은 가능성들 중 하나일 뿐이다.

모바일러닝에 관한 정의를 마무리해보자. 필자가 참여하였던 이러닝 길드eLearning Guild[1] 모바일러닝 연구 팀에서는 모바일러닝을 정의하기 위하여 힘든 과정을 거쳤다. 명확한 정의를 내리는 것은 쉬워 보이지만, 여전히 모호한 부분이 있다. 결국 고심 끝에 다음과 같이 정의하였다.

> "모바일러닝이란 개인이 항상 들고 다니면서, 안정적인 연결을 제공하고, 주머니에 들어갈 정도의 크기인 소형 디지털 기기를 매개로 하여 개인이 정보를 소비 혹은 생성하거나 정보와 상호작용할 때 이들로 하여금 보다 생산적이도록 해주는 어떤 활동"(eLearning Guild 360 모바일러닝 연구보고서, 2007).

정의를 하나씩 살펴보자. '이들로 하여금 보다 생산적이도록 해주는' 이란 부분은 모바일 기기가 학습에만 국한되지 않고 보다 생산적이도록 하는 데에 목적이 있음을 뜻한다. 즉 모바일 기기의 개인적 활용을 뛰어넘어 조직의 니즈에 맞추기 위해 체계적으로 모바일 기기를 활용한다는 것이다. 모바일 기술의 전략적 활용을 통해 조직에 가치를 제공한다는 것이 바로 여기에서 다루고자 하는 주제이다.

모바일러닝의 정의 중에서 '정보를 소비 혹은 생성하거나 정보와 상호작용할 때' 라는 부분은 꽤 광범위하게 느껴질 수 있다. 데스크톱 컴퓨터로 이러한 활동을 하는 것과 어떻게 다르다는 말인가? 데스크톱 컴퓨터에서도 이러한 활동이 가능하며, 네트워크에 '안정적인 연결' 을 제공하고 있으나 이 매체는 '소형의', '항상 들고 다니면서', '주머니에 들어갈 정도

1) 역자 주 : http://www.elearningguild.com/

의 크기' 라는 특징을 가진 디지털 기기는 아니다.

특히 '개인이 항상 들고 다니면서' 라는 대목에 주목해보자. 명기한 대로, 특정한 상황에서만이 아닌, 당신에게 익숙하면서 가지고 다닐 법한 기기를 의미한다. 모바일러닝을 정의하는 데 있어 몇몇 예외사항이 있겠으나, 이것은 전반적으로 고려해볼 만한 가치가 있다.

지금 여기에서 논의하는 것은 단순히 정보를 전달해주는 모바일 기기에 관한 것이 아니다. 이것은 그저 시작점일 뿐이다. 여기에서는 모바일 기기와 상호작용하며, 이 기기를 사용해 다른 사람과 의사소통하고, 맥락을 저장하고 이를 다른 이와 공유하는 것 등을 다루고자 한다. 이는 꽤 포괄적인 설명일 수 있으나, 여기에서 의도한 바는 이러한 개념적 이해를 통해 솔루션에 모바일 기기를 통합하고자 하는 당신에게 필요한 도움을 주고자 함이다.

이것은 맥락이나 상황에 관계없이 최상의 성과를 창출하는 개인이 되기 위해서 필요하다. 즉 언제 어디서나 우리에게 필요한 지원을 제공 받는 것을 말한다. 필요한 바로 그 순간에 이를 지원하는 것의 문제는 지금 다루어져야 할 문제이며 만약 이 잠재성을 무시하고 넘어간다면 우리는 경제적 손실을 입게 될 것이다.

필자는 출장 중에 겪었던 이와 관련된 경험들이 많다. 그 한 가지 예로, 휴대전화를 이용하여 공항에서 호텔로, 호텔에서 사무실로 안전하게 길을 찾아갔으며, 일정표를 이용하여 예약번호를 확인하였다. 노트에 저장된 사무실 주소를 검색하고, 현지에서 컴퓨터를 살 수 있도록 지역 판매점을 찾기 위하여 웹 브라우저를 사용하였다. 또한 기다리는 동안 이메일을 체크하면서 동료와 대화를 나눌 수 있었다. 해외에서 신용카드 문제를 해결하기 위해 가까운 은행을 찾을 수 있었으며, 개인의 취향에 맞게 레스토랑을 찾을 수 있었고 동료의 스냅 사진을 찍어 집에 가져갈 수도 있었다. 이 모든 것이 필요한 그때그때에 사전 준비 없이 이루어졌다.

최근 여행에서 필자는 문서작업을 위하여 태블릿기기 아이패드를 스마트폰의 보조 기기로 사용하였다. 그곳에서 발표하고, 회의에서 메모하고, 아이디어를 마인드맵핑하고, 이메일에 답장을 하고, 세션을 트윗하고, 책을 읽고, 돌아오는 길에 영화를 보는 데 태블릿을 사용하였다. 이러한 활동들은 방금 전에 언급한, 필요한 그 순간에 지원을 제공하는 종류의 활동들이다. 필자는 태블릿을 휴대전화의 보조 기기로 사용한 이후 더 이상 여행에 랩톱(노트북) 컴퓨터를 들고 다니지 않게 되었다.

그러나 확실하게 짚고 넘어가자면, 지금 이 순간에도 모든 것이 빠르게 변하고 있으며 이 책에서 제안하는 특정 솔루션들도 이 글을 읽을 때쯤이면 그 반은 구식이 되어버릴 것이다. 다행인 것은 특정한 기기나 도구에 구애받지 않고 모바일러닝을 제공할 수 있도록 하는 패턴, 모델, 프레임워크들이 출현하고 있다는 점이다. 이 책은 이러한 모바일 혁명이 가져오는 기회를 활용할 수 있도록 독자들에게 필요한 배경 지식을 제공하는 데 그 목적이 있다.

02

THE DETAILS

세부사항

지금쯤 당신은 모바일이 제공하는 가능성에 대해 조금은 이해하게 되었을 것이다. 이제 모바일 기기의 놀랄 만한 성장과 실제적 이점을 살펴본 후 이것이 가져오는 기대효과와 기업 현장에서 나타나고 있는 사례에 대하여 소개하고자 한다.

필자는 엠러닝에 대한 강연을 시작할 때 간단한 질문을 던지곤 한다. "여러분 중 모바일러닝용 기기를 구입하신 분이 있습니까?" 라고 청중들에게 물으면, 몇몇 사람들이 손을 들 뿐이다. 바로 뒤이어 "그럼 질문을 바꾸어보겠습니다. 휴대전화나 아이팟iPod, PDA 등을 가지고 계신 분들은 손을 들어주시기 바랍니다." 라고 하면 꽤 많은 사람들이 손을 들고 "여기 있습니다!" 라고 말한다. 이 짧은 질문의 의도는 모바일 기기가 어디나 편재되어 있으며, 이것이 바로 학습을 위한 기기라는 것을 인식시키는 데 있다.

모바일러닝용 기기는 어디에나 존재한다!

모바일 기기의 성장세는 기술 수용 모델의 예측을 넘어서는 정도이다. 2007년 Steve Jobs가 아이폰iPhone을 소개하던 자리에서 말한 것처럼, 2006년 한 해 동안 모바일 기기는 게임기, 디지털카메라, MP3 플레이어, 컴퓨터 등을 모두 합친 것보다 더 많이 판매되었다!

단지 모바일 기기의 숫자만이 아니라 그 사용 양상에 있어서도 엄청난 성장이 있었다. 예를 들어 모건 스탠리의 투자 고문(2009)에 따르면 사람들이 모바일 기기를 통해 인터넷에 접속하는 시간은 데스크톱을 통한 시간을 훌쩍 넘어섰다. 글로벌 PR회사 루더핀의 동향보고(2010)에서도 미국인들이 하루 평균 2.7시간 동안 모바일로 인터넷을 사용하고 있다고 보고한다.

사람들 또한 변화하고 있다. 사무실 밖에서 업무를 수행하는 비율이 상당히 큰 비중을 차지하고 있으며, 이러한 경향은 점점 더 증가하고 있는 추세이다. 연구기관인 IDC(2010)에 따르면 유동적인 노동인구가 10억을 넘어선 것으로 조사되었다. 미국의 경우 72%에 달한다. 물론 그들은 모바일 기기로 재택근무를 하거나 외근을 하는 경우인데, 그것이 오히려 모바일러닝의 정의에 걸맞은 활동이라고 볼 수 있다. 이것은 비단 개인뿐만이 아니라 사무실 없이 오로지 노트북과 휴대전화만 가지고 운영되는 기업에서도 나타나는 현상이다.

이렇듯 모바일 기기의 가용성과 친밀성이 증가함에 따라 사람들은 모바일 기기의 진정한 가치를 발견하고 있다. 많은 플랫폼 공급자들 중에서도 특히 블랙베리Black Berry나 윈도즈 모바일Windows Mobile 같은 기업에서는 다양한 모바일 사례를 그들의 홈페이지에서 크게 홍보하고 있다.

또한 요즈음 나타나고 있는 일들은 더욱 놀랍다. 모바일 기기의 카메라

를 통해 주변을 살피다 보면, 당신이 바라보는 방향 너머 이미지들이 겹쳐 보이고, 방문하기 원하는 관심 지점이나 회사가 나타난다. 장소에 가까이 다가가면 그곳의 이야기가 모바일을 통해 들려온다. 모바일 기기는 우리가 야외 전시관 주변에서 사냥꾼이 되어보는 경험을 할 수 있도록 안내하여 단지 감상에 그치는 것이 아니라 재미있는 방식으로 도전해볼 수 있도록 돕는다.

이러한 것들은 공상과학 소설에서 나오는 이야기가 아니라 이미 구현 가능하며 우리 주변에서 일어나고 있는 일이다! 정보 데이터와 이미지를 통합하는 기술, 주변 환경으로부터 정보를 받아들이고 반응하는 기술 등은 이미 현실화되었고 그 이상의 진화가 이루어지고 있다. 간단한 수준의 기술은 더욱 쉽게 구현할 수 있다. 동료 Richard Clark과 함께 아이폰 어플리케이션 개발을 위한 무료 툴을 소개하고 활용 기술을 소개하는 강연을 한 적이 있는데, 이 기술은 HTML과 자바스크립트JavaScript 수준의 기술이다. 웹페이지를 개발할 수 있는 정도의 실력을 가지고 있다면 지금 당장이라도 시작할 수 있다.

요지는 엠러닝의 가치 제안은 매우 실제적이며, 그 가능성은 이미 현실화되고 있다는 것이다.

모바일러닝에 대한 잘못된 이해

엠러닝이 가진 그럴듯한 매력 때문에 잘못 이해되는 부분도 있다. 모바일 기기의 '작은 화면'과 '작은 키보드 크기'가 그 예이다. 이 문제를 살펴보도록 하자.

"우리는 모바일 기기를 제공할 수 없다."

많은 조직에서는 엠러닝을 하려면 모바일 기기를 제공해야 한다고 생각할 것이다. 필자는 그렇게 생각하고 있는 사람들에게 이렇게 답변해주고 싶다. 첫째, 모바일 기기는 이미 학습자들의 손에 들려 있다. 가장 좋은 방법은 새로운 모바일 기기를 제공하는 것이 아니라 이미 학습자들이 가지고 있는 모바일 기기에 적합한 솔루션을 개발하는 일이다. 둘째, 조직 구성원들에게 적합한 모바일 기기를 제공하고 관리해야만 하는 경우도 있다. 많은 기업에서는 스마트폰을 통해 간부, 관리자, 판매원 등을 위한 적절한 지원을 제공하고, 커뮤니케이션과 접근성을 보장하기 위한 노력을 기울이고 있다.

"모바일 강의는 별로 좋은 선택이 아니다."

이 의견에 필자도 동의하지만, 그것은 엠러닝의 모습이 아니다. 물론 그런 방식으로 운영할 수도 있겠지만 엠러닝의 진정한 모습이라고는 할 수 없다. 엠러닝의 목적은 강의 전달에 있지 않고, 수행을 지원하고 학습을 보완하는 데 있다.

"작은 화면 때문에 제한적이다."

시각적 콘텐츠가 우리가 사용할 수 있는 단 하나의 채널은 아니지만, 작은 화면이 제한적이라는 것에는 큰 이견이 없다. 그러나 이 한계를 경감시킬 수 있는 두 가지 사실이 있다. 첫째, 화면 크기가 점차 커지고 있다는 것이다. 최근 나온 기기들은 문자를 읽고 영화를 보는 데 큰 불편이 없다. 둘째, 더 중요한 점은 우리가 유의미하게 처리할 수 있는 정보의 양이 매우 적기 때문에 작은 화면이 그리 문제가 되지 않는다.

"모바일 어플리케이션 개발은 매우 어렵거나 비용이 든다."

모바일 어플리케이션 개발은 분명 쉽지 않은 일이지만, 이를 상쇄시키는 몇 개의 방법이 있다. 매번 어플리케이션을 개발하기보다는 다양한 형태의 미디어에 접근하는 능력이 필요하다. 이것은 매우 간단하게 해결된다. 이제는 상호작용적인 어플리케이션을 개발하는 것이 상호작용적인 웹페이지를 개발하는 것처럼 쉬운 일이 되었다. 개발 도구가 다양해지면서, 누구나 직접 상호작용적인 어플리케이션을 개발하여 모바일 기기로 전달할 수 있게 되었다. 맞춤형 어플리케이션을 개발하는 데 필요한 리소스들을 가져다 쓸 수 있는데, 만약 가격만 합리적이라면 더 많은 개발로 이익을 거둘 수도 있다.

"모바일러닝은 콘텐츠가 전부이다."

엠러닝은 콘텐츠를 다루고는 있지만 그것이 전부는 아니다. 예를 들면, 엠러닝은 정적이지 않고 상호작용성을 가지고 있다. 또한 엠러닝은 사람들이 언제 어디서나 필요로 하는 경우에 적절한 사람들과 커뮤니케이션하고 연결될 수 있게 한다. '언제 어디서나 필요로 하는 경우' 라는 요소는 모바일러닝이 가지는 매우 큰 가능성이라고 할 수 있다. 사람들이 필요로 하는 상황에 지원해줄 수 있다는 것은 매우 중요한 일이기 때문이다.

"모바일러닝은 기기가 네트워크에 연결된 상황에서만 구동된다."

필요할 때 정보 원천에 연결되는 것은 매우 요긴하지만, 오프라인 상태에서도 정보 접근이 가능한 것도 도움이 될 수 있다. 모바일 기기에 정보를 미리 다운로드 받아 필요한 상황에 활용할 수 있도록 하는 것이다. 예를 들어 많은 양의 문서를 미리 다운로드 받도록 할 수 있다. 또한 모바일 기기

의 초기 모델에서도 가능했던, 캘린더에 어떤 일정을 기록하거나 연락처를 확인하거나 노트를 작성하거나 완수해야 하는 업무를 기록하는 것은 인터넷 접속 없이도 이루어질 수 있는 중요한 기능이다.

"모바일러닝은 늘 상호작용적이야 한다."

상호작용성은 분명 상당한 이점이 있지만, 정적인 콘텐츠도 충분히 가치 있다. 예를 들어 간단하게 참조할 수 있는 고장 수리 매뉴얼이나 제품 설명서 등은 미리 다운로드 받아 언제든 확인할 수 있기 때문에, 쉽게 문제를 해결하고 시간도 절약할 수 있다. 이와 유사하게 오디오나 비디오 형태의 파일도 설명을 들려주거나 절차를 보여주는 데 있어서 좋은 정보 제시 방법이다.

"모바일러닝은 스마트폰에 국한되어 있다."

오늘날 스마트폰은 가장 흔한 모바일 기기인 것은 사실이나 많은 모바일러닝 어플리케이션이 PDA용으로 개발되었으며, 팟캐스트podcast와 같은 미디어 플레이어도 유용하게 활용될 수 있다. 스마트폰은 다른 모바일 기기의 기능을 통합하고 있어 통합 플랫폼으로 되고 있지만, 이것은 비단 엠러닝에만 주어진 기회는 아닐 것이다.

기업 사례

지금까지 엠러닝에 대한 여러 가지 오해를 점검해보았다. 이제는 엠러닝의 또 다른 측면에 대하여 살펴보겠다. 엠러닝에 열광하는 이유는 많은 사람들이 모바일 기기를 소유하고 있고, 사람들로 하여금 언제 어디에서나

효과적으로 학습할 수 있도록 도울 수 있다는 것이다. 앞으로 왜 모바일 기기가 학습을 효과적으로 증진시킬 수 있는가에 대하여 다루겠지만 간단히 소개하자면 다음과 같다.

수행자로서 우리의 인지구조는 매우 놀랍기도 하지만 한편으로 한계를 가지고 있다. 우리는 패턴을 인식하는 능력은 탁월하지만 무의미한 정보를 기억해내는 데에는 매우 취약하기 때문이다. 다행히도 디지털 기기는 무엇인가를 반복적으로 말하고 행동하는 것을 잘 기억해낸다. 이 점은 우리의 지능을 보완해줄 수 있다.

그러면 실용적인 차원에서 다음과 같은 질문을 던질 수 있다. 기관에서 모바일러닝 설계를 담당할 학습 팀이 있어야만 하는가? 대답은 예스다. 왜냐하면 학습자 개인이 어떻게 수행하는지, 특히 불분명한 상황(협력, 혁신 등)에서 어떻게 수행하는지에 대한 이해를 해야만 수행 목표를 달성하도록 할 수 있기 때문이다(사회적 학습에서도 동일하게 적용됨). 물론 기술적 이슈와 비즈니스적인 목표가 있기 때문에 학습 팀이 조직 내 다른 팀들과 파트너십을 갖고 효과적으로 협업하는 것도 중요하지만, 더 중요한 점은 엠러닝을 통해 필수적인 지원을 제공하는 것이다.

먼저 학습 팀에 대한 기본적인 관점을 바꾸어야 한다. 바로 정보의 제공자의 입장에서 수행 촉진자로의 역할 변화이다. 이것은 시시각각 변하는 조직의 경쟁적 전망이라는 좀 더 넓은 맥락에서 중요한 전략적 변화와도 관련된다.

정보의 양, 솔루션의 복잡성, 반응 속도 등 증가하는 변화의 양은 사전에 준비된 계획을 실행하는 것만으로는 더 이상 감당해낼 수 없고, 지속적인 혁신을 도모해야 한다. 기업은 더 이상 형식 학습으로는 요구 충족을 할 수 없다는 것을 인식하고 있으며, 그 해결책으로 비형식 학습과 수행 지원에

대한 비중을 높이고 있다. 따라서 학습 팀의 역할은 매우 중요하다. 그리고 모바일은 모든 유형의 학습을 지원할 수 있는 채널이다.

예를 들어 몇 가지 가능성을 고려해보자.

> 판매원의 경우 고객을 방문하기 전에 모바일을 통해 고객 현황을 빠르게 파악하면, 판매량의 3% 증가와 방문시간의 10분 감소 효과가 있다. 어떤 판매원이 연간 300만 달러를 판매한다면 그는 연간 총 10만 달러를 더 판매한 것이다. 판매원이 평균 600명의 고객을 방문한다면, 연간 100시간을 절약한 것이다.
>
> 현장 출동 기사의 경우 모바일을 활용함으로써 기기 수리에 필요한 정보 시트를 가져오는 데 걸리는 이동시간과 교체할 부품을 가져오는 데 걸리는 이동시간을 절약할 수 있다. 그는 세 번의 이동시간을 두 번으로 줄이게 될 것이다. 만약 하루 네 차례 방문한다면, 그는 한 주에 이루어지는 수리 작업을 6차례에서 10차례로 늘릴 수 있고, 연간 300회에서 500회에 가까운 작업을 수행할 수 있게 될 것이다. 이것은 노트북으로도 가능한 일이지만, 사람들로 꽉 차 있는 작은 방이나 터널 등에서 노트북과 PDA 둘 중에서 어떤 것이 가지고 이동하기 쉽겠는가?

당신이 속한 조직과 인력, 잠재적 절감 비용 등을 '어림잡아' 계산해볼 수 있을 것이다. 업무당 얼마나 향상되었는지 그 비율은 투입 비용 혹은 시간으로 계산된다.

궁극적으로 모바일은 언제 어디에서나 개인의 역량을 확장시켜줌으로써 효과적으로 수행하는 데 도움을 준다. 바로 이 점이 엠러닝을 기업에서 활용하게 만드는 동인이며, 이로써 최적의 생산성을 얻을 수 있다.

생각해볼 문제

01 조직에서 지원하고 있는 이동 근무자는 어느 정도 규모인가?

02 직원들이 모바일 기기를 얼마나 소유하고 있는가?

03 이동 근무자의 성과를 향상시키기 위한 방법은 무엇인가?

04 직원들에게 콘텐츠를 모바일로 제공하는 것은 어떠한 이점이 있는가?

제 2 부

기초

FOUNDATIONS

모바일 기기의 강점을 제대로 이해하기 위해서는 먼저 몇 가지 배경지식을 갖추어야 할 필요가 있다. 다음 장에서 이러한 부분에 대하여 소개하고자 한다.

- 제3장 '학습과 인지 연구의 간략한 역사' 에서는 뇌가 어떻게 작동하는가에 대하여 다룬다.
- 제4장 '기술 외의 문제들' 에서는 모바일 기기에 대해 간략히 살펴본다.
- 제5장 '맥락 이해하기' 에서는 다양한 상황의 엠러닝에 대해 살펴본다.
- 제6장 '구체적 사례 보기' 에서는 몇 가지 정교화된 사례를 구체적으로 살펴본다.
- 제7장 '모바일 모델들' 에서는 엠러닝을 다양한 형태로 개념화한다.

03

A BRIEF HISTORY OF LEARNING AND COGNITION

학습과 인지 연구의 간략한 역사

모바일을 통해 당신의 인지 기능을 확장시키자!

모바일러닝에 대하여 이야기하기 전에 먼저 뇌에 대하여 이해할 필요가 있다. 우리는 어떻게 생각하고 학습을 하는가? 사실 엠러닝은 학습만을 말하는 것이 아니다. 특히 형식 학습을 의미하는 것은 더더욱 아니다. 좀 더 정확히 말하자면 엠러닝은 형식 학습을 지원하는 솔루션이 아니라는 뜻이다. 이에 대해서는 이후에 다시 이야기하도록 하겠다.

모바일러닝의 핵심은 확장augmentation이다. David Metcalf는 *mLearning*(2006)에서 확장이라는 개념이 엠러닝에 대하여 가장 근본적으로 설명해줄 수 있는 방법이라고 말한 바 있다. 우리의 목표는 뇌가 잘 작동할 수 있도록 돕는 방법과, 그렇지 못하도록 만드는 요소가 무엇인지 이해하는 것이다. 뇌는 패턴을 인식하고, 논리적으로 실행 과정을 탐색하는 것에는 능하지만, 기계적인 반복 작업에는 서투르다. 이 때문에 우리는 기억을 하고 수행하는 과정에서 줄곧 실수를 저지르게 된다. 예를 들어, 무의미하게 배치된 정보 조각들을 잘 기억해내지 못하는 것이다.

이것은 인지구조의 특수성에 기인하며, 결국 우리는 주먹구구식으로 학습할 수도 있겠지만, 학습은 결코 기계적으로 이루어지지 않는다. 우리는 정보를 처리하는 동안에도 실수를 저지른다. 이를 해결하기 위한 방법은 뇌가 비효율적으로 작동하도록 두지 않고, 과제에 집중하게 함으로써 학습이 성공적으로 이루어질 수 있도록 돕는 것이다. 우리는 뇌가 가진 인지적 용량을 기계적 처리나 단순 기억에 할당하기보다는, 패턴 인식이나 집행 기능 활동으로 확장시킬 수 있도록 도와야 한다. 이제까지 데스크톱 컴퓨터나 노트북 등의 기기를 활용하여 이러한 일을 해왔고, 이제는 모바일을 통해 언제 어디서나 지원할 수 있게 되었다(그림 3.1).

이처럼 인지적 과제를 분리하는 것은 수행을 안내하고 패턴을 인식하는

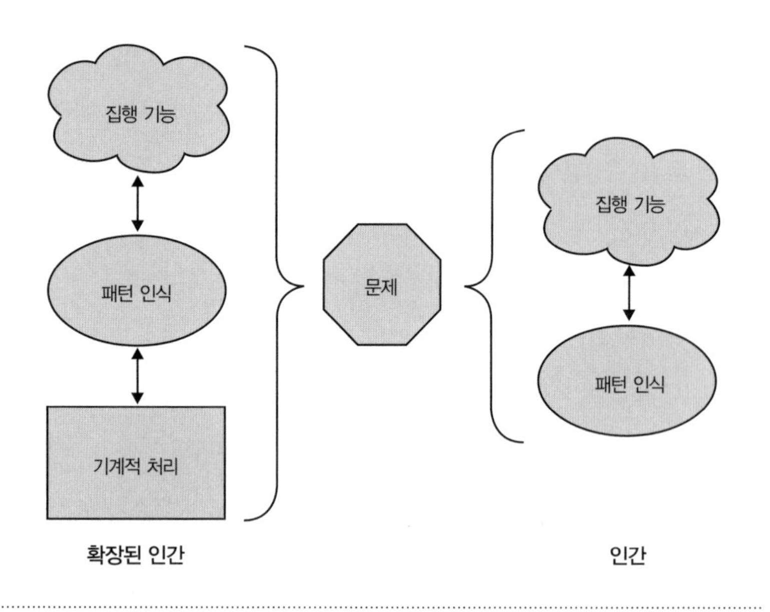

그림 3.1 확장된 수행

등의 집행 기능은 수행하되, 자료를 기억하고 능력 이상의 것을 감지하고, 계산을 하는 등의 기계적인 활동은 기기에 맡기는 것을 의미한다. 이때 디지털 기기들은 확장을 위한 도구로 활용할 수 있다. 디지털 기기는 당신이 하고 싶은 '말' 또는 수행을 신뢰롭고 반복적으로 실행할 수 있다. 기기들은 언제든 임의의 사실을 기억하고 있다가 입력되는 정보에 따라 적절하게 반응할 수 있다. 그러나 그들은 결정을 내리거나 말투에서 나타나는 미묘한 차이를 발견해내는 능력은 가지고 있지 않다. 이것이 기기와 우리가 완벽한 파트너십을 이룰 수 있는 중요한 이유이다.

따라서 엠러닝은 이러닝 강좌를 휴대전화에 집어넣는 것이 아니다. 엠러닝이 강의를 전달하는 것이라고 여겨서는 결코 안 될 것이다. 엠러닝은 학습을 확장시키는 것을 의미하며, 결과적으로 수행을 확장시키는 것이기도 하다. 엠러닝은 형식 학습을 지원하고 부분적으로 학습 솔루션을 제공하는 역할을 할 수도 있겠지만, 그것의 진정한 역할은 전달이 아니라 학습과 수행의 확장에 있다.

엄밀하게 이야기하면 이러닝과 오프라인 강의 역시 수행 확장을 위한 것이어야 한다. 우리는 지적 호기심을 충족시키기 위한 목적으로 학습하는 것이 아니며, 지금은 할 수 없지만 원하고 필요로 하는 어떠한 능력을 얻기 위해 학습하기 때문이다.

사례

인지적 기술

성과의 차이를 가져오는 것은 단편적인 지식이 아니라 인지적 기술이다. Dan Pink가 *A Whole New Mind: Why Right-Brainers Will Rule the Future*(2005)에서 말한 바와 같이 새로운 시대에 창조적으로 지식을 통합하는 능력은 강력한 경쟁 무기가 될 수 있을 것이다. 따라서 끊임없이 다양한 인지적 기술을 변형하고 적용해보는 활동은 새로운 촉진제가 될 수 있다. 만약 정보의 주기가 4년도 되지 않는다면, 대학에서 이미 생명을 다한 지식을 얻고 졸업하는 것이 무슨 의미가 있겠는가? 그렇다면 당신은 무엇을 해야 하겠는가?

새롭게 강조해야 할 인지적 기술을 '21세기 기술'이라고 표현하고자 한다. 이는 두 가지 측면에서 일반적인 지식과 구분된다. 첫째, 개인 학습과 사회적 학습을 통하여 습득되어야 한다. 이것은 조직 차원에서 할 수 있는 가장 가치 있는 투자가 될 것이다. 둘째, 사람들에게 필요한 정보와 그들에게 필요한 기술을 명확하게 구분해주는 것이 중요해질 것이다. 모바일 기기는 언제 어디서나 활용할 수 있기 때문에, 사람들은 그들이 필요로 할 때 필요로 하는 정보에 언제든 접근할 수 있다. 따라서 풍부한 정보환경에서 일할 수 있도록 지원하는 것이 우리가 할 수 있는 가장 중요한 일이라고 할 수 있다.

이제 앞에서 언급한 대로, 엠러닝은 단순히 강의를 전달하는 형식 학습이 아니며, 거시적인 관점을 아우르는 학습의 맥락에서 이해되어야 할 것이다. 이는 문제해결, 창의, 정보 접근, 협력, 혁신, 실험을 비롯한 모든 학습의 영역을 포괄하는 것이다. 결론적으로 엠러닝은 우리가 필요로 할 때 반응하고, 대화가 가능하고, 즉시적인 지원이 이루어지고, 적절한 특정 정보를 언제 어디서나 제공하고 공유와 그 이상이 이루어지는 것이다.

엠러닝은 실질적으로 수행 능력을 지원하는 것이 되어야 한다. 또한 우리가 걸어갈 때나, 뛰고 있을 때, 언제 어디서나 우리가 필요로 하는 경우에 지원되어야 한다. 우리가 데스크톱에서 소프트웨어를 사용하는 것과 마찬가지로 엠러닝도 언제 어디서나 유용한 소프트웨어가 되어야 할 것이다.

사례

수행 지원 도구로서의 GPS

위성위치확인시스템Global Positioning System, GPS은 수행지원 도구의 가장 완벽한 사례가 될 수 있다. 낯선 어딘가로 운전을 해서 가야 하는 과제가 주어졌다고 생각해보자. 모든 지역과 도로의 세부적인 사항을 기억할 수 없기 때문에, 외부적 지원 도구로서 지도를 활용할 수 있다. 우리는 어딘가로 이동하면서 지도를 탐색하고, 계획을 수립하고, 방향을 설정한다. 하지만 이것은 복잡하고 어려운 일이므로 종종 실수를 하게 된다. 예를 들어 대화 과정에서 혹은 라디오를 듣다가 주의가 산만해져 결국 길을 잃고 지도가 제시하는 위치를 찾지 못하거나 방향을 상실하게 되는 것이다.

좀 더 기능적인 도구로는 Google Maps나 MapQuest 등이 있다. 필자는 방향을 찾기 위해 이 도구들을 사용하고 출력을 하기도 했다. 모바일 기기를 좀 더 다양한 방식으로 활용하기도 했는데, 길을 잃었지만 지도를 통해 내가 어느 위치에 있는지 알아낼 수 있었다. 하지만 이 기능을 활용할 때는 우선 멈추어 조작하는 시간이 필요하다. GPS 기기는 이러한 작업을 좀 더 간단하게 해준다.

GPS 시스템은 수행을 실질적으로 확장시켜준다. 시스템은 내가 어디를 지나왔는지 기억하고, 다음 장소에 도달하기 전에 미리 알려주며, 돌아오는 길을 보여주고, 실수를 하는 경우 경로를 재탐색한다. GPS는 많은 양의 정보를 저장해두었다가 경로 계산과 경로 관리 결과를 연결해주는 기능, 패턴 인식과 운동기능 조절과 같이 복잡하면서도 본질적인 능력을 지원하는 등의 다채로운 역할을 한다. 이것은 수행 지원이라는 개념을 설명해주는 삽화와 같이 설계 과정에서 기억해야 할 유용한 메타포가 된다.

따라서 엠러닝은 실세계에서의 수행과 관련되어 있다. 엠러닝은 계몽적인 교육관에 따른 형식 학습을 보다 효과적으로 만드는 방법과, 비형식 학습이 원활하게 이루어지도록 돕는 수행 지원 및 사회화라는 방법을 모두 제공할 수 있다. 즉 모바일은 형식 학습과 수행 지원, 사회적/비형식 학습을 포괄하는 모든 학습을 적절하게 지원할 수 있다. 이를 좀 더 구체적으로 살펴보자.

형식 학습

몇 가지 질문을 던져보겠다. 당신은 업무 외의 과제, 취미, 스포츠, 부업 등 다른 어떠한 활동을 하고 있는가? 만약 그렇지 않다면 당장 책 읽는 것을

그만두고, 가서 새로운 삶을 찾으라. 새로운 것을 경험하고 재미를 느꼈다면 그때 다시 돌아오도록 하자.

이제 당신의 휴식 시간을 차지하고 있는 활동에 대하여 생각해보자. 당신은 그 활동을 통해 무엇인가를 능동적으로 배워나갈 수 있고, 수행 또한 다양한 방식으로 확장할 수 있을 것이다. 아마도 당신은 다른 사람들에게 말하고, 잡지를 읽고, 무엇인가를 함께 하고, 시도해보고, 실수를 하며 학습해나갈 것이다.

간단히 말하자면, 필자가 어느 사설에 언급했던 것처럼 "그것은 형식 학습과 같은 것이 아니다! 당신이 세상 속에서 학습해가는 모습은 교실의 모습과는 전혀 다른 것이다. 우리는 그것을 개선하길 원한다!"

사실 대부분의 형식 학습은 충분하게 잘 설계되지 않았다. 형식 학습은 지나치게 많은 지식과 기술을 전달하는 데에만 초점을 맞추고 있으며, 학습자의 몰입은 고려하지 못하고 있다. 또한 '정형화된 이벤트' 모델(워크숍이나 수업에서의 형식화된 교육)에 지나치게 신경을 쏟은 나머지, 정작 무엇이 파지에 가장 큰 도움을 줄 것인가에 대해서는 잘 살피지 못하였다. 또한 많은 형식 학습은 '효과성' 검증에서 실패하곤 했다. 이는 유의미한 학습, 지속적인 행동 변화를 이끌어내지 못한다는 것이다.

실제로 교실은 '자연스러운 학습'과는 정반대의 모습을 보여준다. 자연스러운 학습을 살펴보면 다음의 일곱 가지 C 요소를 발견할 수 있을 것이다.

1. 선택Choose : 우리는 중요하고 관련이 있다고 느끼는 것에 흥미를 느끼며, 그것을 선택한다.
2. 실행Commit : 무엇인가를 일단 선택하면, 우리는 학습에 대한 책임의식을 갖게 된다. 우리는 그것에 대하여 가르쳐줄 누군가를 기대하지

않는다.

3. 구성Create : 우리는 무엇인가를 구성해보고, 실험하고, 시도해본다.
4. 실패Crash : 우리는 실험을 통해 실패를 경험할 수 있지만, 실패를 통해 배움을 얻는다.
5. 모방Copy : 우리는 다른 이를 관찰하고, 그를 모델로 삼아 그들의 수행을 모방한다.
6. 토론Converse : 우리는 동료, 전문가들과 토론하고 질문을 던지고 반응한다.
7. 협력Collaborate : 우리는 홀로 일하지 않고, 다른 이들과 함께 무엇인가를 개발하고, 문제를 해결하고, 공유하면서 일한다.

원시시대의 우리는 모닥불 주변에 앉아 7C로 구성된 도제 방식으로 학습했다. 그 이후 우리는 전문가-초보자의 대화를 통해 학습했는데, 이는 사회적이지만 다소 형식적인 지식에 초점을 맞추고 있었다. 마지막으로 교실이 등장하면서, 우리는 유의미한 실제와 대화로부터 멀어지고 지식을 쏟아붓고 이를 암송하는 형태를 강조하게 되었다. 효율성에 대한 논쟁은 있었지만 산업사회 이후 효과성에 대한 논의는 부족하게 이루어졌다.

지식 전달에 초점을 두는 교육이 만연하면서 인지과학에서 말하는 '비활성 지식inert knowledge'이 양산되었다. 비활성 지식은 인위적인 상황에서 시연될 수 있지만, 실제적인 현장에서 활성화되지 못하는 지식을 말한다. 예를 들어 관리자들이 시험을 잘 통과해서 멋지게 학습에 성공한 것처럼 보였지만, 업무 현장으로 돌아가서는 여전히 부적절한 수행을 보여주는 것이다. 따라서 '정형화된 이벤트' 식 접근은 파지, 즉 정보를 오랫동안 기억해내도록 돕기 위한 전략으로 적절하지 않다고 본다. 이것은 기술적인 문제가 아니라 교육학적인 문제이며, 엠러닝은 이러한 문제를 해결하고 학습을 촉진하는 하나의 매개체가 될 수 있다. 요약하자면 우리는 학습을 방해하는 요소들을 더 이상 지켜볼 수 없다. 우리는 학습 효과를 최대화할 수 있는 자연스러운 상황을 회복시키고자 노력해야 한다.

사례

학습에 대하여 다시 생각하기

지식을 쏟아붓는 방식의 학습은 다음과 같은 개념을 등장시켰다. '뿌리고 기도하기', '보여주고 내버려두기' 등은 학습 내용을 전달하는 방식을 묘사한다. 이것은 몇 가지 이유에서 실패할 수밖에 없다.

먼저 '지식 쏟아붓기'는 시작부터 문제를 가지고 있다. 내용전문가Subject-Matter Experts, SMEs들은 사람들이 어떻게 배운 지식을 적용하여 문제를 해결하는가에는 관심을 두지 않는다. 내용전문가의 편의를 고려하는 착한 교수설계자들은 이미 처음부터 일이 꼬여버린 것이다. 우선적으로 교수설계자들은 단순한 지식이 아니라 유의미한 기술을 습득하는 데 초점을 맞출 수 있도록 노력해야 한다.

두 번째 문제는 학습에 대한 우리의 접근 방식이 필수적인 성과를 얻기 위한 유의미한 방식과는 맞지 않는다는 것이다. 이는 목표부터 잘못된 것이기도 하지만, 구식의 교육 방식 때문에 비롯될 수도 있다.

정리하자면 엠러닝은 새로운 교육학적 관점에 기반을 둔 최선의 방식이라고 볼 수 있다. 학습 문화, 수행의 큰 맥락을 파악하는 것, 학습에 무엇이 기여할 수 있을지 깊이 있게 이해하는 것이 반드시 필요한 것은 아니겠지만, 기술적 지원 등이 충실하게 이루어질 수 있도록 도울 것이다.

좀 더 명확하게 하기 위하여 효과적인 학습을 위한 목표를 두 가지로 구분해보도록 하겠다. 앞에서 언급한 대로, 우리는 수행 상황이 발생할 때까지 지속적으로 기억해내기를 기대하며(파지), 관련된 상황에 적절하게 실행해내기를 바란다(전이). 이는 우리가 학습한 것을 적절한 상황에 활용할

수 있다는 것을 의미한다. 대부분 교실에서의 학습은 이러한 상황에 최적화되어 있지 않은데, 목표 자체가 잘못 설정되어 감성적인 몰입이 이루어지지 않는 것이다.

효과적인 학습에 대하여 좀 더 살펴보면, 대략적으로 다음과 같은 요소가 필요하다.

- 유의미한 목표에 집중할 것
- 왜 이 학습 경험이 중요한가에 대한 개인의 욕구를 파악할 것
- WIIFMWhat' s In It For Me : 내게 무슨 도움이 되는가을 제공할 것
- 학습을 큰 그림 안에서 상황 맥락화할 것
- 수행을 안내할 모델을 활용할 것
- 지식을 적절하게 활성화할 것
- 상황에 적용될 개념을 예를 들어 설명할 것
- 예에 주석을 달아 기반이 되는 사고 과정을 설명할 것
- 적절한 예와 연습 활동을 충분하게 제공할 것
- 적절하게 계열화하고 도움을 제공하여 연습하게 할 것
- 수행에서 나타나야 할 변화에 맞추어 연습하게 할 것
- 효과를 높이기 위해 연습 활동 사이에 간격을 둘 것
- 정서적 경험을 인정할 것
- 좀 더 큰 맥락으로 연결할 것

교육학적으로 좀 더 깊이 있는 내용을 담아낼 수도 있겠지만, 위의 요소들은 현재의 교육이 잘못되어 있음을 개괄적으로 지적하기 위한 것이다. 모바일러닝은 특정 맥락에서만이 아니라 어떠한 맥락에서든 유용할 수

있다.

매체 심리

엠러닝에서 염두에 두어야 할 인지에 대한 중요한 접근 중 하나인 '매체 심리Media Psychology'는 다양한 매체의 속성과 인지가 각 매체를 어떻게 처리하는가에 대한 연구 영역이다. 매체를 적절하게 사용하는 것은 형식 학습에서뿐만 아니라 비형식 학습을 설계하는 데 있어서도 매우 중요하다.

매체는 일반적으로 시각적이거나 언어적인 것으로 구분하지만, 신체적 차원으로 구분할 수도 있다. 구체적으로 고유 수용성 감각을 통해 들어온 정보proprioceptive information들은 자세가 올바른지를 알려주는 균형감각과 같은 신호들을 말하는데, 신체적 피드백이 흥미롭긴 하지만 아직까지는 엠러닝에서 그렇다 할 역할이 딱히 없다.

매체를 구분하는 두 가지 주요 기준은 매체를 연대순(동적/정적)[1], 커뮤니케이션 양식(시각적/언어적)으로 구분하는 것이다. 시각적 매체는 다시 두 가지 하위 요소(개념적/맥락적)로 구분된다. 개념적 매체는 추상적인 관계를 전달하며, 맥락적 매체는 실제적인 상황을 전달한다. 이를 〈그림 3.2〉에 정리하였다.

개념적 · 정적 정보는 차트나 다이어그램과 같은 그래픽을 포함한다. 맥락적 · 정적 정보는 사진을 활용한 애니메이션을 예로 들 수 있다. 개념적 · 동적 정보는 애니메이션을 통한 커뮤니케이션, 맥락적 · 동적 정보는 비디오를 통한 커뮤니케이션을 포함한다. 정적 · 언어적 커뮤니케이션은

1) 역자 주 : 인쇄된 문자나 사진은 시간이 지나도 변하지 않는 반면, 말이나 비디오는 변하기 때문에 전자는 정적, 후자는 동적으로 구분됨

	정적	동적
맥락적	사진	비디오
개념적	그래픽	애니메이션
언어적	문자	말

그림 3.2 매체 속성

문자를 매개로 하며, 동적 · 언어적 커뮤니케이션은 말을 사용한다.

언어적 커뮤니케이션은 서로 다른 두 개의 감각 채널에 걸쳐 있기 때문에 흥미로운 측면이 있다. 말은 청각적 채널을 통하지만 문자는 시각적 채널을 사용한다. 또한 흥미로운 점은, 의미 있지만 명백한 의미를 포함하지 않는 정보도 이러한 채널을 통해 전달될 수 있다는 점이다. 말보다는 소리가 색상이나 그림자 같은 시각적 신호와 같이 맥락을 더욱 잘 전달할 수 있다.

청각적 채널과 시각적 채널이 서로 분리된 메커니즘을 가지고 있지만 서로 중첩될 수 있다는 점에 유의할 필요가 있다. 대부분의 경우 우리는 두 가지 유형의 정보를 동시에 처리할 수 있다. 시청각 채널이 가진 또 다른 특성은 무지향성이다. 이는 다음의 두 가지 활동을 용이하게 한다. 소리는 시각적 주의집중 없이도 처리될 수 있지만, 시각 정보에 대한 이해를 도울 수 있다. 소리는 집중을 유도할 수 있지만 시각적 정보는 그렇지 않다.

이와는 대조적으로 시각적 매체는 시각적 시스템에 기반을 둔 풍성한 신경학적 처리를 이끌어내며, 이는 많은 양의 데이터를 수용하고 복잡한 정보를 압축시켜 처리할 수 있도록 돕는다.

결론적으로 이러한 분류는 단지 간략한 안내일 뿐이다. 하나의 매체는 다른 매체의 대안으로 사용될 수 있다. 시각적 부하가 높은 과제(예 : 운전하기)의 경우 오디오가 활용될 수 있을 것이다. 주변이 지나치게 시끄러운 상황(예 : 기관실)에서는 시각적 매체가 사용될 수 있을 것이다. 매체는 통합될 수도 있는데, 문자가 그래픽이나 사진 위에 제시되거나 오디오가 애니메이션이나 비디오와 함께 제시될 수도 있다. 내레이션이 포함된 슬라이드 쇼는 매우 강력한 능동적인 매체로 활용될 수 있다(예 : Ken Burn의 교육용 DVD "Civil War"). 매체에 대한 어느 정도의 개념적 이론을 이해하는 것은 매체를 풍성하게 다루는 데 도움을 줄 수 있으며, 모바일 기기의 교육적 가치를 높이는 데에도 기여할 것이다.

인지 외의 요소 : 정의적 · 행동적 요소

인지과학은 인지적 요소 외에, 사고를 둘러싼 전체 그림을 완성하기 위하여 추가적으로 고려해야 할 요소로 정의적 · 행동적 요소를 제안한다. 정의적affective 요소는 우리가 누구인가와 관련되며, 행동적conative 요소는 학습하고자 하는 의도와 관련된다. 역량의 확장을 위해서는 반드시 이러한 요소를 함께 고려할 필요가 있다.

정의적 요소는 우리가 누구인가에 대한 것이다. 다양한 가설이 존재하지만, 성격심리학에서는 일반적으로 다섯 개 요인(개방성, 성실성, 외향성, 친화성, 신경증적 성향)을 통해 심리학적 개인차를 구분한다. 물론 정의적 요소를 고려하는 것이 엠러닝 설계에 어떻게 기여할 수 있을지는 추가적인 연구가 필요하다.

개개인은 서로 다르지만 이들의 학습을 각 학습자에게 맞추기보다는 학습에 가장 도움이 되는 원리를 고려하는 것이 더 중요하다. 여러 연구자들은 학습 양식을 평가하는 도구에 대한 연구나 개인의 학습 양식을 고려하여 적절한 학습을 제공할 수 있고 제공해야 한다고 주장하는 연구에는 한계가 있다고 주장한다. 매체는 학습자가 아닌 메시지에 초점을 맞추어야

한다는 입장이 정답이라는 것이다. 어쨌든 모바일 기기는 점차 개인 학습자에게 최적화된 학습을 지원할 수 있도록 진화하고 있기는 하다.

다음으로 행동적 요소는 학습 의도에 대한 것이다. 그런데 우리는 이것을 고려하고 있는가? 그리고 이러한 경험을 이끌어내기 위하여 노력하고 있는가? 학습자의 개인차를 고려하는 것이 비록 학습에서 불분명한 효과를 나타내고 있지만, 학습자의 동기나 불안을 고려할 필요가 없다는 것을 의미하는 것은 아니다. 이와 관련하여 다음과 같은 질문을 던질 수 있다. 동기화되었을 때 공부가 더 잘되는가, 아니면 무관심할 때 더 잘되는가? 자신감이 생겼을 때 공부가 더 잘되는가, 아니면 불안할 때 더 잘되는가?

이상의 요소가 우리가 염두에 두어야 할 요소이다. 필자는 몰입과 교육의 관계에 대하여 이야기한 바가 있지만(*Engaging Learning: Designing e-Learning Simulation Games*, 2005), 불안을 감소시키고 동기를 강화하는 명확한 방법이 있다. 학습자의 수준에 적합한 수준의 도전 과제를 제공하는 것이 한 가지 방법이 될 수 있고, 앞으로 다가올 무엇인가에 대하여 안내함으로써 학습자가 기대하지 못했던 혹은 실수로 인해 실망하는 상황을 통제할 수 있도록 지원하는 것도 좋은 방법이 될 수 있다. 이와 더불어 학습의 중요성을 강조하는 것, 학습자의 이해 수준에 관심을 갖는 것 등은 학습 동기를 높이는 데 기여할 수 있다.

요약하면, 다른 학습에서와 마찬가지로 모바일러닝에서도 단지 인지적인 차원만이 아니라 동기와 관련된 요소를 다루어야 한다. 학습 지원뿐만 아니라 동기를 유발하고 불안을 감소시키기 위한 지원을 제공할 수 있고 제공해야만 한다. 우리는 학습자가 학습을 하고 싶도록 만들고, 적절한 성과를 얻을 수 있도록 돕고, 유의미한 사례와 연습 활동을 제공해야 한다.

비형식 학습

여러 가지 이유에서 형식 학습이 필요하지 않을 때도 있고, 불가능할 때도 있다. *Informal Learning: Rediscovering the Natural Pathways That Inspire Innovation and Performance*(2005)의 저자 Jay Cross에 따르면 우리는 형식 학습을 통해 직무에 필요한 내용의 20% 정도만 배울 뿐이다. 우리는 형식 학습에 학습자들을 맡기고 내버려둘 수는 없다. 초보자에서 실무자를 거쳐 전문가로 변화하기까지 여러 단계가 있다. 또한 각 단계별로 이루어져야 하는 지원 유형도 〈그림 3.3〉에 나타난 바와 같이 다르다.

실무자 수준에서는 형식 학습에의 의존도를 줄일 필요가 있다. 실무자는 그들이 무엇을 필요로 하는지, 어떠한 맥락인지에 대하여 알고 있으며, 학습에 동기화되어 있다. 그들에게는 완제품full wrapping을 제공해줄 필요가 없다. 그들은 단지 개념과 사례 정도를 필요로 하며, 새롭게 추가된 정보를 제공해주는 정도면 충분하다. 수행 확장augmenting 원리에 따라, 그들은 업무 보조도구job aid나 의사결정 지원도구decision support tool 등을 필요로 할 것이다. 교육학적 요소가 부족한 전문가의 강의라고 할지라도, 그들은 충분하다고 느끼게 될 수도 있다. 즉 실무자들은 초보자들이 필요로 하는 것과는 다른 것을 요구한다는 점이다.

1991년 Gloria Gery는 전자수행지원시스템Electronic Performance Support Systems, EPSS의 개념을 창안하였다. 이는 적절한 정보가 업무 흐름에 따라 적절한 시점에 전달되어야 한다는 원리를 담고 있다. 초보자들조차도 적절한 지원이 제공되면 훌륭하게 업무를 수행할 수 있으며, 더 나아가 상호작용을 통해 실제적으로 학습할 수 있다는 점이다. 이러한 아이디어는

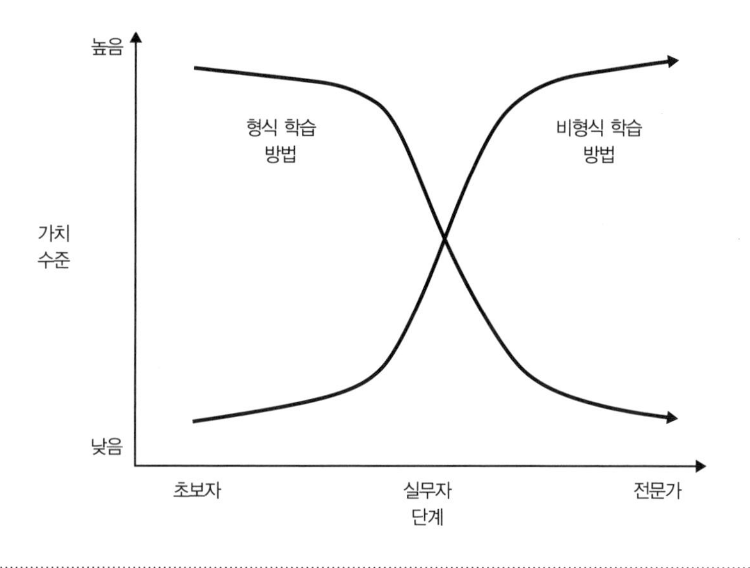

그림 3.3 학습자 역량에 따른 비형식 학습의 가치

데스크톱 컴퓨터에서 충분하게 실현하지 못했지만, 모바일에서는 가능해졌다.

EPSS는 인간의 뇌가 잘 기억하지 못하는 것을 기억하고, 과제를 해결하여 수행을 확장시켜준다. EPSS를 통해 수행자가 무엇을 하는지 평가하고 인지적인 장애가 무엇인지를 확인함으로써 수행자들의 역량을 보완할 수 있다.

수행자가 테이블 위에서 자신의 업무를 총괄할 수 있다는 것은 훌륭한 일이다. 그들이 자신의 데스크톱 컴퓨터로부터 멀리 떨어졌을 때 보다 훌륭한 학습 경험을 얻게 되거나, 수행자들을 더욱 효과적으로 지원하게 된다는 것을 의미한다. 이것은 점차 증가하고 있는 공통적인 현상이다. 사람들이 필요로 하는 적절한 시점에 언제 어디에서든 학습 자원을 제공해줌으로써 선호하는 시간을 조절할 수 있다. 그것이 바로 엠러닝이다.

사례

인지적 확장으로서의 모바일러닝

상세한 내용은 이후에 다루겠지만, 형식 학습과 수행 지원에 국한시켜 학습 확장의 특징을 간략히 살펴보자.

학습 확장

학습 확장으로서 엠러닝의 주요한 역할은 다음과 같다.

동기 부여 : 모바일이 제공하는 사례는 강의에 앞서 제공되어 강의 내용을 정교화해줄 뿐만 아니라 학습자로 하여금 필요성을 느끼게 해준다.
학습 과정의 확대 : 새로운 개념을 제공하거나 새로운 맥락 혹은 피드백과 연결함으로써 학습을 보다 깊고 의미 있게 만들 수 있다.
학습 성향의 지원 : 문서나 비디오와 같은 학습 콘텐츠를 학습자가 선호하는 매체 혹은 시간에 맞추어 제공할 수 있다.
맥락적 학습의 기회 제공 : 특정 맥락과 관련된 학습 내용을 언제 어디에서나 최적화된 형태로 제공함으로써, 결과적으로 가치 있는 성과를 얻도록 돕는다.

수행 확장

수행 확장으로서 엠러닝의 주요 역할은 다음과 같다.

매체 능력 : 모바일 기기는 스크린과 오디오를 통해 정보를 제시할 수 있으며, 카메라와 마이크를 통해 데이터를 안전하고 정확하게 수집할 수 있다.
데이터 및 처리 능력 : 모바일 기기는 자료를 변환하고 계산이나 의사결정나무와 같은 기능을 제공함으로써 이를 직접 수행하는 것보다 시간을 단축시킬 수 있도록 돕는다.
커뮤니케이션 : 모바일은 개인이 다른 사람들과 연결될 수 있는 다양한 방법을 제공한다.

사회적 학습

비형식 학습은 종종 사회적 학습과 동일한 개념으로 인식되곤 하는데 이는 잘못된 것이다. 사회적 학습이 비형식 학습의 중요한 방식이 될 수는 있

지만, 개인 학습 방식의 비형식 학습도 있고 사회적 방식으로 이루어지는 형식 학습도 있다.

사회적 학습은 협력을 기본으로 하며, 점차 그 중요성은 더욱 강조되고 있다. 사회가 더욱 빠르게 변화하고 있고 경쟁 시대가 도래하면서, 지속적으로 혁신을 도모하는 것이 중요해졌다. 혁신은 개인적인 것이 아니며, 상식과 어긋나는 것이다. 대화와 팀워크는 연구, 창조, 문제해결 등을 위하여 매우 중요하다.

또한 사회적 학습은 개인 학습의 강력한 보완책이다. 특정 개념과 적용에 대한 공동의 이해를 이루는 것은 학습자가 자신의 생각을 정교화하고, 서로의 생각을 비교하고, 다른 동료들과 새롭게 정의를 내리는 일을 요하게 된다.

생각해볼 문제

01 강의를 전달하는 그 이상의 수행 지원까지 고려하고 있는가?

02 정형화된 이벤트형 모델과 콘텐츠 제시형 교육 방식을 넘어서는 교육관을 고려하고 있는가?

03 사회적 학습을 학습 솔루션의 일부분으로 포함시킬 계획인가?

04

THE TECHNOLOGY IT'S NOT ABOUT

기술 외의 문제들

> 이것은 기술에 관한 것이 아니다.
>
> -Jay Cross

앞서 이야기한 바와 같이, 초점은 수행 결과에 있다. 개개인으로 보자면 모바일 기기는 매우 유용한 도구일 수 있다. 그러나 여기에서 이야기하고자 하는 것은 실제 조직 차원에서의 이점이며 이것은 기기 측면이 아닌 성과 측면에서 이야기되어야 한다.

게다가 이러한 이야기를 하는 바로 지금 이 순간에도 테크놀로지는 역동적으로 변하고 있다. 매 주마다 새로운 기기들이 발표되고 있으며, 이 책을 쓰는 동안에도 새로운 기기들이 출시되고 있다.

이제 우리는 테크놀로지의 기준에 대해서 이야기해봐야 한다. 앞서 언급한 변화의 속도를 생각해보았을 때 이것은 두 배는 힘든 일일 것으로 보이지만, 여기에는 우리가 참고할 만한 패턴이 나타나고 있다. 필자는 모바일 기기의 발전 역사를 간략히 소개함으로써 통합적인 분석틀을 이끌어내고자 한다. 그리고 이것은 특정 기기를 초월한 성과와 설계의 방법에 대한 기반을 제공해줄 것이다.

계산기에서 스마트폰까지

다양한 종류의 '휴대하기 힘든' 컴퓨터를 비롯하여 그 의도는 선구적이었으나 실패로 끝난 애플사의 뉴튼Newton 등이 있지만, 실질적으로 성공한 첫 번째 모바일 기기는 팜사의 파일럿Pilot이다. 팜사의 파일럿은 실제로 비즈니스에 필수적인 도구로 기능하는 첫 번째 휴대용 기기였다.

팜사의 파일럿

파일럿의 개발에 관한 이야기는 우리에게 교훈을 준다. Jeff Hawkins는 파일럿(그림 4.1)을 개발하기에 앞서, 그가 생각하기에 적절하다고 여기는 형태의 원형을 나무 조각으로 만들어 들고 다니기 시작했다. 그리고 어디를 가든지, 이 기기가 유용하게 사용되기 위해서 어떠한 기능을 가져야 할지를 스스로에게 물었다.

그 결과, 그는 정보를 입력하고, 업데이트하고, 접근할 수 있는 모바일 기기의 네 가지 핵심 기능을 내놓았다.

- 달력(또는 일정)
- 연락처(또는 주소록)
- 노트(또는 메모)
- 업무(또는 해야 할 일)

그림 4.1 키보드가 있는 팜OS의 PDA

비록 모든 모바일 기기가 이와 같은 기능들을 갖는 것은 아니지만, (예를 들어 미디어 플레이어와 같이) 이 기능들은 현재 PIMPersonal Information Management[1]으로 통칭되는 모바일 기기의 핵심 기능으로 정의된다. 업무, 연락처, 메모, 과제들을 언제든지 처리하는 것이 가능해짐으로써 필자를 포함하여 많은 사람들의 실제 수행 성과가 높아지게 되었다.

파일럿은 또한 모바일 기기의 성공 요인이라고 할 수 있는 몇 가지 중요한 특징들을 가지고 있다.

- 동기화 : 데스크톱 컴퓨터와 모바일 기기 간의 동기화 기능
- 즉시성 : 전원을 켜자마자 바로 기기를 사용할 수 있도록 하는 기능
- 안정성 : 오류 발생 등의 충돌이나 데이터를 잃을 염려가 없도록 하는 기능

1) 역자 주 : 개인정보 관리. 컴퓨터 사용자들이 개인정보를 쉽게 관리할 수 있게 해주는 소프트웨어 프로그램의 총칭(출처 : 위키백과)

- 단순성 : 수행하는 데 많은 시간이 소요되지 않는 단순한 인터페이스
- 전원 지속성 : 하루 동안은 일을 처리할 수 있도록 지속되는 전력

이러한 특징들은 모바일 기기가 성공하기 위한 중요한 요소이며, PDAPersonal Digital Assistant로 우리에게 익숙한 PIM 기능들을 보완해준다. 당신이 PDA에 저장한 정보는 자동적으로 당신의 데스크톱에 더해지며 당신이 데스크톱에 저장한 정보는 자동적으로 당신의 PDA에 더해진다. 따라서 당신은 이동 중인 모바일 환경인지, 앉아서 일하는 데스크톱 환경인지에 상관없이 일관된 작업 환경을 가지게 된다. 기존의 데스크톱 환경 또는 자체의 어플리케이션에 동기화되는 것 모두가 가능하다. 이러한 동기화는 복잡한 조작 없이 연결이 되면서 자동적으로 이루어지거나 버튼 하나만 누르면 이루어진다.

또한 데스크톱 컴퓨터는 보통 항상 켜져 있는 상태라 당신이 리부팅을 하지 않고 사용하는 것이 가능하겠지만, 모바일 기기는 제한된 배터리 용량 때문에 일반적으로 일정 시간 사용하지 않으면 자동으로 꺼지게 된다. 이러한 맥락에서 생각할 때 부팅 시간은 중요한 문제가 되며 짧은 부팅 시간은 모바일 기기가 성공하기 위한 중요한 요인이 된다. 파일럿은 버튼을 누르면 바로 사용하는 것이 가능하다.

게다가 사람들이 데스크톱 환경에서는 일어날 수도 있는 일로 여기는 오류 발생과 같은 충돌이나 리부팅은 빠르게 엑세스해야 하는 환경에서는 발생해서는 안 되는 것들이다. 파일럿의 소프트웨어는 단순하면서도 매우 안정적이다. 파일럿의 운영체제에서는 다른 어플리케이션을 다운 받아 사용하는 것이 가능하며, 시스템 내에서 안정적으로 작동하지만 전체 기기의 시스템에는 영향을 미치지 않는다. 파일럿의 작동을 담당하는 핵심 어

플리케이션은 놀랍도록 견고하고 안정적으로 잘 작동한다.

또 다른 요인은 사용의 편이성이다. 이전 시도들에서의 큰 장애 요인은 키보드 장착을 시도하거나 그로 인해 스크린에서 그만큼의 공간을 사용하지 못하게 되거나, 필기체 인식을 시도한 점이었다. 모바일 프로세서의 용량은 사람의 정교한 필기를 인식하기에는 역부족이었으며, 이 분야는 아직도 큰 발전을 이루지는 못하고 있다. 난해한 그래픽을 입력할 수 있도록 하거나 또는 스크린상의 키보드를 사용하고 그로 인해 스크린에서 사용할 수 있는 공간이 줄어드는 것 역시 문제였다. 팜사에서는 그래피티Graffiti[2)]를 통해 이 문제에 대한 절충안을 내놓았다. 그래피티는 상대적으로 그래픽 입력 언어를 배우는 것이 쉬우며, 손글씨에 가까우면서도 기기가 확실하게 글자를 입력할 수 있도록 하는 독특한 방법을 사용하였다. 이 방법이 완벽하지는 않았겠지만, 그래도 충분히 만족스러운 것이었다.

또한 파일럿은 일상생활에서 필요한 순간에 유용하게 사용할 수 있도록 충분한 전력 유지를 위하여 기기가 사용되지 않는 동안 전원이 꺼질 수 있도록 하였다. 기기가 최소한 반나절 동안은 사용 가능해야 일상생활에서 사용할 수 있을 것이다. 따라서 배터리 관리는 중요한 문제로 작용한다.

PDA의 중요한 특징은 운영체제(OS)에서 돌아가며, 여기에서 새로운 어플리케이션이 개발되고, 구입되고, 로딩되고, 구동된다는 것이다. 즉 PDA는 그냥 기기가 아닌 플랫폼이라는 것이다. 그 결과, 사용자는 개발자가 상상할 수 있는 범위 내에서 그리고 그들의 기기가 기능할 수 있는 범위 내에서 자신이 원하는 대로 맞춤형으로 만들 수 있다. 팜사는 곧 개발자들이 어플리케이션을 제공하는 역동적이고 활동적인 커뮤니티를 가지게 되었다. 마이크로소프트사는 그 당시에 그들의 데스크톱 운영체제에 기반을 둔 운

2) 역자 주 : 팜사에서 개발한 안드로이드용 필기 인식 어플리케이션(출처 : 위키백과)

영체제인 윈도(윈도즈)를 시작하였으며 제조업체들은 2차 시장을 개척하기 위하여 이에 맞는 하드웨어들을 개발하였다.

모바일폰

모바일폰mobile phone은 구두상자보다 조금 작고 주머니에 들어가기에는 좀 큰 크기의 기기로 시작하였다. 급속한 변화를 겪으면서 90년대 중반의 모바일폰은 휴대 가능한 크기로, 그리고 오늘날에는 다가오는 유비쿼터스의 실현을 이루는 기기가 되고 있다. 무선전파 기술에서 사용한 것이 'cellular(세포)' [3]라는 것을 감안하여 이것들은 또한 셀폰cell phone[4]으로 알려지기도 한다(그림 4.2).

이러한 흐름의 시작에 대한 인식을 도와줄 만한 상징적인 생산물도 없는 상태에서, 커뮤니케이션에 대한 실질적 요구가 시장을 주도하기 시작했다. 통화 외에도 문자 메시지 영역에서 활발한 움직임이 시작되었는데, 휴대전화 서비스 공급자들 간의 차이가 명확하지 않고, 시스템 간의 정보처리 상호운영의 가능성이 높고 잘 운영되는 해외에서 메시징 서비스가 젊은이들 사이에서 인기를 얻으면서 시작되었다. 필자는 동료의 20대 아들이 2005년쯤 그의 폰을 문자 메시지를 보내는 데 쓸 뿐 음성통화는 한 번도 한 적이 없다고 말한 것을 기억한다.

오늘날 거의 모든 사람이 모바일폰을 가지고 있으며, 두 개 이상의 폰을 가지고 다니는 사람도 많다. 또한 많은 경우 사람들은 집의 유선 전화기를 더 이상 쓰지 않고, 대신 그들의 휴대전화를 사용한다!

3) 역자 주 : 셀룰러 시스템(cellular system)－주파수의 효율적인 사용을 위하여, 전체 서비스 영역을 셀(cell)이라 부르는 영역으로 잘게 나누고, 각 영역마다 고정 기지국을 두는 이동통신 시스템(출처 : 정보통신기술용어해설)

4) 역자 주 : 이하 '휴대전화' 로 통칭

그림 4.2 휴대전화의 일반적인 모습

미디어 플레이어

또 다른 기기로 미디어 플레이어media player를 들 수 있다. 다양한 미디어 플레이어들이 이전부터 존재했으나, 이 분야의 판도를 완전히 바꾼 것은 애플사의 아이팟iPod(그림 4.3)이었다. 작고, 트랙휠track wheel이라는 독특한 상호작용 메커니즘을 가졌으며, 온라인에서 구매하거나 또는 자신이 가진 CD 콜렉션으로부터 어마어마하게 많은 노래들을 저장할 수 있는 디지털 저장장치를 가진 이 기기는 온라인 미디어 시장을 바꾸어놓았다. 이는 카세트, CD 플레이어와 같은 휴대용 뮤직 플레이어들에 대해서 용량과 견고함, 그리고 사이즈 면에서도 우세한 것이었다.

이러한 점점 확장되는 성능들과 함께, 아이팟과 같은 종류의 기기들의 진정한 이점은 오디오 기능에 있음이 발견되었다. 위에 기술한 바와 같이, 오디오 특유의 특성은 무지향성non-directional에 있는데, 이것은 개인이 시각적으로 다른 일을 하고 있는 동안에도 오디오로 된 정보를 처리할 수 있다는 의미이다. 이러한 특성은 중요한 활용 사례들을 제공하는데, 하나는

그림 4.3 애플사의 아이팟

이러한 기기들이 시각적 과제 위에 계층적 지향성의 메커니즘mechanism to layer directions을 제공한다는 것이다. 또 하나는 운전하는 시간도 생산적으로 사용될 수 있도록 한다는 것이다. 그러나 방송을 듣거나 테이프를 구매해 듣는 것 그 이상이 되기 위해서는 또 다른 혁신이 필요했다.

이러한 혁신이 바로 아이스토어iStore(음악 청취를 위하여 보고 검색하고 구매하고 다운로딩하는 것을 가능하게 한 애플사의 소프트웨어)와 아이튠즈 유니버시티iTunes University(강의, 연설 등을 찾고 다운로딩할 수 있도록 한 특화된 교육 사이트)이다. 이들은 개인에게 오디오 콘텐츠를 음악처럼 선택하고 구매하고 다운로딩할 수 있도록 하였다. 여기에서 중요한 기능 중 하나로 오디오 콘텐츠에 대한 구독 기능을 들 수 있다. 누구나 RSSReal Simple Syndication(오디오와 텍스트 모두 가능)를 사용하여 새로운 오디오나 최신 오디오 콘텐츠의 피드feed를 구독할 수 있다. 이러한 오디오 콘텐츠의 팟캐스트는 최신 정보의 보고가 된다.

뒤이어 등장한 다른 플레이어들에는 MP3(오디오) 파일, MP4(비디오)

파일, 그리고 DVD를 구동하는 플레이어들이 있었으나 휴대 가능한 정보 기기의 흐름에 확실한 변곡점을 찍은 기기는 아이팟이라 할 수 있다. 요즘에는 일을 하든, 운동을 하든, 아니면 그냥 앉아 있든 이어버드earbuds(귀에 끼우는 소형 헤드폰)를 끼고 있는 사람들을 도처에서 볼 수 있다.

스마트폰

기술의 진보와 집적에 따라 여러 기능들이 결합된 새로운 기기들이 등장하였다. 휴대전화와 PDA는 인터넷 브라우저를 추가하였으며, 미디어 플레이어는 PIM 기능을 더하였다. 그러나 진정한 과도기는 PDA와 모바일폰이 융합하던 때인데, 언제 어디서나 플랫폼에 접속할 수 있으면서, 이메일 기능이 되는 블랙베리 시리즈 전화기에 의해 시작되었다.

PDA는 컴퓨터에 연결되기 위해서 케이블을 사용하거나 단거리 무선 네트워크를 사용해야 한다는 제약점이 있었다. 모바일폰은 넓은 공간에서도 인터넷에 연결될 수 있도록 하는 데이터용 무선 폰 시스템을 사용할 수 있었다. 이 두 가지를 연결하여 사용하는 것은 편리하다는 장점뿐만 아니라(필자가 인상 깊게 생각한 것들 중 하나는 바로 PDA로부터 주소를 읽어서 모바일폰에 이것을 입력할 수 있다는 것이었다.) 인터넷에 연결될 수 있는 강력한 성능을 가지게 된다는 점이다. 그러던 어느 순간 갑자기 기기들은 어플리케이션이 아닌 어플리케이션을 위한 데이터를 다운로딩할 수 있게 되었다. 이것은 PDA를 사용하기 위해 사전에 생각해서 준비해야 할 수도 있지만 그때그때 요청에 따라 재설정할 수도 있게 된 실로 엄청난 변화였다.

팜사는 시장을 선도하는 그들의 PDA에 폰을 성공적으로 접목시킬 수 있었고 그리하여 트레오Treo가 탄생하였다. PDA는 마니아층만이 사용했

기 때문에 판매율은 그다지 높지 않아서 트레오의 경우는 흔치 않은 기기가 되었다. 팜사의 부족한 혁신으로 인해 다른 기업들이 이를 따라잡고 능가하게 되었다.

자연스럽게 애플사가 아이팟, 전화 기능, PIM 기능을 통합하고 간략 버전의 데스크톱 운영체제에서 구동되는 것은 물론 멀티 핑거 터치 인터페이스를 탑재한 아이폰iPhone으로 시장을 재정리하기에 이르렀다. 우려와 몇몇 초기 결함에도 불구하고 아이폰은 성공을 거두게 되었다. 지금 이 글을 쓰고 있는 와중에도 시장은 역동적으로 변화하고 있으며 아이폰(그림 4.4)에 대한 경쟁상품들이 거의 매주 등장하고 있으나 시장에서의 선두를 계속 유지하고 있다.

소형 게임기

한 가지 게임만을 제공하는 전용 게임기에서 자연스럽게 게임 플랫폼으로 진화하였다. 다른 게임기도 있기는 했지만, 닌텐도Nintendo사는 게임보이

그림 4.4 애플사의 아이폰

Game Boy로 엄청난 히트를 치며 큰 성공을 거두었다. 알려진 게임 브랜드와 캐릭터를 이용하여 이들은 PDA, 휴대전화, 혹은 랩톱 인터페이스가 아닌 게임 컨트롤러를 흉내 낸 스크린과 컨트롤을 가진 작은 플랫폼을 사용한 게임을 만들어냈다. 이후 경쟁 제품이 잇따라 출시되었고 닌텐도사는 듀얼 스크린의 초소형 게임기 DS(그림 4.5)를 출시했고, 소니Sony사는 PSPPlayStation Portable로 반격에 나섰다.

교육가들과 연구가들은 이 플랫폼의 잠재력에 주목하고 이 독특한 기기(단순한 게 최고인 PDA와는 다르게 게임에서는 플랫폼에서 더 많은 현란한 요소들을 뽑아낼수록, 보다 좋은 소프트웨어 개발 키트software development kit, SDK가 최적의 효율성과 효과를 내기 위해 로우레벨 하드웨어 액세스를 제공하도록 개발된다.)에 사용되는 프로그래밍의 기술적 장벽에도 불구하고 맞춤형 어플리케이션 개발을 시작했다. 경쟁이 계속됨에 따라 이 플랫폼에는 무선 네트워크 연결, 미디어 재생 기능, 심지어 카메라 기능까지 추가되기 시작했다.

그림 4.5 닌텐도 DS

사례

립스터

소형 게임기 플랫폼 콘셉트를 이용하긴 하지만, 교육 시장을 타깃으로 한 것으로 Joe Miller(이 글을 작성하는 당시 린든랩Linden Lap에 있었음)는 립프로그LeapFrog의 립스터Leapster 개발을 주도했다. 립스터는 아동들을 겨냥한 인체공학적 디자인을 자랑하며 플래시로 쉽게 전개되어 학습 기기로 각광받고 있다.

애초에 수업에 통합되거나 혹은 Elliot Soloway 연구에서 언급한 데이터 수집 활동을 지원하기 위해 설계된 것은 아니지만, 이 플랫폼은 학부모들이 자녀들에게 손쉽게 참여하며 학습 자료를 접할 수 있게 하는 방법을 제공해주었다.

랩톱?

모바일 분석가들을 계속해서 괴롭히고 있는 한 가지 질문은 랩톱이 모바일 기기로서 자격이 있냐는 것이다. 이러닝 길드eLearning Guild에서 인용한 모바일러닝의 정의를 떠올려보라. '개인이 항상 들고 다니면서, 안정적인 연결을 제공하고, 주머니에 들어갈 정도의 크기인 소형 디지털 기기.' 여기서 중요한 아이디어는 바로 그러한 기기들이 가지고 다니기 쉽기 때문에 항상 지닌다는 점이다.

분명한 것은 랩톱보다 큰 제품은 안 된다는 것이다. 랩톱의 경우 어떤 사람들은 항상 들고 다니기도 한다. 하지만 성능 면에서 이것이 이동 가능하다는 점과 환경적 맥락 안에서 일을 수행할 수 있다는 점을 제외하면 데스크톱과 그리 다르지 않다.

하지만 스마트폰은 지속적으로 그 경계가 모호해지고 있다. 해당 프로세서의 기능은 더 좋아지고 소프트웨어는 좀 더 세련되어지며 인터페이스는 더욱 풍부해짐에 따라 이들의 기능이 랩톱의 기능과 비견될 만한 것이

되어가고 있으며 많은 사람들은 이메일 확인, 웹 서핑, 심지어 문서 작성 및 프레젠테이션 준비 등 컴퓨터에서만 가능했던 작업들을 스마트폰을 이용하여 충분히 작업할 수 있게 되었다. 이러한 이유로 랩톱은 비록 PDA의 상위 개념이긴 하지만, 모바일 기기로 간주되지 않을 수도 있다.

태블릿, 노트북, eReaders

랩톱의 부분집합에 속하는 것들은 모바일 기기로 간주될 수 있다. 태블릿 컴퓨터는 전형적으로 랩톱 스타일의 프로세서로 운영되고 랩톱 규모의 운영체제를 가지고 있지만 일반적인 키보드 대신 특별 스타일러스를 사용한 인터페이스를 자랑한다. 또한 랩톱보다 가볍고 얇다. 태블릿은 의사들이 여기저기 들고 다니면서 의료 정보를 확인하는 병원에서 이용되어 왔으며 엔지니어링, 항공 분야에서 사용되어왔다.

태블릿을 통해 이용할 수 있는 또 다른 요소로는 eReaders가 있으며 사용자 수가 점점 늘어가고 있는 추세이다. 아마존Amazon 사의 킨들Kindle과 같은 이러한 도구들은 종이책을 읽는 것을 흉내 낸 가벼운 플랫폼에서 책을 읽을 수 있도록 해주는 데 초점이 맞추어져 있다. 이러한 기기들은 인터넷 연결과 미디어 재생과 같은 좀 더 많은 기능들을 병합해가고 있으며 이러한 추세는 지속될 것이다. 문제는 eReaders가 모바일 기기로 간주되는지 여부이다. eReaders의 역할을 생각하면 모바일 기기로 생각하기 어렵다고 하겠지만, 이들이 맥락적 정보를 받고 다른 요구를 충족시킬 수 있다면 모바일 기기로서의 자격이 있다고 할 수 있다.

반면 넷북은 제한적인 프로세서와 메모리, 풀사이즈 랩톱보다 작은 키보드와 화면이 특징이다. 전형적으로 웹 브라우저를 운용하며 로컬 프로그램보다는 웹 어플리케이션을 더 많이 사용한다.

이러한 설명을 들으면 태블릿은 모바일 기기로, 넷북은 모바일 기기가 아닌 것으로 정의하는 데 동의하기 어려울 것이다. 그 이유는 태블릿의 경우 모바일 사용을 목적으로 특별히 설계된 어플리케이션을 운용하도록 최적화되어가고 있고, 반면 넷북은 랩톱과 마찬가지로 갖고 다닐 수는 있으나 데스크톱과 같은 기능에 접근할 수 있는 방법을 단순히 늘여가는 것이기 때문이다. 당연히 예외는 있다.

모바일 시장의 역동성을 나타내는 예로서, 필자가 이 책을 쓰고 있는 사이 애플은 또 하나의 판도 변화를 가능케 할 제품인 아이패드iPad를 발표했다. 태블릿 기기로서 항상 지니고 다닐 수 있을 만큼 작으면서도 모바일 기기와 랩톱 간의 간격을 좁혀주기에 충분한 사이즈와 기능을 탑재하고 있다. 어떤 부분에서는 기기의 기능이 점차 발전되어왔지만, 이것이 전자 도서를 읽는 eReaders 기능과 통합되었고, 색채와 상호작용 기능이 추가되어 새로운 차원의 콘텐츠 인터렉션을 제공하고 있다는 점에서는 과히 혁명적일 만큼의 잠재력을 보유하고 있다. 디지털 콘텐츠 시장과 결합되어 아이패드는 출판업계를 재구성할 만한(진실로 부활시킬 만한) 잠재력을 지니고 있다. 아이패드가 콘텐츠 소모 기기로서 주요 입지를 차지했지만, 콘텐츠를 생성하는 기기로서 가능성도 있다.

기록 장치

또 다른 모바일 기기인 디지털 비디오와 오디오 저장장치는 필름 카메라와 테이프 레코더를 사라지게 만들었다. 품질, 저장 용량 향상, 사이즈 축소, 파일 업로드의 용이성으로 인해 필름 혹은 테이프를 다루는 일을 어려운 것으로 만들어버렸다.

오디오와 비디오를 포함한 콘텐츠를 저장하고 다른 사람들과 공유할 수

그림 4.6 플립의 비디오 카메라

있는 기능은 거의 모든 사람들이 이용할 수 있게 되었다. 자동으로 컴퓨터에 로드되어 웹상에 올라가는 소형 비디오 레코더는 카드 한 장 크기만큼 작아졌고 가격 또한 살 수 있을 만큼 조절되었다. 그 결과 잘 알고 있듯이 모바일러닝을 위한 많은 창의적인 방법으로 플립Flip(그림 4.6)이 사용되어왔다.

최근의 경향

앞서 설명한 이 모든 것들이 이 책을 쓰고 있는 지금 존재하고 있는 것들이며 이 글을 읽을 때 즈음에는 벌써 구식이 될 것이다. 하지만 이런 징표가 어디로 흘러가지는지를 알 수 있을 만한 정보를 제공해주는 징표들이 있다. 주요 트렌드를 간단히 집는다면 바로 이런 것들이 한곳으로 통합된다는 점이다.

휴대전화에는 카메라가 장착되고 이후 비디오 녹화 기능이 탑재되었다. 현재 스마트폰에는 소형 게임 플랫폼이 장착되었다. 어떤 아이팟에는 비디오가 있다. 카메라의 무선 기능은 점점 개선되고 있으며, 새로운 기능들도 계속 추가되고 있다. GPS는 위치를 감지하고 가속도계는 기기가 움직이는 방식에 대해 반응하고 나침반은 기기가 향하고 있는 방향을 알려주며 자이로스코프는 움직임을 더욱 감지하며 그 외 기능들도 더 추가되고 있다. 점점 이 모든 기능을 통합한 기기들은 데이터들을 통합해 인지를 확장시켜줄 수 있는 어플리케이션으로 나타내기 시작한다. 이들 기기는 원래의 기능과 특징들은 그대로 보유하고 있으면서도 근본적으로 모든 기능을 통합한 기기로 진화하고 있다.

새로운 기기는 이 책을 저술하고 있는 이 순간에도 계속해서 출시되고 있으며 그 원동력이 늦춰질 것으로 보이지 않는다. 새로 출시된 기기들은 더 좋은 스크린, 카메라 혹은 새로운 센서 등과 같이 새로운 하드웨어가 추가되었거나 멀티태스킹 혹은 새로운 통합 기능과 같이 더 많은 운영체제 기능을 보유하고 있다. 이러한 특징을 이용할 수 있는 어플리케이션의 등장으로 이어진다. 모바일을 우리가 사용하는 도구 중 하나로 통합하기 위한 기반을 어떻게 체계적인 방법으로 제공할지에 관한 가능성을 생각해봐야 한다.

통합 모델

모바일 기기를 기기 자체만으로 특징짓는 모델이 있다. PDA, 휴대전화, 아이팟 등의 그 공통점을 축약하여 그림으로 나타낸 통합 모델convergent model을 살펴보자(그림 4.7).

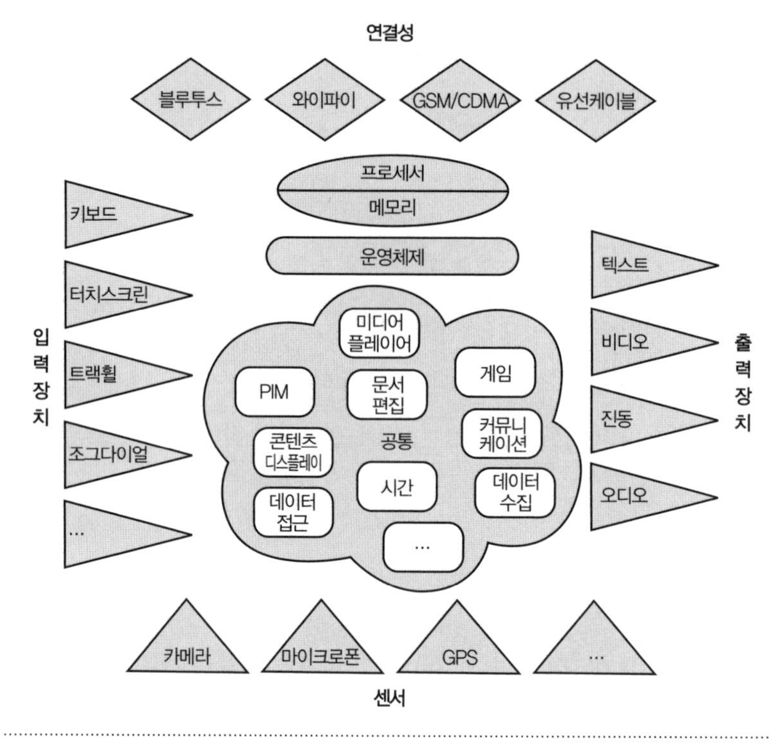

그림 4.7 통합 모델

휴대용 플랫폼

핵심은 이러한 모든 기기들이 운영체제가 돌아가는 메모리가 장착된 프로세서를 사용하는 모바일 형태의 플랫폼이라는 것이다. 기기가 사용자와 커뮤니케이션 할 수 있도록 센서와 입력 장치가 있어야 한다. 또한 계속적으로 혹은 간헐적으로든 프로세서를 디지털 세계와 연결시켜주는 연결 기능 또한 있어야 한다.

이러한 기기들은 여러 차원에 따라 달라질 수 있다. 광범위한 폼팩터를 취할 수 있고, 다양한 방식으로 디지털 세계 및 사용자들과 커뮤니케이션 할 수 있고, 비디지털세계를 감지하는 다양한 방법을 만들 수 있다. 그러나 어떠한 차이들이 존재할 수 있는지 그 범위를 확인하고 이해하는 것은 모바일 솔루션의 사용가능성과 유용성의 가능성을 알아보기 위해서 충분히 가치 있는 일이 될 것이다.

출력 장치

이러한 기기를 구분 짓는 첫 번째 방법은 어떻게 사용자와 커뮤니케이션 하느냐는 것이다. 주요 메커니즘은 비주얼, 오디오, 햅틱haptic(물리적 피드백)이다. 목표는 사용자가 찾고 있는 정보를 알리는 것이다. 이것은 아날로그일 수도 의미론적인 것일 수도 있으며 지속적인 것일 수도 분절된 것일 수도 있다.

- 스크린 : 사용자와 커뮤니케이션할 수 있는 장치이다. 초창기 데스크톱 흑백 화면에서 지금은 영화를 볼 수 있는 색깔과 화면 크기를 가진 이전 데스크톱에서 보았던 스크린에 다가가는 스크린 해상도를 지니게 되었다. 강력한 비주얼 프로세싱 시스템을 이용한다.
- 프로젝션 : 새로운 기능으로 스크린에 화면이 나타나는 것뿐만 아니라 실제 어떤 이미지를 가까운 표면에 투사하여 출력된 화면을 쉽게 공유할 수 있도록 한다. 개인적인 성격을 지니는 모바일 기기를 다른 사람들과 공유할 수 있게 한 것이다. (필자는 개인적으로는 다른 사람들과 공유하며 문제해결을 할 목적으로 도표와 스크린샷을 기기에 보유하고 있다.)
- 조명 : 커뮤니케이션할 수 있는 두 번째 장치이다. 상태에 따라 색변경, 점멸, 온오프 토글 기능을 사용할 수 있다. 풍부한 미디어 기능을 보유하고 있진 않으나 정보를 제공할 수는 있다.
- 스피커 : 오디오를 통해 커뮤니케이션할 수 있는 장치. 무지향성 소리

뿐만 아니라 말도 전달할 수 있다.

- 이어폰 : 스피커와 마찬가지로 필수적인 기기이나 공유하기보다는 개인 용도로 쓰인다.
- 진동 : 움직임을 통해 주목을 끌어서 일이 일어나고 있거나 일어났다는 사실을 알려준다.
- 촉각 : '터치' 범주에 들어가는 것으로 상태 변화를 전달하는 방법으로는 중요하지 않게 보일 수 있으나 촉감 혹은 소리로 피드백을 전달하는 키보드처럼 개인의 성향과 관련된다. (IBM 소속의 Ted Selker는 위치지시장치pointing device가 화면 경계를 넘어서자 피드백을 주는 랩톱을 필자에게 보여준 적이 있는데 그러한 피드백이 향후 더 많이 등장할 것으로 생각된다.)

입력 장치

기기에 입력할 수 있는 다양한 방법이 있는데 대부분은 이진수의 데이터가 아닌 디지털 데이터 입력을 하는 손가락을 의미한다. 입력은 보통 옵션 선택, 상태 변화 혹은 일차원 내지 이차원에서 어떤 지점을 상세화하는 것(스크린 위치와 같은)을 가리킨다. 이러한 요구를 지원하기 위해 다양한 기기들은 진화되어왔다.

- 터치스크린 : 스타일러스펜을 이용하기는 했지만, PDA에 적용된 가장 초기 형태의 입력 방법이다. 감지 기능 향상과 사용자 인터페이스가 향상되어 손가락으로도 효과적으로 조작할 수 있게 되었다. 터치스크린은 버튼, 키패드, 키보드와 같은 장치에 적용될 수 있으나 스크린에 레이아웃으로 나타날 수 있다.

- 버튼 : 가장 단순한 형태의 입력 방법으로 상태 변화(보통 시각적 피드백을 제공하는 시간 기능에 따른 변화)를 나타내거나 지속적으로 포인트를 가리킬 수도 있다. 시각적 신호와 함께 버튼은 특정 기능(전원 버튼과 같이)을 가진 고정 버튼과는 다르게 다른 상황에서는 다른 의미를 전달할 수도 있다(소위 소프트 버튼이라 칭함).
- 키패드 : 특정 기능을 수행하기 위해 버튼이 나열되어 있는 것이다. 특별 키패드가 있을 수 있으며 우리가 잘 알고 있는 형태의 키패드도 물론 있다. 예를 들어 10개의 키가 나열된 키패드는 전화번호로 혹은 숫자 입력판(비규칙적으로 배열된 형태)으로 사용될 수 있다.
- 키보드 : 문자 입력용 특수 키패드를 말하며, 다른 버튼이나 키패드를 보완해주기도 한다.
- 트랙휠 혹은 조그다이얼 : 회전 방식의 둥근 바퀴(아이팟처럼)를 사용하여 연속적으로 입력값을 조정하는 입력 장치이다(왼쪽으로 굴리면 저음으로 오른쪽으로 굴리면 고음으로 조정).
- 트랙볼 : 일 · 이차원적 작업을 가능하게 하는 장치이다. 일부 트랙볼은 버튼의 누름 기능을 제공한다.
- 가속도계 : 움직임을 감지할 수 있는 작은 장치로서 사용자가 기기와 커뮤니케이션할 수 있도록 해주는 새로운 방법을 제공해준다. 기기를 흔들거나 돌림으로써 사용자들은 액션을 알릴 수 있다. 사용자로 인해 발생하는 변화를 감지하기 위해 다른 센서들 또한 개발되고 있다.
- 음성 : 조절 옵션도 있지만 음성 인식 기능은 점점 더 개선되고 있는데 직접적인 명령뿐만 아니라 문자를 입력할 수 있는 메커니즘으로도 구동될 수 있다.

입력 기능이 급격히 변화하지는 않고 대부분 점차적으로 꾸준히 발전되어왔다. 기술이 지속적으로 소형화되고 있고 기기의 기능이 늘어나고 있다는 것은 입력과 관련한 가능성도 계속적으로 확대될 것임을 의미한다. 기기와의 커뮤니케이션이 가능해짐으로써 모바일 프로세싱을 제공하고 결과적으로 기능 확대가 이루어질 수 있다.

센서

모바일 기기는 그들이 지금 어떤 기능을 수행해야 하는지를 이해하기 위해 사용자 입력에 전적으로 의존할 필요는 없다. 초소형 회로가 개발되어 환경으로부터 여러 정보를 확보할 수 있게 되었다. 여러 기기들로부터 데이터를 종합하면 좀 더 흥미로운 가능성을 발견할 수 있다.

- 위성위치확인시스템GPS : 궤도를 선회하는 위성을 사용하여 위치를 삼각 측량하는 접근법이다. 처음에는 군사 목적으로 사용되었으나 이제 일반 대중들도 사용할 수 있게 되었다. 위치 파악에 주로 사용되었던 시스템이었으나 이제 그 기능이 좀 더 일반적인 모바일 기기에도 적용될 수 있게 되었다.
- 카메라 : 많은 모바일 기기에 사용되고 있으며, 정지한 사물 포착 혹은 비디오 촬영도 가능하며 추가 정보와 함께 카메라 이미지를 화면에 계속적으로 보여줄 수 있게 되었다. 기기로 읽을 수 있는 데이터를 주위 환경에 부착시켜 시각적인 데이터 인코딩(QR 코드, 그림 4.8)하는 형태가 점점 늘어가고 있다. 이를 통해 사용자에게 위치 정보를 제공해주는 것이다.
- 전자식별RFI : 근접 물체로부터 나오는 신호를 읽을 수 있도록 해주는

사례

QR 코드

QR 코드 발생기는 사용자가 URL, 전화번호, 간단한 문구, 지리적 위치 혹은 SMS 메시지 등을 입력할 수 있도록 해주며 관련 QR 코드를 만들어낸다. 이런 생성기가 아래 그림에서 보여주는 Quinnovation.com의 URL을 보유하고 있는 QR 코드를 만들어냈다.

그림 4.8 QR 코드

기술이다(보통 동물 심지어 사람에게까지 삽입될 수 있다). 아직 많이 사용하고 있지는 않지만, 비즈니스 분야에서는 재고 조사 목적으로 많이 활용되고 있다.

- 마이크 : 주위 환경에서 들을 수 있는 것을 듣게 해주는 장치이다. 소음 제거 목적으로 사용될 뿐만 아니라 다른 용도로도 사용 가능하다.
- 나침반 : 어느 방향으로 기기가 향해 있는지를 알 수 있게 해주는 장치이다. 이 정보는 더 많은 데이터를 제공하기 위해 GPS 시스템과 생산적으로 병용된다.
- 가속도계 : 사용자에 의한 입력용으로만 사용될 수 있으나 넓은 범위

에서 본다면 사용자의 움직임에 대한 정보를 제공해줄 수도 있다.

새로운 기기에 자이로스코프를 장착했다는 최근 발표와 관련하여 센서 기능 추가는 아직 탐구되고 있는 분야이다. 몇몇 PDA의 경우 하드웨어 소켓을 통해 외부 입력을 할 수 있는 쉬운 방법이 있고 이를 위한 목적으로 특별한 특징을 지니는 장치들이 개발되고 있지만 이에 대한 가능성은 더욱 높아지고 있다. 공기압 혹은 온도를 통해 혈압 혹은 맥박을 측정할 수 있는 의료 정보도 추가할 수 있으며 그 외 다른 기능 또한 추가될 수 있을 것이다.

앱

어플리케이션은 모바일 프로세서에서 구동되며 다양한 업무를 지원해준다. (모바일 프로세스에서 돌아가는 어플리케이션을 앱이라고 한다.) 몇몇 어플리케이션의 경우 내장되어 있으며 PIM과 같이 핵심 요구를 충족시켜주고 있다. 다른 어플리케이션도 그냥 추가하면 되는 것이다. 소위 앱스토어라는 온라인 마켓에서 다양한 개발자들이 올려놓은 어플리케이션을 구매, 다운로드 받을 수 있으며 이로 인해 다양한 개인화, 커스터마이제이션이 가능하게 되었다. 또한 웹 디자이너 기술자들이 어플리케이션 개발을 좀 더 쉽게 할 수 있게 되었다.

- PIM : 핵심 기능으로 처음 간주된 어플리케이션이다. 네 가지 주요 요소는 노트(메모), 태스크(할 일), 연락처(주소록), 캘린더(일정)이다.
- 미디어 뷰어 : 미디어 플레이어처럼 특정 기기에 핵심적인 기능이나 좀 더 일반적인 기능이다. 이는 오디오, 비디오 재생기능으로 시작하

였으나 몇몇의 다양한 공통적인 문서 포맷으로 문서를 볼 수 있는 기능도 포함되어 있다.

- 미디어 캡처 : 오디오 혹은 비디오 레코딩이건 텍스트 입력이건 상관없이 유용하게 사용된다. 이와 관련하여 기기에 그래픽을 그리는 것도 가능해졌다.
- 웹 브라우징 : 빈도가 점점 높아지고 있는 기능이다. (몇 년 전 필자는 75퍼센트의 휴대전화가 브라우저를 보유하고 있다고 들었으며 사람들의 75퍼센트는 이를 몰랐다고 들었다. 핫라바모바일Hot Lava Mobile의 부사장인 Bob Sanregret는 최근 2년간 브라우저가 없는 전화기를 팔아본 적이 없다고 지적했다.)
- 커뮤니케이션 : 어플리케이션이 제공하는 또 다른 일반적인 기능이다. 전화기는 목소리, 문자 메시지를 제공하지만, 좀 더 일반적인 기기들은 AOL, MSN, 야후, 스카이프와 같은 포맷의 이메일, 인스턴트 메시지와 같은 새로운 형태를 수용할 수 있는 경우도 있다. 페이스북이나 링크드인과 같이 소셜 네트워킹 사이트로 연결되는 기능도 점점 늘어가고 있다. 인스턴트 메시지와 소셜 네트워킹의 범주를 넘어선 트위터 또한 많이 등장하고 있다.
- 맞춤형 어플리케이션 : 새로운 시장의 기회로, 개발자들이 틈새 영역을 발견하여 센서를 활용한 새로운 형태의 기능을 지닌 어플리케이션을 개발할 수 있다. 또한 툴을 개인의 요구에 맞게 맞춤식으로 만들 수 있다. 예를 들어 조직은 소유하고 있는 데이터베이스를 이용하여 새로운 서비스 공급을 위해 공적으로 이용 가능한 정보를 특정 정보와 매치시키는 것과 같은 고객 콘텐츠와 독특한 어플리케이션을 만들어낼 수도 있다.

네트워킹

데스크톱과 동기화시킴으로써 통합 정보 환경을 조성하는 것이 모바일 기기가 성공을 거두는 데 중요한 단계이긴 하지만 원래 이를 가능케 한 메커니즘은 물리적인 케이블을 통해서였다. 즉 업데이트를 하기 위해서는 기기가 반드시 컴퓨터 옆에 있어야 했었다. 하지만 네트워킹 기술 발전을 통해 연결 범위가 확대되었고 모바일 기기와 세상을 이어주는 좀 더 복잡하고 유용한 연결이 가능하게 되었다. 인터넷을 사용할 수 있게 되어 거의 모든 하드웨어와 연결될 수 있는 능력으로 인해 그 기회는 더욱 많아졌다.

다양한 하드웨어 장치들은 한 기계에서 다른 기계로 데이터를 이동시키기 위해 존재했다. USB Universal Serial Bus 장치는 데이터를 저장하여 적절한 포트만 있으면 기기 간 자료 이관이 가능하다. 또한 이 기기에서 저 기기로 자료를 전송할 수 있는 다양한 다른 형태의 기기들도 존재한다(예 : SD, 마이크로SD 카드). 하지만 물리적인 연결 없이도 기기를 연결하는 것에 더 많은 관심이 쏠리고 있다.

무선 네트워킹 기술은 단거리(1~2미터) 정도의 개인통신망Personal Area Networks, PAN에서부터 근거리통신망Local Area Networks, LAN으로 알려진 중규모 지역통신망medium area networks(100~200미터) 그리고 거의 언제 어디에서나 사용할 수 있는 광역통신망Wide Area Networks, WAN에 이르기까지 다양하다. 이에 대해 다른 네트워킹 표준이 적용된다.

개인통신망은 전형적으로 두 개의 장치가 커뮤니케이션할 수 있도록 하는 네트워크 표준인 블루투스를 이용한다. 이는 랩톱과 모바일 기기 연결 혹은 모바일 기기와 주변장치(예 : 핸즈프리 헤드셋)를 연결하는 경우가 될 수 있다. 이는 또한 키보드 및 다른 형태의 입력 장치, 출력 장치, 센서와 같은 기타 장치를 지원해준다.

적외선은 특정한 용도로 적용되어온 또 다른 기술이다. 저조도 조명원을 사용하는 적외선은 짧은 거리에서 상대적으로 높은 대역폭을 제공하는 방향성 표준으로 두 개의 커뮤니케이션 기기가 하나의 가시선을 공유해야 한다. 커뮤니케이션과 관련해서는 국제적외선통신데이터협회Infrared Data Association, IrDA가 표준을 수립했다.

근거리통신망은 소위 와이파이라고 불리는 기술을 중심으로 통합된다. 802.11x 표준(x가 b, g, 혹은 n이 될 수도 있음. 전송 속도가 다른 프로토콜)은 기능을 가진 어떠한 기기라도 공유할 수 있는 인터넷 접근 포인트를 제공하는 방법이다. 와이파이가 있으면 모바일 기기는 마치 그들이 인터넷 연결을 공유하고 있는 것처럼 다른 기기에 접속할 수 있다.

새로운 기술이 나오고 있지만, 와이파이 연결 없이 데이터를 모바일 기기로 받는 가장 흔한 방법은 바로 폰 서비스를 통하는 것이다. 두 가지 주된 표준이 있으며 그중 하나는 CDMACode Division Multiple Access로서 덜 유비쿼터스적이며 몇몇 국가에서 사용되고 있다. 반면 GSMGlobal System for Mobile의 경우는 유럽 및 전 세계 여러 국가에서 표준인 기술이다. 미국과 몇몇 국가에서는 이 두 기술이 모두 사용된다. 이보다 더 자세히 알 필요는 없지만, 미국에서 이 두 개의 시스템이 모두 사용되고 있다는 사실을 알 필요는 있다. 이는 현재 유럽과 일본과 같이 일부 국가에서 장애물이 되어왔다. 이 두 나라는 모두 세부조항을 통해 음성 통화 및 문자메시지(SMSSimple Messaging System, MMSMultimedia Messaging System)와 다양한 수준의 데이터 접근을 제공할 수 있다. SIMSubscriber Identify Module 카드를 구매하여 적절한 전화기에 심어서 이러한 기술을 이용할 수도 있다. 무선 전화 기술을 통한 통신 거리와 유사한 거리에서 직접적인 인터넷 연결을 제공하는 새로운 표준도 부상하고 있다. 하드웨어와 마찬가지로 네트워킹은

접속 속도를 개선시켜주는 지속적인 노력으로 역동적으로 발전해가고 있는 분야이다. 또한 VoIP Voice over Internet Protocol가 제2채널로서 인터넷을 통해 소리를 전달하는 메커니즘을 제공하기 때문에 전화 서비스를 이용하지 않고도 음성을 사용할 수 있게 된다.

통합

통합convergence이란 계속적으로 진행되고 있는 추세를 나타내는 말이다. MP3 플레이어가 점점 더 작아지고 있긴 하지만, 이것이 다른 기기의 경우에는 진행되고 있지 않다. 너무 작은 것은 쓰기가 불편하다.

그 대신 기기들은 휴대전화부터 작은 태블릿에 이르기까지 그 크기가 유지될 가능성이 있지만 화면, 오디오, 센서, 네트워킹, 터치 스크린에 상응하는 입력 기능을 모두 갖출 때까지 기능은 점점 늘어갈 것이다. 즉 스마트폰은 단기적으로 봤을 때 게임 종결자이며 이제 모바일 솔루션 설계를 위해 집중해야 할 때이다. 결국 우리를 둘러싸고 있는 세계에 포함되어 있는 기능들을 넘어서서 우리에게 필요한 것은 정보를 우리에게 제시하고 우리의 몸짓과 말을 읽는 시각적 · 청각적 방법인 것이다(예 : 안경을 통한 천장형 디스플레이, 홀로그래픽 프로젝트). 우리가 보고 있는 이러한 놀라운 기능을 가지고 무엇을 할 수 있는지를 생각하는 데 있어서 우리의 상상력이 못 미치고 있다.

생각해볼 문제

01 당신이 즐겨 사용하는 기기(미디어 플레이어, 카메라, PDA, 전화기)들을 통해 당신은 어떤 혜택을 얻고 있는가?

02 언제 어디서든 이용할 수 있는 통합 기기를 당신은 어떻게 활용할 수 있는가?

03 정보 제공용 기기를 당신의 수행을 지원해주는 기기로 바꿀 생각을 해본 적이 있는가?

05

GETTING CONTEXTUAL

맥락 이해하기

> 콘텐츠가 왕일지 모른다. 그러나 맥락이 지배한다.

엠러닝 설계를 시작하기 전에 모바일의 기능적 장점을 살려 어떠한 일들이 가능해졌는지 살펴보자. 실제적인 사례는 모바일 기술이 학습자를 어떻게 돕는지 구체적으로 보여주기 때문이다. 이를 통해 모바일 기술이 가져다준 성공적인 성과에 대한 큰 그림을 볼 수 있으며, 추상적이기보다는 일반적인 원리들을 끌어낼 수 있는 근거를 얻게 될 것이다.

우선 엠러닝이 잘 적용된 형식 교육—유치원부터 대학—의 사례를 살펴본 후 비형식 교육과 수행 지원 사례들을 살펴보겠다. 이는 독자들의 이해를 돕기 위한 것이기도 하지만, 모바일 기술의 활용 가능성에 대한 아이디어를 제시하기 위해서이다. 또한 모바일 설계를 위해 따라야 할 일반화된 원리들을 참고할 수 있도록 하기 위한 것이다.

K12 교육

학교 현장에서 기술 도입은 다소 느리게 진행되고 있다. 그것은 예산, 교사 연수, 기반시설의 안정성, 관료주의 등 여러 요인과 관련된다. 교육 예산이 점차 줄어드는 상황에서 새로운 기술을 도입하는 것과 같이 많은 비용을 요구하는 영역보다는 교사의 봉급과 같이 전통적인 필요를 채우는 일에 예산이 책정되고 있다. 안타깝게도 기술적 요소를 수업 계획에 잘 접목시킬 수 있도록 하는 교사 역량은 아직까지 잘 갖추어지지 않고 있다. 또한 학교 입장에서 보면 네트워킹 구축 및 관리는 매우 어려운 과제이다. 아울러 학교들은 모바일 기술이 잘못 사용될 가능성을 계속해서 주시하고 있으며, 그 결과 학생들의 모바일 사용을 종종 금지하기도 한다. 행정가들은 이러한 장애물을 극복하기 위한 전략을 세우되 모바일의 이점에 대해 더 파악할 필요가 있다.

또 다른 장애 요소는 통제가 가능한 교실 상황well-controlled context을 떠나, 특히 책임감이 부족한 학습자들이 익숙하지 않은 값비싼 장비들을 가지고 밖으로 나가도록 허용하는 것이 과연 현실적인가 하는 것이다. 이것은 비단 K12만의 문제는 아니다. 다행스럽게도 기기 가격이 낮아지고 있고 실용성도 가시화되고 있다.

고려해야 할 또 다른 점은 모바일이 가진 기능이 어떻게 활용되는가이다. 이미 SNS나 커뮤니케이션 도구 등을 활용한 '사이버 폭력' 등 잘못된 사용 사례가 나타나고 있다. 개인정보 남용 문제도 발생하고 있다. 이러한 문제들이 비록 모바일 기기 때문에 비롯된 것이라고 할 수는 없겠지만 모바일 기능 활용에 대한 추가적인 책임과 교육이 요구되고 있다.

결론적으로 말하자면 교실에 있는 대부분의 플랫폼은 아직도 데스크톱

컴퓨터이다(혹은 카트에 실려 있는 랩톱인데 이는 모바일 솔루션과는 다른 움직이는 데스크톱일 뿐이다). 하지만 여러 가지 장애 요소에도 불구하고 K12 교육에 모바일을 활용하려는 의미 있는 시도들은 계속되고 있다.

사례

K12를 위한 포켓용 컴퓨터

미시간대학교의 교수이자 인공지능과 교육 분야의 저명한 연구자인 Elliot Soloway는 초등학교에서 PDA의 교육적 가능성에 관심을 가졌던 최초의 연구자 중 하나이다. Elliot은 랩톱 컴퓨터가 아이들의 손에 잘 맞지 않고 가격도 비싸다는 것을 알게 되었다. 이에 대한 대안으로 PDA를 위한 소프트웨어를 개발하기 시작하였으며, 그가 만든 소프트웨어는 글을 쓰거나, 데이터를 수집하고 공유하는 등의 기능을 가지고 있었다.

그는 노스텍사스대학교의 Cathie Norris와 함께 교실에서의 효과적인 포켓용 컴퓨터 사용에 대한 선도적인 연구를 하였다. 그들은 교실에서 실제 데이터를 수집할 수 있는 도구를 개발하여 교실 안팎의 경계를 무너뜨렸고, 이 모델은 현재까지도 엠러닝에 큰 반향을 일으키고 있다. 예를 들어 휴대용 pH 리더를 PDA에 연결한 후 이를 가지고 밖으로 나가 개별적으로 지역의 물을 측정할 수 있도록 하는 것이다. 휴대용 그래픽 계산기를 사용할 수도 있지만 PDA의 다용도 플랫폼은 더 많은 가능성을 가지고 있다. 하지만 고비용과 기반시설 확보 등의 제한점은 여전히 극복해야 할 부분이다.

학습 어플리케이션들이 곧 이들 기기에서 활용되리라는 것은 놀라운 일이 아니다. 새로운 시도들이 계속적으로 이루어지고 있으며 여러 사례를 통해 확인할 수 있었던 것처럼 이들은 모바일 기능의 장점들을 훌륭하게 활용하고 있다. 팜Palm 단말기가 학교에서 성공적으로 활용되려면 단순함과 안정성, 핵심 기능의 활용이 꼭 필요하다. 또한 우리는 지속적으로 이러한 요소들에 관심을 가져야 할 것이다. 설계에 대한 논의를 시작할 때, 이 부분에 대하여 다시 살펴보겠다.

특이사항

기업 교육에서와 마찬가지로 K12 교육 또한 맥락에 대한 고민과 함께 기회주의적인 접근이 필요하다.

Soloway 등이 적용한 방법 중 하나는 모바일 기기 고유의 장점을 잘 활용하도록 한 점, 즉 학습자들이 그들의 기기를 현장으로 가지고 나갈 수 있도록 한 것이다. 물의 pH 측정용 센서, QR 코드를 인식하는 카메라, 학습자에게 주어지는 즉각적 질문 등 이것들을 활용하여 아이들을 교실 밖 현장으로 나가게 하는 것은 다음과 같은 이점이 있다.

- 학습자가 적극성을 갖게 되며, 이것이 곧 건강한 것이다.
- 교실 밖으로 나가는 것은 매우 큰 동기를 유발한다.
- 그들의 지역과 연계하는 것은 실생활에 학습이 뿌리 내리게 하는 것을 도와준다.

물론 그 결과로 발생하는 문제점도 있다. 기술 지원 문제는 아직도 자체적으로 해결하기 어려운 일이다. 학습 활동 관리도 중앙집중적이기보다는 분산적으로 이루어지고 있다.

맥락화된 학습은 학습을 더욱 확장하여, 어떠한 목적을 달성하기 위해서 실생활의 문제들을 적극적으로 풀어볼 수 있도록 한다. 모바일 기기는 수행 지원도구로 사용될 수 있다. 예를 들어 디지털 캡처 응용 프로그램을 통해 자료를 수집하고 수집된 자료를 즉각 표로 만들거나 그래프로 제시해줄 수도 있다.

혁신적인 도구

모바일 기기가 가진 커뮤니케이션 프로세서로서의 기능을 특정 목적의 기

능들로 모방하여 적용할 수 있다. 소위 청중반응시스템audience response systems, 즉 던져진 질문에 대하여 청중이 그들의 휴대용 기기를 사용하여 응답하고 그 결과가 제시되는 시스템은 모방을 통해 이루어진 예이다. 필자는 MIT의 한 학생이 휴대전화에서 이러한 기능들을 사용할 수 있도록 만들었던 것을 기억한다. 물론 휴대전화를 학생들이 소지할 수 있는가는 또 다른 이슈이다.

또 다른 사례는 미디어를 저장하는 도구로 사용하는 것이다. 학생들은 이 기능을 활용함으로써 인터뷰에서 오디오 녹음이나 비디오 촬영을 할 수 있으며, 그들의 다큐멘터리를 만들거나 드라마나 영화를 만들 수도 있다.

편리성

그래픽 계산기는 수학을 가르치는 데 유용한 도구로 오랫동안 사용되어 왔다. 수학 문제들 역시 계산기를 잘 사용할 수 있는 형태로 개발되어왔다. 모바일 기기들도 가장 잘 활용되는 하드웨어들을 모방하는 경향이 있다. 즉 기존의 하드웨어가 가진 기능들과 최근 등장한 새로운 기기들의 기능들을 모방하는 것이다.

일반적인 프로세싱 기능을 조합하여 이러한 기능들을 포함하는 것은 매우 가치 있을 수 있는데, 이들 기능은 데스크톱 컴퓨터도 가지고 있을 수 있지만, 휴대용 기기의 형태가 아이들에게 좀 더 적합할 수 있고, 교실 밖으로 가지고 나갈 때 더욱 편리하다. 필요한 기능을 잘 지원하기만 한다면 모바일 기기의 교실 간 이동이 더욱 편리하게 될 것이다. 필자는 앞으로 eReaders가 적어도 학생들이 무거운 짐을 가지고 학교에 다니는 것을 해결해줄 것이라 생각한다.

방향성

비록 엠러닝이 K12에만 적용되어야 하는 것은 아니지만, 그들을 위한 특별한 고려가 필요하다. 인터페이스는 보다 단순하고 합리적이어야 한다. 아이들은 인지적 능력과 커뮤니케이션 능력이 다소 떨어지며, 운동 신경도 부족하기 때문이다. 특히 초등학생의 경우 더욱 그렇다. 그러나 학습자에게 보다 적합한 학습 도구 세트로 기술이 결합되고 있는 추세이다.

또한 모바일 기기 사용 경험을 가진 학습자가 계속적으로 증가하고 있다. 비교적 매우 어린 나이임에도 학습자들은 휴대용 게임기나 특별한 학습기 등을 통해 경험을 얻고 있다. 만약 이러한 경험이 학교 밖에서 이루어지고 학교 안에서는 이루어지지 않는다면 미래 세대를 위한 교육의 적합성은 더욱 떨어질 것이다.

여러 장애물이 존재하더라도 학교 차원에서 엠러닝을 위한 노력을 기울여야 할 것이다. 머지않은 미래에는 대부분의 사람들이 엠러닝을 위한 기기를 소유하게 될 것이다. 이것이 교육적으로는 어떠한 의미를 가지고 있는지 질문을 던져보아야 한다. 디지털 기능의 장점을 보다 잘 활용하는 학습이 이루어지도록 더욱 집중해야 할 것이다. 이제는 더 이상 교실에서 디지털 기술 활용을 막아서는 안 된다.

고등교육

고등교육에서의 모바일 활용은 여러 가지 측면에서 기업교육과 유사하다. 조금의 차이가 있다면 고등교육에서 요구되는 특성은 모바일 환경에서뿐만 아니라 평상시에도 활용할 수 있도록 해야 한다는 점이다.

고등교육에서 나타나는 문제 중 하나는 행정적인 부담이다. 학습자는

그들의 시간 계획을 상세하게 세우지 않는다. 그 대신 수업시간과 과제에 맞추어 코스에 등록한다. 원격학습에서의 요구에 잘 대응하기 위해서는 훌륭한 코스 관리 시스템이 필요하다. 모바일을 활용하는 분명한 방법 중의 하나가 바로 이들 시스템에 접속하는 기능이다. 이런 기능들은 확대되고 있다. 학생들은 일정 및 수업 계획, 과제물을 온라인을 통해 확인할 수 있다. 사실 기업교육의 학습 관리 시스템도 이러한 기능들을 제공하고 있다.

고등교육에서 모바일의 활용은 그렇게 독특한 것은 아니다. 대부분의 체계적이고 탁월한 활용은 교육 시스템의 구체적인 방식, 특히 강의의 형식과 관련된다. 원격교육이 활성화되면서 강의를 녹화하는 작업이 이루어졌다. 자연스럽게 다음 단계로 녹화한 강의를 어떻게 온라인으로 제공하는가에 대한 고민이 있었다. 지금은 녹화된 강의들이 온라인에서 활용될 수 있는 정책이 마련되었다. 아이튠즈 스토어iTunes store를 통해 우리가 가진 아이팟에 음악, 영화, TV 프로그램 등을 구매하여 활용할 수 있도록 한 것은 매우 성공적인 사업이다. 아이튠즈 유니버시티도 역시 제작된 강의들을 제공 받을 수 있도록 고안되었다. 최근 많은 교육용 팟캐스트들이 이 채널을 통해 제공된다.

다른 교육기관들도 모바일 채널을 활용하고 있다. 몇몇 대학들은 랩톱 컴퓨터를 의무적으로 제공하였으며, 듀크대학은 모든 신입생들이 아이팟을 소지하도록 하는 특별한 실험을 했었다(그리고 대학의 타성을 극복하지 못해 폐기되었다). 에빌린크리스천대학교는 모바일 기기를 학습에 활용하는 데 선도적인 역할을 해왔다. 그들은 모든 학생들에게 아이팟 터치 또는 아이폰을 제공하고 학급과 행정 그리고 '클릭커clicker(청중 반응 시스템)' 와 같은 도구들을 활용하도록 하고 있다.

대학의 교수들은 그들의 연구 및 교육을 위해 기술적인 시도들을 지속적

으로 추진하고 있다.

기업교육

다음 장에서 몇 가지 사례들을 소개하겠지만, 이 장에서 일반적인 활용 사례들을 살펴보자. 몇몇 선도적인 기업들은 생산성을 높이기 위해 모바일 도구들을 활용하고 있다.

페덱스FedEx는 수년에 걸쳐 바코드 스캐너가 부착된 휴대용 기기를 사용하여 배달 업무를 관리하고 있다. 이 시스템을 통해 이루어지는 자료 전송은 배송물의 실시간 위치를 파악할 수 있게 해준다. 이들 기기에 소요되는 비용은 배송 과정에서 행정 업무에 소요되는 비용보다 훨씬 적고, 배송 실수도 줄여준다. 결과적으로 휴대용 기기의 사용은 기업의 성과 향상에 기여하고 있다.

전자기기 도매상에서도 스캐너를 가게 안에서 사용해왔다. 직원들은 전시장 내 제품의 코드를 스캔함으로써, 인쇄물보다 더 많은 정보를 얻을 수 있다. 스캔을 통해 판매 전략과 비교 우위의 정보 또한 얻을 수 있다. 직원들은 이러한 정보를 고객들의 어려움을 해결해주는 데 활용할 수 있다.

건강증진센터에서는 많은 정보를 중앙집중화하고 있는데, 이러한 정보들은 모바일 기기를 통해 일선에서 환자들을 대할 때 수집 · 활용되고 있다. 몇 년 전 필자는 의료 전문인들로부터 태블릿 PC의 인터페이스가 얼마나 부적절한가에 대하여 많은 불평을 들은 적이 있다. 그러나 최근 필자가 그들을 다시 만났을 때 심각한 문제들이 해결되어 이들 기기를 보다 편안하게 쓰고 있음을 알게 되었고 이제 그 효과가 나타나고 있었다.

건강증진센터들은 또 다른 가능성에 직면하고 이를 실험하고 있다. 캐

나다에서는 약을 만들어 실험하고자 할 때 블랙베리 단말기를 사용하여 처방에 따른 약 복용 방법을 환자에게 알려주고 있으며 이를 통해 오용률을 낮추고 있다. 이런 조언들은 새로운 약을 만들 때 더욱 효과적이며, 결과적으로 비용을 낮추는 데 크게 기여하고 있다.

기업에서 모바일을 활용하는 또 다른 방법은 연구조사를 수행하는 것이다. 이는 설문에 답하고 자료를 수집하는 것이 편리하기 때문이다. 시장조사가 이들 모바일 기기를 활용하여 보다 정확하고 시기적절하게 수행될 수 있다.

모바일 기기의 보다 전통적인 활용은 스마트폰(블랙베리 등)을 통한 이메일 전송 및 아웃룩Outlook 프로그램과 같은 전자 우편 플랫폼을 활용하는 것이다. 이러한 방법을 통해 직원들은 기업의 직원 정보, 일정, 질의응답과 같은 커뮤니케이션을 할 수 있으며 협업이 가능해진다.

비형식 교육

또 다른 활용 사례는 비형식 교육을 통해 확산되고 있다. 박물관이나 컨퍼런스에서 모바일 기기는 기관 차원의 활용을 위해 도입되는데, 가상 방문 여행이나 컨퍼런스에서 의사 교환 등을 위해 사용된다.

박물관과 관광

박물관은 모바일 기기를 일찍 도입한 기관이다. 음성 장치가 처음에는 카세트 플레이어로 박물관 가상 방문을 위해 사용되었다. 그리고 이들 장치는 자연스럽게 MP3와 아이팟으로 넘어갔다.

PDA 또한 이러한 맥락에서 도입되었으며 전시품에 접근하면 보다 풍부

한 정보를 자동적으로 제공하였다. 이들 기기는 프로그램을 통해 상호작용을 지원하기도 한다.

가상 방문 관광 또한 개발되고 있다. 아이팟을 통한 방문이 많은 도시를 대상으로 존재하고 있으며, 샌프란시스코는 GPS에 의해 동작되는 안내 시스템을 구축하고 있는데, 이는 지역의 주요 관광지를 렌탈 차량을 이용하여 이동하면 안내 시스템이 작동되도록 되어 있다.

컨퍼런스

컨퍼런스 등에서도 모바일 기기를 활용하여 행사를 기록하거나 발표 중에 의견을 보내는 방식의 활용 사례가 점차 증가하고 있다. 이러한 기능들은 실제로 컨퍼런스에 참석하지 못하는 사람들에게 가상의 참여 기회를 제공하는 가치 있는 기능이다. 또한 그들의 의견은 발표를 마친 후에도 가치 있는 정보가 되고 있다.

최근 컨퍼런스에서는 무대 옆이나 발표장 밖의 중요한 위치에 스크린을 설치하여 트위터에 나온 정보를 보여줌으로써, 참석자들에게 무슨 일이 있었고 다른 사람들은 어떤 의견을 제시했었는지 알 수 있도록 지원하고 있다.

좀 더 특별한 기기(예 : 청중 반응 시스템)도 매우 유용하게 사용되고 있으며 지금은 보다 범용화된 기기에서 이런 기능을 활용할 수 있도록 지원하는 응용 프로그램들도 등장하고 있다. 필자가 참석했던 최근의 모바일 컨퍼런스에서는 주최 측이었던 이러닝 길드eLearning Guild가 모바일 응용 프로그램을 통해 발표자와 일정, 그리고 각 발표 내용에 대하여 알려주고 더 나아가 발표자의 슬라이드를 보거나 트윗을 할 수 있도록 지원하고 있었다.

세계적 추세

최근 일본과 유럽은 미국보다 앞서 모바일 활용 기술들을 개발하고 있다. 유럽은 우수한 기반시설 마련에 힘쓰고 있으며 각 개인은 통신사를 쉽게 변경하며 사용하고 있다. 일본은 좀 더 기술 친화적이며, 이미 휴대전화를 위한 유비쿼터스 환경을 구축하고 있다. 결과적으로 새로운 혁신은 이 두 시장에 의해 주도되고 있다고 볼 수 있다.

최근의 기술 진보는 미국에서부터 시작되고 있는데 이는 새로운 응용 체제에 기반을 두고 있다. 그러나 모바일 제공 기술의 복잡성, 각종 규제는 세계적으로 나타나고 있는 모바일의 기능을 제한하고 있다.

아울러 개발도상국에서도 매우 빠르게 휴대용 전화 분야가 성장하고 있다. 휴대전화는 디지털 커뮤니케이션 도구로 활용되고 있으며 이를 통해 과거에는 엄청나게 비쌌던 인터넷 접속을 피해갈 수 있게 하고 있다. 이러한 커뮤니케이션 방식은 단지 새로운 세대에게 힘을 실어줄 뿐 아니라, Thomas Friedman이 가졌던 세계와의 대화가 가능한 국제적 커뮤니케이션 세대가 나타나도록 하고 있다.

예를 들어 농부들은 문자 메시지를 통해 농산물의 가격 동향을 알아내어 부족한 정보로 인해 발생하는 손해를 줄이게 되었다. 그리고 이러한 활동이 그들의 삶을 더 풍요롭게 만들고 개발도상국가에 더 많은 이익을 가져다줄 수 있게 되었다.

세계의 여러 지역에서는 아직도 디지털 정보(인터넷으로 제공되는 가치)를 얻는 것에 많은 비용이 소요되지만, 전화나 문자 서비스(SMS)는 저렴하다. 개인 기업들은 음성 및 SMS를 통해 효과적인 정보 서비스를 제공하고 있다. 결국 모바일 기술의 장점을 적절하게 활용하는 것이 엘러닝을

위한 창의적이면서도 핵심적인 열쇠라고 할 수 있다.

SMS나 음성 강의를 제공하는 것은 이미 보편적으로 이루어져 왔다. 하지만 다운로딩을 위한 프로그램이 간혹 문제를 일으키기도 하는데, 다른 방법도 가능하다. Bob Sanregret은 저렴한 일회용 전화기에 교육용 소프트웨어를 사전 탑재하여 제공하는 것에 대한 가능성을 이야기했었다. 이는 다운로드 비용과 기술적인 지원에 대한 이슈를 제거할 수 있으며 그 활용성도 담보할 수 있다. 예를 들어 AIDS와 관련된 교육 내용을 이런 휴대전화에 탑재하여 제공하거나, 아주 기초적인 수학이나 언어 교육을 제공한다면 이는 세계 시민의 교육 수준을 높이는 데 아주 가치 있는 방법이 될 것이다.

요약하면 휴대전화를 사용한다는 것은 새로운 차원의 접근성을 높이는 촉진 요소이다. 이는 정보에 보다 다양하고 폭넓게 접근할 수 있는 기회를 제공한다. 이제 조금씩 나타나게 된 정보 접근의 중요성은 그 가능성이 매우 커 보인다. 기기의 영역은 매우 능동적인 영역이며 변화는 지속적으로 일어나고 있다. 앞으로 큰 변화가 일어날 것이라고 말하는 것은 쉬우나, 어떤 일이 일어날지 예측하는 것은 어려운 일이다. 우리는 항상 주목하고 기회를 엿봐야 할 것이다.

생각해볼 문제

01 당신이 실행하고 싶은 모델을 구현한 모바일 활용 사례를 본 적이 있는가?

02 당신의 맥락 안에서 당면하고 있는 장애물들은 무엇이며, 이에 대해 다른 사람들은 어떠한 해결책을 발견했는가?

모바일러닝 선구자 Judy Brown과의 대화

Judy Brown은 교육공학 컨설턴트로 2006년 위스콘신대학교 시스템 운영센터의 학습과 정보공학 연구소the Office of Learning and Information Technology, OLIT의 첨단 기술 분석가로 은퇴하였다. 2000년대 초에 그는 미국 국방성과 함께 ADLAcademic Advanced Distributed Learning이라는 공동연구소를 위스콘신대학교 내에 설립하였다. 그는 연구소의 부소장으로 SCORM 표준화에 깊이 관여하였다. Brown은 25년 이상 학습을 위해 기술을 어떻게 활용해야 하는가를 연구하였으며, 1996년부터 모바일러닝을 연구해오고 있으며 은퇴 후 기업, 학교, 정부와 함께 모바일러닝 분야에 전력을 쏟고 있다. Judy는 MASIE 컨소시엄을 위해 모바일러닝 분야에서 MASIE 위원으로 봉사하고 있으며, 기업 컨퍼런스나 모바일러닝 워크숍에서 발표도 자주 한다. 현재 그녀는 ADL로 복귀하여 몰입 학습 공학 팀에서 일하고 있다. 그녀는 군교육자문위원회의 위원이며 mlearnopedia.com과 cc.mlearnopedia.com의 코디네이터이기도 하다.

Judy는 필자가 이 분야에 들어와 활동하는 순간부터 지금까지 모바일러닝의 변화를 이끌어오고 있다. 그녀는 최초의 모바일러닝 쇼케이스를 주관하였으며 세계 곳곳의 쇼케이스에 참여하여 새로운 것들을 찾아내고 있다. 그녀는 제6장에 있는 사례를 선도적으로 이끌어가고 있다. 필자는 그녀와 질의응답한 내용을 함께 나누고자 한다.

Q 무엇이 당신을 모바일러닝으로 입문하게 만들었습니까?

A 1990년대 초 나는 애플의 뉴턴Newton을 주목하고 있었습니다. 하지만 그것은 단지 관심에 불과했을 뿐 실제 준비가 되어 있지는 않았지요. 1996년 시연회에서 팜Palm이 소개되었을 때 나는 당장 그것을 주문했고, 부팅 시간 없는 즉시 사용, 긴 배터리 시간, 어느 곳에서나 사용할 수 있는 기능은 나를 무척이나 가슴 뛰게 만들었습니다. 나는 몇 가지 시범 사업에 팜을 사용했으며, 2000년대 초에는 윈도 운영체제 기반의 기기들을 사용하기도 하였습니다. 비록 내가 학습과 수행 지원도구로 휴대용 기기들을 활용하는

것을 장려하였지만 이것이 인터넷이나 와이파이에 연결되기 전까지 아무도 믿지 않았습니다.

Q 당신이 모바일러닝에 최초로 관심을 갖게 된 이후 당신이 본 가장 재미있었던 개발 사례는 무엇이었나요?

A 앞서 언급한 대로 제한 없는 연결 혹은 어디서나 사용할 수 있다는 것이 열쇠가 되고 있습니다. 증강 현실, 센서들 그리고 지리정보 기술들과 같은 기술들이 다양한 가능성을 열어주고 있습니다. 현재 가장 흥미롭게 느끼는 것은 현실 세계와 가상 세계의 조화입니다. 이것은 학습에 막대한 가능성을 열어줍니다. 이는 단순한 기기의 문제라기보다는 역량의 문제입니다. 또한 이것은 사용자 경험의 문제로 기술적인 문제는 아닙니다.

Q 가장 흥미롭게 느끼는 미래의 경향은 무엇이라고 생각하십니까?

A 형식 교육을 벗어난 혁신과 사고가 무엇보다도 흥미로운 일입니다. 우리는 이제 쉽게 성과를 향상하고 평생학습을 지원할 수 있는 시점에 궁극적으로 도달하였습니다. 나는 또한 지난 한 세기 동안 연구되었던 분산 학습 효과the spacing effects for learning가 낮은 비용으로 실행되고 있다는 것이 정말 즐겁습니다.

Q 앞으로 더 발전하기 위하여 사람들은 어떤 마음가짐을 가져야 할까요?

A 모바일은 이제 학습을 지원하는 기반 환경으로서 매우 중요한 역할을 수행하고 있으며, 이것은 정규학교 교육, 온라인 학습, 비형식 교육을 아우르게 될 것입니다. 가장 좋은 점은 예습에 활용하고, 정규수업 중에 피드백을 하며, 수업 후에도 풍부한 피드백을 활용할 수 있다는 것입니다. 학습자의 필요에 의해 시작하고 그들의 주머니와 지갑에 쉽게 넣어 다닐 수 있다는 기능에 주목해야 합니다.

06

GETTING CONCRETE

구체적 사례 보기

이 장에서는 구체적인 사례들을 제시하고자 한다. 이 사례들은 모바일러닝의 가능성과 응용 프로그램들을 다양하게 보여줄 것이다. 각 사례들은 다음의 기준을 토대로 소개되었다.

- 조직 배경 : 누가 수행하였는가?
- 도전 과제 : 어떤 요구가 있었는가?
- 왜 모바일인가? : 무엇이 모바일을 솔루션이라 생각하게 만들었는가?
- 사례 : 어떻게 솔루션이 제시되었는가?
- 솔루션 : 무엇이 구체적으로 수행되었는가?
- 이점 : 기대된 결과는 무엇인가?
- 결과 : 무엇이 나타났는가?

▪ 시사점 : 이 프로젝트를 통해 어떤 제안이 도출되었는가?

본 내용은 공간 배치나 명확성을 확보하기 위해 새롭게 편집하기보다는 작성자가 제출한 방식 그대로 소개함으로써 각 사례의 내용을 유지할 수 있도록 노력했다.

통신회사 티모바일USA의 사례

필자는 Jeff Tillett를 그의 동료 Mark Chrisman에게 소개 받았다. Jeff와 Mark는 티모바일USA 내의 변화 관리자이자 모바일러닝 옹호자였다. Jeff와 필자는 비디오 촬영을 통해 인터뷰를 진행했는데, 정말 재미있고 폭넓은 영역에 대해 대화가 이루어졌다. Jeff는 매우 친절해서 그들이 어떻게 그 일을 시작하였고, 이 수행 지원 시스템이 학습 강화를 위해 어떻게 활용되었는지를 설명해주었다. 이것은 초기 응용 사례로 매우 훌륭한 모델이다.

조직 배경

"티모바일USA는 무선 네트워크와 휴대전화 서비스를 제공하는 회사이다."

도전 과제

"티모바일USA의 최우선적인 도전 과제는 전 지역에 흩어져 있는 대리점 직원과 파트너 사업자에게 의무적으로 판매 교육을 시켜야 한다는 것이었다. 일부 학습자들은 티모바일USA의 학습 관리 시스템이나 컴퓨터에 접

속하지 못하고 있었다. 뿐만 아니라 이미 소유하고 있는 기기를 통해 적시에 필요한 정보를 얻을 수 있어야 한다는 수요도 발생하였다."

왜 모바일인가?

"모바일 기술을 활용해야 하는 이유는 분명하다. 우리의 사업 영역 자체가 모바일 사업이기 때문이다. 우리가 하는 사업으로 인해 학습 대상자들은 이미 모바일 기기를 모두 가지고 있다. 이 사실만으로도 타사에 비해 비용을 절감할 수 있다."

사례

"모바일 기반의 교육이 받아들여지기 위해서는 이에 적합한 증명된 솔루션이 있어야만 했다. 또한 모바일러닝에 대한 보다 명확한 비전이 있어야 했다. 우리는 이것을 실행에 옮기는 것이 얼마나 쉬운 일인가를 보여줄 필요도 있었다. 우리는 또한 학습자들이 모바일을 받아들일 수 있다는 것을 증명할 필요가 있었다."

솔루션

"우리는 일부 보조 자료를 개발하였으며 이를 혼합형 학습의 한 부분으로 사용할 수 있도록 하였다. 훈련 프로그램은 최일선에서 고객을 상대하는 대리점 직원을 대상으로 삼았고, 새로운 수수료 구조를 다루는 것이었다. 처음에는 인쇄된 라미네이트 카드를 통해 각 가게에 우편으로 보내는 방식이 제안되었다. Mark Chrisman은 그 대신 모바일 기기를 통해 전자화된 내용을 전송하는 방식을 제안하였다. 그 결과 학습자들이 웹 기반 학습이 종료되는 시점에 링크를 클릭하면 그들의 휴대전화로 새로운 수수료 구조를 제공하는 참조 카드를 받을 수 있다. 설계는 매우 간단했고 개발도 무척 쉬웠다. 학습자들의 반응 역시 대단히 긍정적으로 나타났다."

이점

"이 솔루션은 많은 장점을 가지고 있다. 인쇄물은 매우 비싸면서도 내용이 바뀌면 쉽게 업데이트를 할 수 없었다. 반면 전자물은 아주 쉽게 배포가 가능했다. 개발 시간도 매우 짧아 단지 몇 시간이면 만들어낼 수 있었다."

결과

"첫 번째 프로젝트가 성공하면서, 같은 방식으로 더 많은 프로젝트를 수행해줄 것을 요청 받았다. 이는 다른 방식의 모바일 훈련과 콘텐츠 지원이 가능하도록 기회를 만들어주었다."

제약회사 온포인트의 사례

Judy Brown은 최근 개최된 이러닝 길드 컨퍼런스에서 모바일 분과를 운영하였다. 거기서 필자는 그와 모바일 설계에 대하여 이야기를 나눌 기회가 있었다. 그 후 우리의 발표 자료뿐 아니라 다른 사람의 발표 자료들도 셀캐스트CellCast를 통해 활용 가능하다는 것을 알게 되었다. 셀캐스트는 온포인트 디지털OnPoint Degital사의 Robert Gadd에 의해 무료로 제공되었는데, 이는 그들의 역량을 보여주기 위한 데모 성격의 자연스러운 지원이었다.

Robert는 이 예 가운데 다소 일반적이지만 귀중한 사례인 콘텐츠 배포를 위한 모바일 접근 방법에 대하여 큰 그림을 그려주었다.

조직 배경

"온포인트 디지털사의 고객은 선도적 위치에 있는 국제적 제약회사로, 아시아 · 태평양 지역 1,600명의 판매 대표자들과 전문직 종사자들에게 모바일 기반의 훈련 프로그램을 실행하는 것을 모색하는 중이었다."

도전 과제

"제안된 엠러닝 플랫폼은 다양한 형태의 교육을 지원할 수 있을 것으로 기대되었다. 이 플랫폼을 통해 주기적 일정으로 진행되는 국가 의무교육(연간 50시간의 교육과 매달 실시하는 자격시험)뿐만 아니라 계속 진행되는 특정 집단에 특화된 제품 교육, 신입사원 교육, 그리고 또 다른 마케팅 지원 서비스 등이 제공되고 트래킹된다. 모든 국가 의무교육 과정은 추적되고 문서화되어 지속적이고 주기적으로 기업에서 모니터링한다. 또한 특정 집단에 특화된 일련의 교육 자료들이 준비되어 모든 현장 판매 팀에게 월 단위로 배포된 후 트래킹된다. 마침내 기업은 모바일 근로자들이 플랫폼을 통해 표준화된 산출물에 접근할 수 있기를 기대했다. 표준화된 산출물들은 현재의 정책, 절차, 기업 윤리 가이드, 기업 역사, 현재 진행 중인 사업에 관한 정보로, 이것은 모든 기업 구성원들의 지식과 품성을 계발할 수 있도록 도와준다."

"교육을 통해 얻게 될 핵심적인 학습 목표들은 다음과 같았다. (a) 모바일 근로자의 지식 유지 수준 및 전반적인 학습 만족도 증가, (b) 콘텐츠 저작 자원들과 소요 시간의 절감, (c) 전반적인 개선, (d) 하나로 통합해 보고해주는 플랫폼에 의한 학습 기록과 수행 결과의 병합."

왜 모바일인가?

"주요 학습동인은 수익 향상, 생산성 및 시스템 사용성 증가와 같은 기회를 가져오는 주요 비즈니스 동인과 쉽게 연결된다. 보다 잘 훈련되고 준비된 판매 전문가는 부가가치가 높은 제품을 보다 많이 판매할 수 있도록 자격을 갖추어야 한다. 이들은 중앙에 모여 교육 받는 것보다 적은 시간과 적은 출장으로 지식을 강화하고 즉시적으로 접속이 가능하며, 임무 수행에 가장 필요한 정보를 사무실로 돌아가거나 심지어 랩톱 컴퓨터를 켜지 않고도 얻을 수 있다."

사례

"당시 회사의 최고정보화책임자는 비전을 가지고 있었다. 그 비전은 이동성 전략으로 모든 현장 판매사원들에게 RIM 블랙베리 무선 휴대용 단말기를 가지게 하는 것이었다. 현장 판매 사원들은 업무상 출장이 매우 잦으며, 의사를 만나기 위해 장시간 할 일 없이 기다린다는 사실이 그들에게 새로운 제품과 시장의 변화 과정을 더 알 수 있는 기회를 제공할 수 있다. 모바일러닝 솔루션은 이런 낭비되는 시간을 빠르고 쉽고 안전하게 접속하여 가장 최근의 제품들, 서비스들, 회사 정책들을 더 알게 함으로써 판매팀원들을 보다 많은 정보를 가지고 있는 준비된 사람으로 만들 수 있게 해준다."

"최고정보화책임자는 이런 기회를 알고 있었으며 새로운 블랙베리 단말기를 모든 판매사원들에게 나누어줬다. 이는 단순한 음성 통화나 이메일을 벗어나 새로운 엠러닝 플랫폼 안에서 더 의미 있고 더 많은 투자를 함으로써 유용성을 확장하여 투자대비회수율을 가속화시킬 수 있었다. 그룹매니저들 또한 새롭게 발견된 역량들을 쉽게 발휘할 수 있었는데 이는 그들이 필요한 시점에 보다 정확하고 필요한 역량을 제공할 수 있도록 정보가 제공되었기 때문이다."

솔루션

"통합 솔루션은 확장성 있는 기업용 플랫폼으로 블랙베리 Bold 9000이나 Bold 9700 무선 단말기를 통하여 모든 현장 판매 팀에게 보안된 모바일 콘텐츠를 제공한다. 모바일 콘텐츠는 다양한 형태로 패키지화되었는데 이는 교육용 비디오에서부터 팟캐스트, 애니메이션과 음성 안내가 있는 슬라이드 프레젠테이션, 상호작용적인 훈련 모듈과 HTML 형식의 퀵링크가 있다. 콘텐츠는 교육 담당자나 그룹 매니저에 의해 배포되었는데, 여기에서 간단한 설문조사나 평가도 이루어졌으며 그 응답 내용은 트래킹되었다. 마침내 모든 콘텐츠와 응용 프로그램은 필요에 따라 다중언어로 개발되었다."

"사용자를 위하여 모바일러닝 솔루션은 애플릿applet(셀캐스트 위젯)으로 시작하였으며 각 근로자의 스마트폰에 푸시 서비스를 통해 설치되었다. 이 단말기를 통해 이용자들은 콘텐츠 분배 서버(셀캐스트 서버)에 안전하게 접속하는 것이 가능해진다. 콘텐츠 분배 서버에서는 콘텐츠가 만들어지고 관리되며, 배포되고 트래킹된다. 콘텐츠 저작자들과 관리자들은 다양한 표준화된 도구들과 응용 프로그램들을 활용하여 새로운 콘텐츠들을 제작한다. 예를 들면 리치 미디어 파일(예 : 마케팅 동영상, 체험담 녹화물, 팟캐스트), 동적인 파워포인트 프레젠테이션, HTML 파일들, 어도비 드림위버Adove Dreamweaver로 만든 모바일 코스웨어들이다. 모든 종류의 자료들은 쉽게 설치되고 변환되는데 이는 자동화된 마법사 기능을 사용하기 때문이다. 이 마법사는 코드 변환을 통해 미디어 기반 콘텐츠를 모바일

에 사용되기 위한 콘텐츠로 바꾸어준다. 인프라스트럭처 관점에서 보면 셀캐스트 서버는 다른 기업 내 응용 프로그램과도 연결이 가능하게 되어 있어, 내부지식 관리 시스템, 기업 학습 관리 시스템 플랫폼, 그리고 다른 IT 기반 디렉터리 서비스와 연계된다. 모든 콘텐츠는 이 서버에 있을 때와 전송되는 과정, 단말기에 탑재되어 있을 때조차도 보안이 유지되고 개인정보 등이 안전하게 암호화된다. 셀캐스트 플랫폼은 처음에는 호스트 서버로 설치되었는데 기업에서 편의에 따라 '방화벽 뒷단에' 플랫폼을 설치하는 것도 가능하게 되었다. 이는 미래 IT 요구사항이 서서히 발전하거나 규약이 강화되기 때문이다"(그림 6.1 참조).

"엠러닝 솔루션은 모바일 학습자, 기업 경영자 그리고 교육 팀 및 개발팀에게 잘 수용되었는데, 그들 모두는 언제 어디서나 학습을 위해 콘텐츠에 쉽게 접근할 수 있고 받아들일 수 있음을 알게 되었기 때문이다. 게다가 통계에 따르면, 모바일 근로자들은 보다 빈번하게 콘텐츠에 접근하여 과제를 수행하는데 이는 온라인이나 데스크톱을 활용하여 공부하는 사람에 비하여 보다 많이 학습하고 강화가 이루어짐을 보여준다."

이점

"엠러닝 솔루션을 운영한 이래로 기업은 이익이 극대화되고 있음을 알게 되었는데, 예를 들어 의무 보고서가 많아졌으며, 근로자의 지식이 늘고 생산성과 직업 만족도가 높아진 것 등이다. 모든 모바일 근로자들에게 실시하고 있는 온라인 포탈에서 제공하는 테스트를 줄여줄 수 있는 가능성이 나타났으며 이는 '모바일 기기'를 통해 훈련 받고 시험을 치를 가능성을 더 높여주는 것으로 나타났다."

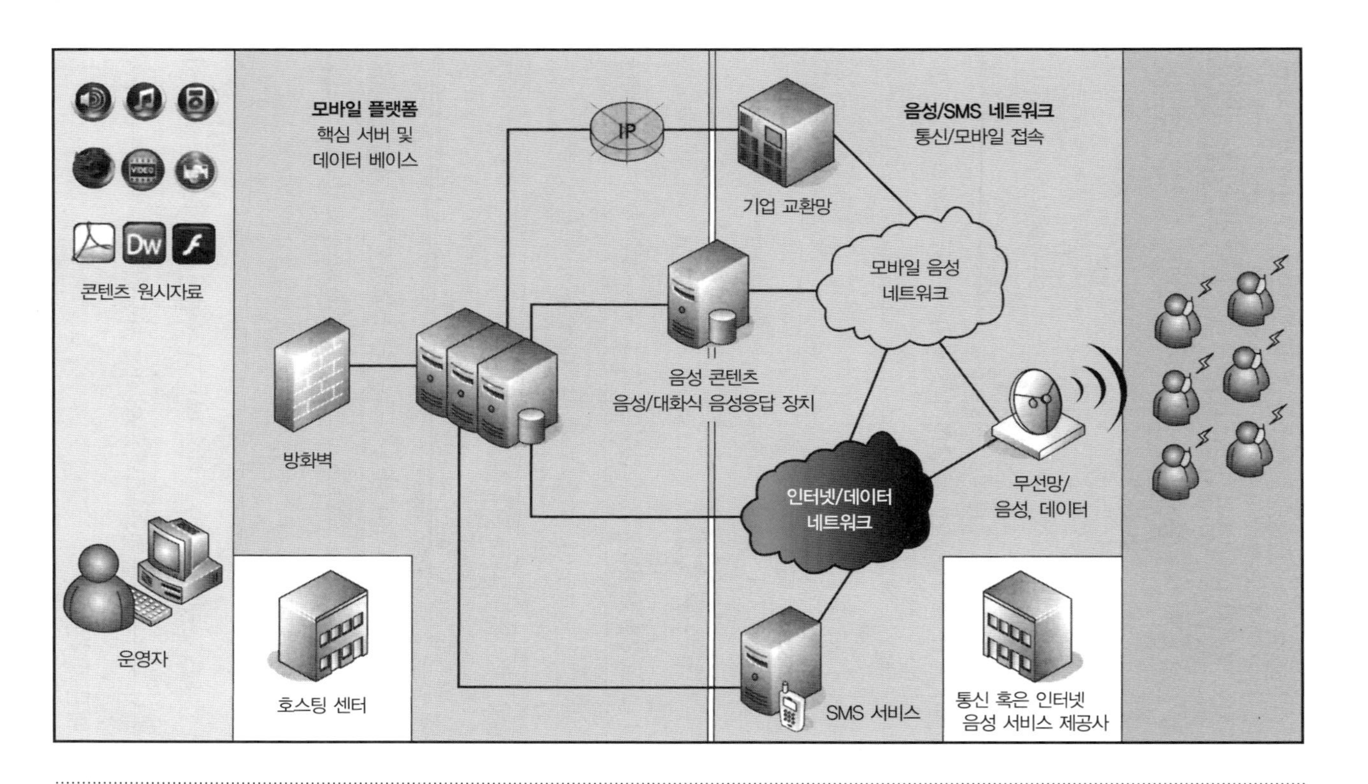
콘텐츠 원시자료
운영자
모바일 플랫폼
핵심 서버 및
데이터 베이스
방화벽
호스팅 센터
IP
기업 교환망
음성 콘텐츠
음성/대화식 음성응답 장치
음성/SMS 네트워크
통신/모바일 접속
모바일 음성
네트워크
인터넷/데이터
네트워크
SMS 서비스
무선망/
음성, 데이터
통신 혹은 인터넷
음성 서비스 제공사

그림 6.1 솔루션 구조도

결과

"기업의 중역들은 이제 엠러닝 플랫폼을 전 세계적으로 어떻게 보급하고, 초기 1,600여 명에서 10여 개의 서로 다른 언어를 사용하는 1만 명 이상으로 성장한 모바일 학습자들에게 유사한 지원을 어떻게 제공할 것인가를 고려하고 있다."

시사점

비록 기업이 최신 기기를 주요 통신회사를 통하여 보급했다 하더라도 모든 모바일 콘텐츠는 낮은 대역폭에서도 빠르고 쉽게, 비용효과적으로 회사의 블랙베리 엔터프라이즈 서버BlackBerry Enterprise Server, BES 플랫폼에서 보급될 수 있도록 최적화될 필요가 있었다.

교훈 1 : 준비 단계에서 IT팀은 연계, 콘텐츠 배포, '원격 삭제' 기능 등을 가능하게 하는 정확한 BES 환경 설정 및 보안 설정 작업에 충분한 시간을 가져야 한다.

대부분의 월간 훈련 자료들이 장문의 콘텐츠에서 '바이트 사이즈'의 학습 단위로 편집되었으나 몇몇 장문의 콘텐츠들은 여전히 개발될 수밖에 없다. 이 중 하나는 약 120쪽 분량에 이르는 회사 윤리 가이드북으로, 매우 읽기 쉽고 상호작용적으로 개발되어서 대부분의 모바일 근로자들에 의해 정기적으로 접근되어 읽혔다.

교훈 2 : 콘텐츠 포맷의 가이드라인을 따르되 유연성을 확보해야 한다. 어떤 기관에서 사용되는 콘텐츠 포맷은 이전에 사용됐던 그것과 매우 다를 수 있기 때문이다.

적절한 트래킹과 적합성을 위해 엠러닝 플랫폼과 다른 백엔드 시스템 간의 연계는 필수적이다.

교훈 3 : 기업의 예산을 충분히 고려하여 이러한 연계 작업이 잘 완료될 수 있도록 지원해야 한다. 엠러닝 플랫폼은 LMS가 갖는 기능과 트래킹, 그리고 상호호환성 확보 등 일정 수준을 요구한다.

이러닝콘텐츠개발사 하이브리드러닝시스템즈의 사례

필자는 Kris Rockwell을 트위터에서 만나 가상공간에서 상호작용해왔고 결국 이러닝 길드의 Devlearn 2009 컨퍼런스에서 직접 대면할 수 있었다. 그는 분산 게임 개발자 중 한 명인데, 그가 사용하는 '유연한 콘텐츠 모델 접근' 을 이곳에 공개하도록 허락해주었다.

조직 배경

"하이브리드러닝시스템즈는 이러닝 콘텐츠 개발사로 2003년에 설립되었으며, 특별히 모바일러닝 솔루션 개발에 역점을 두고 있다. 지난 7년간 하이브리드는 정부와 항공 관계사들을 위하여 학습 솔루션을 개발해오고 있다. 하이브리드러닝시스템즈는 현재 펜실베이니아 피츠버그에 근거를 두고 8명의 개발자가 한 팀이 되어 일하고 있다."

도전 과제

"2006년 하이브리드러닝시스템즈는 미 국방성 연구계약그룹Broad Agency Announcement, BAA의 초청을 받아 훈련 내용을 자동으로 평가하고 모바일

기기에 사용가능한 포맷으로 자동 변환해주는 솔루션에 대하여 제안하였다. 이 솔루션은 XML을 기반으로 개발되었는데, SCORM(콘텐츠의 상호운영성을 확보하기 위한 표준안)을 수용하는 한편 다양한 모바일 기기에서 운영이 가능해야 했다."

"2007년 BAA는 이 사업을 철회하였지만 모바일 기기용 XML 기반 솔루션 개발은 지속적으로 추진되었다. BAA에 제안서 작업을 하는 동안 우리는 DITADarwin Information Typed Architecture XML 구조를 시험하였다. DITA는 기술 문서 형식에 주로 사용되었는데, 이에 대한 평가 작업을 통해 DITA가 모바일 콘텐츠 전송에 아주 유용한 솔루션이라는 것을 알게 되었다."

"BAA 이후 우리의 계획은 현장 사용자들이 업무에 참고할 수 있는 문서를 즉각 전송하는 시스템을 개발하는 것이었다. 항공정비사부터 회계 분석가에 이르기까지 활용 사례가 다양함에도 목표는 드릴다운 기능과 전자화된 상호작용적인 기술 매뉴얼에 접속 기능을 제공하는 체크리스트 기반 시스템의 개발이었다. 이 시스템은 필요한 정보에 빠른 접속을 보장하고, 과제완수에 요구되는 정보를 제공하는 시스템이다."

왜 모바일인가?

"최근 몇 년간 모바일 시장은 폭발적으로 증가하였다. 최근 스마트 기기는 항상 켜져 있으며 연결되어 있어서 즉시적인 훈련과 참고 자료 제공은 이제 현실이 되었다. 2007년 아이폰과 구글 안드로이드 기반의 블랙베리 스톰과 핸드셋의 개발로 스마트폰은 이용자가 보다 편리하고 유용하게 활용할 수 있는 기기가 되었다. 그와 더불어 무선망의 접속 가능성과 3G망의 확산 등은 보다 안정적인 데이터 접속과 빠른 속도를 제공하고 있다."

사례

"우리의 경우에는 내부적인 사례이다. 솔루션 평가에 이어서 크기가 작으면서도 안정적이고 개방적이면서 다양한 플랫폼에서 운영 가능한 솔루션을 찾아내야 했다. DITA는 XML 포맷을 따랐기 때문에 이 조건을 만족시켰는데 플랫폼 독립적이며 해당 기기에 따라 렌더링될 수 있다. 과제단순화분석모델로 분석한 결과 DITA가 나타났다. 또한 DITA 학습 요소들을 충족하도록 되어 있어 이러닝 콘텐츠와 참고 자료 제작을 위한 사용 가능한 도구가 되었다."

솔루션

"솔루션은 두 가지 소프트웨어로 구성되었다. 그중 하나는 하이브리드 플로인데, 과제분석문서를 개발하고, 솔루션의 가장 중요한 요소인 DITA 문서들을 산출하는 데 사용되는 웹 기반 시스템이다. 이것을 보완하기 위해 우리는 또한 노마드라고 불리는 모바일 기기용 응용 프로그램을 개발하였다. 노마드의 목적은 하이브리드와 통합하는 것이다. 플로는 DITA 문서의 렌더링 엔진으로 사용되었다. 이 시스템은 현장에 있는 사용자에게 과업을 완수하기 위해 밟아야 할 단계들을 안내해주는 참조 자료를 즉시 볼 수 있도록 해준다. DITA 포맷을 지원하기 위해 정보는 세 가지 레이어에 의해 제공된다."

첫 번째 레이어 : 〈그림 6.2〉와 같이 사용자에게 과제 완성에 필요한 각 단계들을 보여주는 체크리스트
두 번째 레이어 : 각 단계에 포함된 보다 상세한 설명을 보여주기 위해 확장될 수 있는 체크리스트상에 있는 각 아이템. 이것들은 그림과 동영상 또

는 애니메이션을 포함한다.

세 번째 레이어 : 특정 단계에서 필요한 기술 자료들을 참고하기 위해 IETM으로 갈 수 있는 링크.

"아이폰/아이팟 터치, 안드로이드 기반 기기, 블랙베리 스톰 같은 다중 플랫폼에서 돌아가게 하기 위해 폰갭PhoneGap이라는 것을 사용하였는데 이것은 오픈소스 개발 프레임워크를 제공하며 프레임워크 내의 APIApplication Programming Interface를 사용해 개발자들이 웹 기반 도구들을 만들 수 있다. 이것이 의미하는 것은 우리가 한 번 응용 프로그램을 개발하면 작은 변경만으로도 다양한 플랫폼에서 자연스럽게 배포할 수 있다는 것이다."

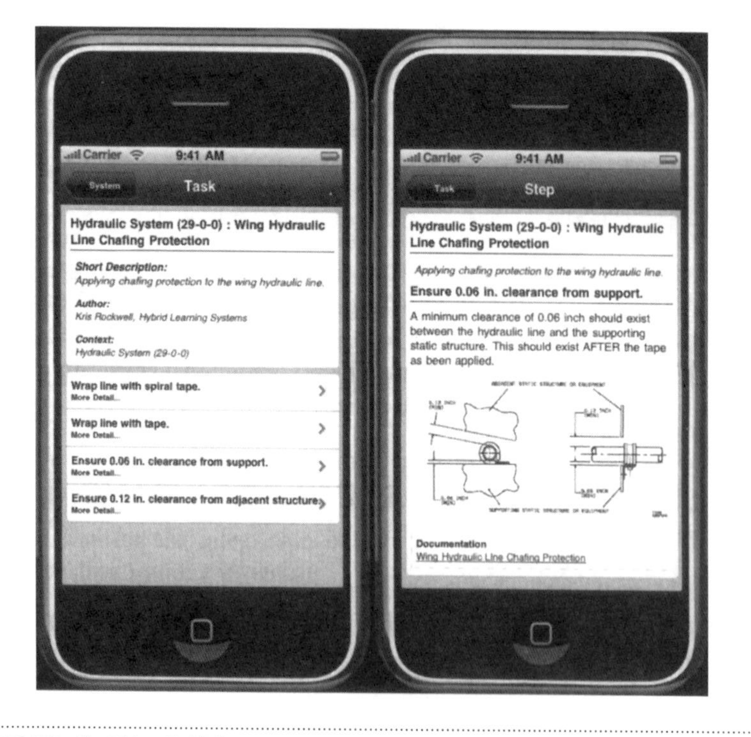

그림 6.2 체크리스트와 설명

이점

"업무와 관련된 강의의 제공은 사용자에게 그들이 필요로 할 때 필요한 정보를 얻을 수 있도록 해준다. DITA 형식을 사용함으로써 동일한 정보를 다양한 기기나 인쇄물로 제공할 수 있다. DITA 모듈 형식은 또한 다른 콘텐츠 내에서 쉽게 재활용이 가능하다. 업무단위로 된 소규모 콘텐츠들은 모바일 기기에서 짤막한 참고자료를 제공하는 프레젠테이션에 적합하다."

결과

"이 프로그램이 보여준 예비 결과는 매우 고무적이다. 모바일 콘텐츠의 플랫폼으로서 DITA를 사용하는 것은 기존에 있는 DITA 기술 문서들과 딱 들어맞고 콘텐츠의 재사용이라는 상당한 이익을 제공해준다. 콘텐츠가 XML 기반으로 만들어지기 때문에 다양한 플랫폼에서 정보를 렌더링하기 위해 서버 단의 응용 프로그램을 다루거나 사례에서 보여준 것처럼 기기에 있는 네이티브[1] 응용 프로그램을 다루는 것은 별 문제가 되지 않는다. 뿐만 아니라, DITA의 사양이 가볍기 때문에 지역마다 다른 네트워크 사정에도 불구하고 스트리밍 서비스를 하는 데 매우 용이하다."

시사점

"모바일 기기를 다루는 데 가장 큰 난관은 많은 수의 제조사와 모델들로 인해 개발자들은 응용 프로그램을 설계할 때 이를 다 고려해야 하는 것이다. 그래서 우리는 응용 프로그램 그 자체에 중점을 두기보다는 콘텐츠에

1) 역자 주 : 모바일 응용 프로그램은 네이티브 응용 프로그램(native application)과 웹 응용 프로그램(web application)으로 분류됨. 전자는 운영체제 고유의 바이너리 코드로 실행되어 여러 플랫폼에서 실행되기 어렵고, 후자는 웹 브라우저를 기반으로 동작하기 때문에 여러 플랫폼에서 실행이 용이함

중점을 두어 다양한 기기에서 쉽게 돌아갈 수 있는 개방적 솔루션을 찾았다. 이러한 방법은 대규모 시장을 고려할 때 더 의미 있어 보인다. 폰갭과 같은 유연한 프레임워크를 사용하여 기기용 네이티브 응용 프로그램을 설치할 때 공통 코드 기반을 사용하는 여러 다중 플랫폼들에서 사용가능한 응용 프로그램들을 제공함으로 개발 시간을 최소화할 수 있었다."

"콘텐츠 자체가 그 형식 안에서 가능성을 보여준다. 사용자들과의 대화에서 짧으면서 적은 양의 정보가 많은 양의 강좌들보다 훨씬 선호됨을 알 수 있다. 이는 오랜 시간 동안 작은 화면을 지켜보고 싶지 않다는 단순한 사실에 기인하기도 한다. 업무에 기반한 형식은 학습자가 필요로 하는 정보를 제공하는 동안 위의 제한 사항을 따를 때 유용한 것처럼 보인다."

연구소 METIL의 사례

David Metcalf는 RWD 테크놀로지 회사를 거쳐 현재 센트럴플로리다대학교에서 모바일 응용 프로그램들을 제작하며 일하고 있다. 그는 팀에서 재사용이 가능한 모바일 템플릿에 대한 사례 연구를 수행하였다.

조직 배경

"2006년에 설립된 METIL Mixed Emerging Technology Integration Lab은 학습을 위해 모바일, 게임 그리고 가상세계를 통합하는 연구를 수행하고 있다. 이곳의 미션은 신기술에 기반한 학습원리의 연구 개발을 더 강화하여 그 지식을 세계적으로 선두에 있는 산업계, 학계, 군대, 비영리단체 등의 관계사에 제공하는 데 있다."

왜 모바일인가?

"모바일에 대한 산업 통계에 따르면 사회에서 휴대용 기기가 보다 많은 선택을 받게 될 것이라고 한다."

사례

"많은 사례에서 보듯이 학습자들은 고객 관계 관리CRM나 일상의 의사소통을 위하여 모바일 기기를 이미 사용하고 있다. 이러한 상황에서 우리의 우선 순위는 어떻게 현존하는 기술을 가장 잘 활용하고 학습 및 수행 과학에 이들을 잘 접목시킬 것인지 그 기회를 평가하는 것이다. 더 나아가 우리는 빠른 성과를 낼 수 있는 분야를 발견해내는 것에 중점을 두고 있다."

공통적인 학습 목표

- "학습자들로 하여금 언제 어디서나 쉽게 접근 가능하도록 하여 정보에 접근하고 나눌 수 있는 기회를 높인다.
- 분명하고 내용과 아주 부합되는 메시지를 학습자들에게 제공함으로 무분별한 이메일이나 여러 형태의 디지털 커뮤니케이션으로 인한 문제를 해결한다.
- 학습자의 기억과 콘텐츠의 활용을 증가시킨다.
- 훈련 단가나 근로자의 근로 시간 낭비를 최소화하여 1인당 훈련 비용을 줄여 훈련 효율성과 사업 효과를 높인다.
- 현존하는 훈련 프로그램에 적합한 학습 이론들을 적용하게 한다.
- 여러 학습이론들을 조합하여 이것이 어떤 영향을 미치는지 실행 · 검증 · 기록한다.
- 기존의 웹 코스를 모바일 호환 코스로 전환할 때 콘텐츠 제시, 내비게

이션, 미디어, 코드, 스타일에 대한 내부 가이드라인을 따르도록 한다.

- 내부의 소프트웨어 응용 프로그램들을 모바일 코스로 신규 개발한다.
- 다양한 무선 서비스에 따라 적용할 수 있는 대안적인 전송 서비스를 제공한다.
- 지식 객체의 범위를 휴대용 기기로 확장하여 기존의 학습 및 지원 모델들을 강화한다. 필요한 경우 새로운 지식 객체들을 생성한다."

도전 과제

"기존에 제공되는 데스크톱 기반의 학습 내용은 휴대용 기기에서 병용될 수 없었다. 회사는 모바일 형식으로 콘텐츠를 사용하기 위해 장비를 보강해야 하는지 재설계하는 것이 최선인지가 분명하지 않았다. 더구나 이 회사는 기존의 판매 및 마케팅 쪽을 보완하기 위해 교수설계모형을 사용해 모바일 코스를 수행 지원 모듈과 오디오 자료로 변환하는 데 직면해 있었다."

솔루션

"솔루션은 특정 플랫폼에 기반을 둔 것이 아닌 모바일 웹을 사용하는 것으로 개발되었다. 이것은 솔루션이 웹에 접근 가능한 어떤 기기에서도 운영될 수 있도록 한 것이다. 이 프로그램은 또한 이미지들을 표현하기 위해 플래시Flash가 아닌 animated GIF와 HTML5를 사용하였다. 일부 전화기에서는 플래시 파일을 실행할 수 없는데 이 때문에 다양한 기기의 접근 가능성을 높이고 더 나아가 요구되는 대역폭과 처리 능력을 낮추도록 하였다. 각 브라우저들은 약간 다른 방식으로 코드를 해석해서 이미지나 형식을 다르게 인식할 수 있기 때문에 이 프로그램 자체는 다양한 모바일 웹 브라

우저에서 운영될 수 있도록 조정되고 편집되었다. 전화기의 작은 웹 브라우저에 적합하도록 만들어진 골프를 주제로 한 게임의 경우 선수가 현재 홀에서 공을 어떻게 칠지에 대한 질문이 제시된다. 이 게임은 단순하게 버튼 형식의 메뉴로 운영될 수 있도록 하였으며 이용자는 그들이 응답한 대답과 전체적인 수행 성과에 의하여 포인트를 획득할 수 있도록 하였다"(그림 6.3 참조).

시사점

"이번 프로젝트를 통해 얻은 교훈은 특정한 플랫폼에 기반을 두고 개발된 응용 프로그램보다 모바일 웹 기반 프로그램이 유용하다는 것이다. 이 프로그램은 보다 많은 사용자를 확보하게 하며 온라인상에서 너무도 간편하게 접근할 수 있도록 한다. 이것이 만병통치약은 아니지만 모바일 웹 용도로 개발할지 응용 프로그램으로 개발할지 결정하는 데 도움을 줄 수 있다."

STEM 교육 사례

Bob Sanregret는 필자를 현재 Personnel Decisions Research Institute에 근무하는 Heather A. Katz 박사와 연결시켜주었는데 그는 아웃스타트 핫라바OutStart's Hot Lava사의 모바일 솔루션을 사용한 모바일 교육 프로그램을 개발하는 프로젝트에 참여하고 있다.

이 실험은 초등학교 상급생에서부터 고등학생까지를 그 대상으로 하고 있으며 정규 교육에 보다 중점을 두고 있다. 이 프로젝트는 모바일 교육의 다양한 측면을 탐색하는 것이었다. Heather 박사는 이 프로젝트 결과를 공유해주었다.

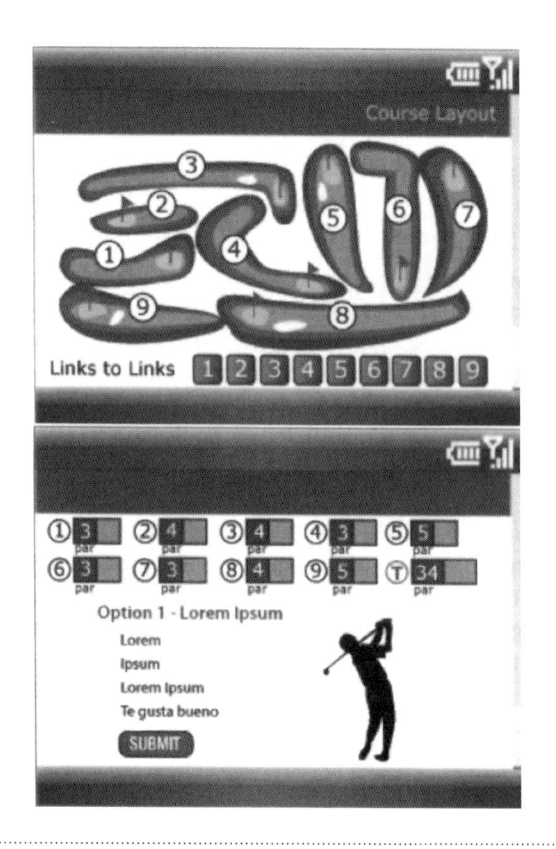

그림 6.3 퀴즈 템플릿

조직 배경

"이 사례 연구는 Ewing Marion Kauffman 재단과 핫라바 소프트웨어사 간의 파트너십을 통해 수행되었다. Kauffman 재단은 기업가 정신을 발전시키고 아동과 청소년 교육을 증진시키는 데 중점을 둔 세계에서 가장 큰 재단이다."

도전 과제

"모바일폰을 통해 과학, 기술, 공학, 수학science, technology, engineering and

mathematics, STEM 교육을 어떻게 제공하고 평가하는지에 대한 연구를 수행하였다. 이 프로젝트의 세 가지 중요한 목표(참여, 조직 변화, 영감)는 다음과 같은 가설에서 출발하였다."

1. "모바일폰은 학습자로 하여금 STEM 교육 전반에 참여하도록 하는 실용적인 매체이다.
2. 모바일폰을 통해 제공되는 STEM 교육은 모바일 기기를 통해 교육을 제공하는 기관에 영향을 미치는 변화 촉진자로서의 역할을 한다.
3. 청소년들은 모바일폰을 통해 STEM 교육에 참여하면 적절한 콘텐츠(예 : 스포츠 콘텐츠)와 존경하는 역할 모델(운동선수)에 의해 동기가 유발된다."

"학습의 주요 목적은 STEM 이론들과 개념들에 대하여 청소년들이 인지하고 지식을 갖게 하는 것이다. 교육학적 설계는 맥락 기반의 교수 자료(스포츠 주제의 STEM 콘텐츠)를 모바일 기기를 통해 실생활 사례(스포츠 사례)와 연계하여 STEM의 개념과 연결하도록 하는 것이다. 주로 축구와 야구를 다루는 Sports Bytes™는 스포츠 기반의 STEM 교육 모듈들이다(예 : 퍼즐과 퀴즈)."

왜 모바일인가?

"모바일 기술은 어느 곳에서나 실생활과 연계되어 일어날 수 있는 비형식 학습을 제공할 수 있다. 이 프로젝트는 학생들이 실생활의 경험과 STEM을 연결할 때 더 잘 배우고 모바일에서 배운 것을 실제 문제 해결책으로 적용함으로써 STEM 관련 지식이 증진된다는 이해에 근거해 설계되었다."

사례

"다행스럽게도 Kauffman 재단을 설득시킬 필요는 없었다. 그들은 모바일 활용을 고려했기 때문에 이 프로젝트는 Kauffman 재단으로부터 전적으로 지원 받았다. 그런데 사용자의 참여를 보장하기 위한 열쇠로 보상 프로그램을 운영하고 있었다. 사용자는 그들의 모바일 기기를 통해 Sports Bytes의 문제에 대하여 한 번 이상의 답변을 하면 아이팟이나 야구 경기장 입장권 팩을 얻을 수 있게 하였다."

솔루션

"솔루션은 모바일폰을 통해 SMS와 브라우저 기반으로 제공되었다. 1단계 실행 결과 114개국 16,362명의 등록 사용자들 중에 10,532명이 적어도 한 개 이상의 질문에 답변을 하였다. 2단계에서는 116개국 398,919명의 등록 사용자 중에서 104,041명이 브라우저를 통해 한 개 이상의 질문에 답변하였다."

"1단계에서 모바일 콘텐츠는 보다 전통적인 교수 설계 전략(학습자에게 학습 목표를 제시하고, 수업 내용을 제공한 후, 지식에 대한 평가를 제공하는 방식)으로 설계되었다. 그러나 이것은 의도치 않게 사용자들이 STEM 내용에 대한 이해를 방해하는 결과를 초래하였다. 소리 내어 생각하기 thinking-aloud 방식의 사용자 관찰연구가 보여준 것은 학습자는 문제를 본 후 답을 선택하고 정답에 대한 짤막한 해설을 보기를 원한다는 것이었다. 따라서 1단계에서 질문들을 재구성하였는데, 수업 내용의 앞부분을 건너뛰고 학습자들이 그 내용을 자유롭게 내비게이션할 수 있도록 하였다. 2단계에서 Sports Bytes는 학습자가 먼저 어려운 문제를 제공받고 답안지에 응답하도록 재설계되었다. 두 단계 모두에서 학습자가 입력한 정답에 따

라 설명적인 내용을 제공해주었다. 세 단계의 난이도를 두었는데 수준 1은 초급(5~6학년), 수준 2는 중급(중학교), 수준 3은 고급(고등학교)이다."

보급

"핫라바의 MDTSMobile Delivery and Tracking System는 휴대전화를 통해 콘텐츠를 보급하며 WAP 2.0 서비스를 사용하여 사용자의 참여 정보를 추적한다."

"사용자들의 참여는 유료 광고와 모바일 콘텐츠 포탈들을 통해 유도된다. 야구 경기장 입장은 메시지 게시판을 통해 독려된다. Sports Bytes 콘텐츠는 주제 중심의 통합 교수법(Kovalik, 2001)과 실제 과제 중심의 교수법(Newman & Wehlage, 1993) 등 두 가지 이론적인 프레임워크에 의해 설계되었는데, 인기 스포츠(야구, 축구, 수영, 사이클, 탁구 등)와 STEM 개념이 함께 제공된다. Patten, Sánchez와 Tangney(2006)의 프레임워크는 모바일 기기의 입출력 기능을 사용해 상호작용적이고 위치 인식에 기반을 둔 설계를 제공한다. Sports Bytes의 사용자는 문제에 답을 하고 교수 설명이 포함된 답안 형식으로 학습을 지원해주는 피드백을 받아볼 수 있다. 위치 인식은 스포츠 이벤트에서 사용자 반응을 공공 디스플레이에 표시함으로써 제공된다."

이점

"Sports Bytes는 모바일 학습자가 STEM 콘텐츠, 그들의 물리적 · 모바일 환경 그리고 학습자끼리 서로 상호작용하는 강화된 인지 환경을 제공하였다. 모바일 기기를 통해 학습자들은 실제 맥락 안에서 비형식 학습에 즉각적으로 접근할 수 있게 되었고 그 결과, 학습자들의 반응이 기록되고

공개되었는데, 이것은 그들 스스로 의사결정을 하고 지식을 습득해나갈 수 있는 탐구자와 능동적 학습자로 만들어주었다.

결과

1. "휴대전화는 학습자를 STEM 교육에 전체적으로 참여하도록 하는 실용적인 매체이다. 이 가정은 엄청난 참여도에 의해 현실화되었는데, 등록된 사용자 중 415,281명이 Sports Bytes에 접속하였으며 이들 중 114,573명이 한 개 이상의 질문에 답변을 하였다.
2. 휴대전화로 제공되는 STEM 교육은 다른 기관이 모바일 기기를 통해 교육 서비스를 제공하는 데 영향을 미치는 변화 촉진자로서의 역할을 수행할 수 있다. 이러한 가정은 여러 기관에서 성공적으로 적용되어 사실로 증명되었다. Kauffman 재단(SMS로 보는 15개의 퀴즈들로 태양계 여행을 통해 과학 교육을 하는 Voyage Exhibition이라는 프로그램을 도입)을 포함하여, 어린이용 스마트폰인 kajeet's™사는 지속적으로 Sports Bytes를 서비스하였으며, 청소년들의 과학 및 공학에 대한 관심과 참여를 높이기 위해 1989년에 설립된 기관인 FIRST For Inspiration and Recognition of Science and Technology는 로봇에 대한 그들의 지식을 테스트하기 위해 휴대전화를 통해 관련 퀴즈를 제공하였으며, 청소년들의 공학교육을 이끄는 비영리 단체인 JETS The Junior Engineering Technical Society는 JETS Bytes를 개발하였으며, 미국의 주요 통신사들은 전화로 Sports Bytes를 서비스하기 위해 Kauffman 재단과 계약을 체결하였다.
3. 청소년들은 적절한 콘텐츠(스포츠 기반 콘텐츠)와 존경하는 역할 모델(운동선수)에 의해 동기유발되며 휴대전화를 통해 STEM 교육에 참여

할 수 있다. 이 가설 또한 사실로 증명되었으며 2단계에서 104,041명의 인증된 사용자들이 40개의 질문에 648,970개의 응답을 남겼다."

시사점

"엠러닝 프로젝트를 위해 다음을 제안한다."

- "사용자, 그들의 과업과 환경(기기가 언제 어디에서 이용되는지와 사용 가능한 주변 분위기, 조명, 소음 수준 등)을 분석하라.
- 새로운 엠러닝 콘텐츠를 제공하기에 앞서 학습공동체 내에 있는 실사용자들을 대상으로 테스트해보라.
- 기기의 촉각 인터페이스(햅틱) 특성은 학습자가 기기를 성공적으로 사용하게 하거나 엠러닝 콘텐츠와 편안하게 상호작용하도록 하는 데 부정적인 영향을 미치지 않음을 확인해보자.
- 콘텐츠에 몰입하도록 동기를 유발하면서 사용자에게 정보와 수업을 제공하는 것은 학습자 상호작용의 핵심적인 요소이다."

참고문헌

Kovalik, S. (2001). *Exceeding expectations: A user's guide to implementing brain research in the classroom*. Black Diamond, WA: Books for Educators.
Newman, F.M., & Wehlage, G. (1993). Five standards of authentic instruction. *Educational Leadership, 7*.
Patten, B., Sánchez, A.I., & Tangney, I. (2006). Designing collaborative, constructionist and contextual applications for handheld devices. *Computers & Education, 46*(3), 294–308.

세인트메리즈 학군의 사례

Scott Newcomb은 그들의 학군에서 모바일 기기를 활용해 얼마나 효과적이고 효율적으로 학습하는지에 대하여 이야기해주었다.

조직 배경

"세인트메리즈 학군St. Marys City Schools, SMCS에는 유치원부터 고등학교까지 2,100명 이상의 학생들이 재학하고 있다. 세인트메리즈 시는 서부 오하이오 주에 있으며 5개의 학교 건물이 시 전 지역에 위치해 있다. 세인트메리즈초등학교는 유치원~2학년까지, 세인트메리즈중간학교는 3~5학년까지, 세인트메리즈중학교는 6~8학년까지, 그리고 세인트메리즈기념고등학교는 9~12학년까지 학생들이 다니고 있다."

도전 과제

"SMCS는 여러 개의 컴퓨터 실습실을 설치하기 위한 공간 제약이 있었다. 두 개의 컴퓨터실이 세인트메리즈중간학교에 3~5학년을 위해 설치되어 있었다. 빌딩 프로젝트로 인해 이 학군은 교실과 컴퓨터실에 컴퓨터를 업그레이드하거나 구매하는 데 어려움이 있었다. 컴퓨터의 활용 연수는 3~9년까지 되었다. 세 종류의 운영체제(윈도 98, 윈도 2000, 윈도 XP)가 존재하였으며, 세 종류(오피스 2000, 오피스 2003, 오피스 XP)의 마이크로소프트 오피스 버전이 있었다. SMCS 기술부서에서는 최소한의 비용을 가지고 가장 최근의 소프트웨어로 갖추어진 최신의 기술을 학생들에게 제공하기 위한 방법을 찾고 있었다. 모바일러닝 기기Mobile Learning Devices, MLD인 스마트폰이 시설공간과 이동성을 고려할 때 가장 적합한 것으로 고

려되었다."

"MLD를 통해 선생님들은 제한된 시간 배정 안에서 보다 많은 자료를 다룰 수 있었다. 선생님들은 컴퓨터실을 사용하기 위해 예약을 해야 했는데 많은 경우 이미 예약이 되어 있었다. 컴퓨터실은 며칠 또는 몇 주 전에 예약이 마감되어 있어서 컴퓨터실이 사용 가능할 때는 사용하기에 너무 늦다. MLD를 통하여 교사들은 필요할 때 즉시 수업을 할 수 있게 되었다. 간단한 워드프로세싱 활동의 경우 교사들은 학생들이 글을 더 많이 쓰는 것처럼 느꼈는데, 워드프로세싱으로 교정과 편집을 훨씬 빠르게 할 수 있어서였다. 학생들은 보다 빠르게 수정을 할 수 있어서 더 많은 글쓰기를 할 수 있었다. 모바일 기술에 의해 교사들은 학생들에게 보다 많은 연습활동과 수업을 제공할 수 있다."

왜 모바일인가?

"교실 공간은 제한적이다. MLD는 학생들이 그들의 책상에서 활동을 할 수 있도록 해준다. 학생들에게 기기를 충전하기 위한 작은 공간이 제공된다. 학생들은 야외 현장학습에 기기를 가지고 가서 사진, 영상 녹화, 노트 필기, 오디오 파일들을 만들 수 있다. SMCS는 벽 없는 교실을 가능하게 하고 있다."

"학생들은 휴대용 기기들을 사용하고 있다. 교육자로서 우리는 학생들에게 휴대용 기기를 멀리하고 학교에 와서 노후한 컴퓨터를 사용하라고 할 수 있다. 학생들의 세계는 이동성과 모바일 기기를 중심으로 변화하고 있다. 우리 교사들은 학생들의 미래 세계에 대하여 준비하고 있지 않다. 우리는 그들의 필요와 요구를 충족시키지 못하고 있다. 교실에서 MLD를 2년 동안 활용하면서 우리는 학생들의 비판적 사고 능력, 의사소통 능력, 협

동 능력, 그리고 창의성과 혁신성이 높아지는 것을 관찰하였다. 교사들은 다양한 학습 활동들을 생성할 수 있어서 다양한 학습 수준의 모든 학생들이 같은 교실 내에서 서로 섞여 지낼 수 있다."

사례

"SMCS는 3학년 교사 두 명, 4학년 교사 두 명, 5학년 교사 두 명, 자료 교사 두 명, 초등학교 교장 한 명, 기술 전문가 한 명과 함께 시범 사업을 시작했다. 학군에서는 60대의 PDA, 60개의 GoKnow 어플리케이션 소프트웨어 사용권, 60개의 PDA 케이스, 60개의 무선 키보드를 구입했다. 첫해 소요예산은 약 44,000달러였다. 이 자금은 일반기금에서 왔다. 기기를 사용한 처음 두 개 교실에서는 일주일간 PDA 사용 후 상당히 흥미를 보였고 지역참전용사회Veterans of Foreign Wars, VFW, 학부모회, 교장회에서 기부를 했다. 1년 차에 프로젝트를 끝내면서 많은 학부모들이 2년 차에도 교사들의 기기 사용을 요청했다. 많은 학부모들이 자녀들이 학교에 대해 얼마나 적극적인지 이야기했다. 그들은 학교에 가서 MLD로 학습하는 것을 즐겼다. 2년 차 프로젝트에서 학군은 3~6학년 학생들과 직원들이 모두 장비를 갖추도록 일반기금뿐 아니라 기부금을 사용했다."

"프로젝트에서 후원을 받기 위해 가장 중요한 요소는 학생들의 열정, 교사들의 열정, 학부모들의 흥미, 행정적인 흥미가 어우러지는 것이다. 이 네 가지 요소가 2년 동안 3~6학년까지 학생들에게 프로젝트를 지속적으로 진척시키기 위해 가장 중요했다. SMCS는 교실에서 MLD를 실행함으로써 모든 학생들과 교사(640명 이상)에게 긍정적인 학습 환경을 조성해 주었다."

솔루션

"SMCS는 GoKnow 학습 소프트웨어라고 불리는 학습 관리 시스템을 사용하고 있다. 이 소프트웨어는 교육 프로그램 내에서 작동하는 어플리케이션들을 제공한다. 교사들은 시스템에 접속할 수 있으며 종이 없는 환경을 만들 수 있다. 그들은 활동/과제/수업을 만들 수 있고 이것들을 자동으로 학생들의 MLD로 보낼 수도 있다."

"GoKnow 소프트웨어는 마이크로SD 카드에서 로딩되어 모든 MLD에서 설치된다. 일단 소프트웨어가 설치되면, 기기를 자동으로 동기화시킴으로써 추가 소프트웨어 설치와 업데이트가 가능하다. 기술부서 관점에서 보면 소프트웨어는 매우 빠른 속도로 설치되고 학생들에게 최소한의 기술 지원으로 새로운 소프트웨어 어플리케이션을 다운로드할 수 있게 도와준다."

"학생들은 MLD에 설치된 다양한 소프트웨어 어플리케이션을 사용하는 것을 진심으로 즐긴다. 학생들은 그들이 원하는 대로 기기를 구성할 수 있는 자유가 주어진다. SMCS는 MLD의 적절한 에티켓에 대하여 말해준다. 용인된 사용자 정책은 MLD가 오용될 경우 발생할 결과를 이해하도록 학생들을 위해 개발되었다."

이점

"SMCS는 광대역 인터넷 비용을 월단위로 지불한다. 학군은 정부자금을 사용하기 때문에 무료로 MLD를 사용할 수 있었다. 학군은 랩톱과 넷북을 구입하는 것과 비교했을 때 광대역 서비스를 사용하는 데 막대한 비용을 지출할 필요가 없었다. SMCS는 MLD 사용으로 인해 활성화된 기기에 한하여 비용이 청구된다. 만약 기기가 작동하지 않는다면, SMCS는 그 기기에 대한 광대역 서비스를 중지시키고 새로운 기기에 서비스를 제공한다.

고장 나 사용 못하는 랩톱, 넷북이나 데스크톱 컴퓨터와 비교했을 때 기능 다운 시간이 가장 적다. 학군은 정상적으로 작동하지 않는 기기를 교체하기 위해 여분으로 추가 넷북, 랩톱이나 컴퓨터를 구입해야 했다. 매년 SMCS는 최신 업데이트된 소프트웨어를 가진 새로운 MLD를 무료로 제공 받을 것이다."

"광대역 인터넷 비용은 지난 4년간 계속적으로 감소했다. 휴대전화 회사 간의 경쟁이 매우 극심해졌기 때문인데 이는 학교들이 점점 이러한 유형의 기술을 실행하는 데 더 용이하게 해주었다. 광대역 인터넷은 빈곤한 학군에게는 훨씬 더 가격을 낮춘 E-rate 할인이 적용된다. 세인트메리즈는 인터넷 서비스, 장거리 서비스, 지역 전화 서비스에서 61%의 E-rate 할인을 받는다. SMCS는 한 달 정기 요금 25달러 대신에 9.75달러를 지불한다. 이는 학군에게는 엄청난 절약이다. SMCS는 MLD를 학교에서 1년에 9개월간 사용한다. 학생 1인당 기기 사용 비용은 한 학년도에 87.75달러이다. 소프트웨어 비용은 1년에 25달러이다. 결국 한 학생이 광대역과 소프트웨어를 사용하는 데 드는 총비용은 112.75달러이다."

결과

"작년에 기기를 사용한 학생들은 오하이오 주 성취도 검사에서 향상된 것으로 나타났다. 4학년 학생들은 수학에서 11점이 향상되었다. 교사들은 교실에서 모바일 기술을 사용함으로써 쓰기 과제에서 향상이 있다고 말하고 있다. 학생들은 더 써도 되는지를 물어보았으며 교사들의 관찰 결과 학생들은 더욱 몰입하고 있었다. 학생들은 매일 수업에서 MLD를 사용하는 새로운 방법을 찾는다. 교사들은 학생들의 행동에 변화가 있으며 MLD가 변화를 가져온다고 믿는다."

시사점

"모바일러닝은 새로운 것을 시도하기를 원하고 학생들과 기기를 가지고 수업하는 것을 두려워하지 않는 소규모의 교사들로부터 시작되었다. 정기적인 전문성 개발 훈련은 직원들과 함께 일하는 데 매우 중요하다. 직원들은 유사시에 도움을 줄 수 있는 동료가 필요하다. 교사들은 학생들이 프로젝트를 운영하고 탐구하도록 해주어야 한다. 프로젝트 운영자는 행정, 이사회, 학부모들이 프로젝트에 참여할 수 있도록 해야 한다. 교사들은 처음 프로젝트가 시작될 때, 프로젝트가 어떻게 진행될 것인지를 설명하기 위해 학부모들과 미팅을 가져야 한다. 또한 지역사회가 프로젝트를 함께 참여할 수 있도록 미디어 또한 포함시켜야 한다. 프로젝트 매니저는 다양한 지역사회 서비스 기관에 가서 프로젝트에 대해 설명하고, 직접 학생들을 볼 수 있도록 교실로 지역사회 구성원을 초대해야 한다. 학생들은 프로젝트의 가장 중요한 구성원이다."

세일즈매직 영업 팀 사례

필자는 컨퍼런스에서 Synapse 3Di의 대표이자 디지털 출입국 관리자인 Gina Schreck의 발표를 들었다. 그녀는 매우 매력적인 발표자였고 무한한 에너지를 소유한 분이라는 인상을 주었다.

조직학습 요구에 맞게 새로운 미디어를 사용하라는 그녀의 매력적인 이야기 중 하나는 모바일 비디오카메라의 사용에 대한 것으로 모바일을 활용한 새로운 모델을 보여주었다. 그녀는 친절하게도 이것을 소개해주었다.

조직 배경

“Service Magic은 1998년 콜로라도 주 골든 시에서 설립되었다. 주 사업은 계약에 필요한 정보를 사전검증하고, 고객평가 서비스를 제공하고, 홈 서비스 분야의 전문가를 제공하는 것이었다. 2004년 7월에는 IAC InterActiveCorp가 Service Magic을 인수하였으며, LendingTree, HSN, Evite, Citysearch, Ask Jeeves와 다른 협력사들이 합류하였다. Service Magic은 현재 1,000명 이상의 직원을 고용하고 있으며, 그들 중 500여 명이 영업 팀에 근무하고 있다.”

도전 과제

“2008년 하반기에 영업 팀은 학습 관리 시스템을 보유하고 있었는데 아무도 그 시스템을 사용하지 않는 것처럼 보였다. 온라인 강좌는 텍스트와 정적인 화면으로 가득했다. 관리자들이 말하기를 세일즈맨들은 시간이 거의 없을뿐더러 프로그램을 지루하게 여긴다고 했다. 회사 인트라넷에 학습 콘텐츠가 저장되어 있었으며 유인물이 각 팀에 배포되어 고객들과 이야기를 나눌 때 참고 자료로 사용할 수 있도록 하였다. 자료들은 바인더에 넣어져 거의 사용되지 않았다. 관리자들은 자신의 팀 구성원이 시스템에 접속하여 학습 내용에 대한 이해도를 측정하고자 시험에 응할 것으로 생각하였으나 그런 일은 일어나지 않았다. 보고서를 확인한 결과 350여 명의 세일즈맨 중 6명만이 지난 분기에 실제로 시스템을 사용한 것으로 나타났다. 품질보증팀은 전화 상담 내용을 모니터링하여 몇 개의 주요 핵심 요소들을 추려냈으며, 그중 하나가 고객에게 제공되는 정보의 정확성이었다. 제공 정보의 정확도는 50% 이하로 나타났다.”

왜 모바일인가?

"Service Magic의 운영 사업은 매우 급속한 변화를 요구하는 콜센터 사업이다. 그들은 콜로라도 주 골든 시와 캔자스 주의 캔자스 시에 센터를 가지고 있으며, 관리자들은 전통적인 훈련 과정을 이수하기에는 시간적 제한을 가지고 있다. 그리고 전통적인 훈련이 그들에게 적합하지 않은 몇 가지 이유가 있다. 현장 훈련 상황에서 개별적인 코칭이 매우 이상적이지만 관리자들은 지속적으로 제공 받을 콘텐츠들을 충분히 가지고 있지 않다. Service Magic은 비교적 젊은 세일즈맨이 많으며(영업 팀의 평균 연령은 30세) 그들은 새로운 기술에 매우 익숙하다. 그들 대부분은 소셜 미디어 사이트에서 매우 활동적이며 아이팟이나 MP3 플레이어를 통해 음악을 듣는다. 영업 팀은 위탁판매원들로 구성되어 있으며 그들의 전화기는 항상 켜져 있다."

사례

"그들의 학습 도전을 위해 새롭고 창의적인 솔루션을 제안하는 것은 결코 어려운 일이 아니었다. 그들이 가지고 있는 시스템은 현재 사용되지 않았기 때문에 새로운 아이디어를 적용해보고 가능한 사례들을 시도해보는 데 매우 열린 자세를 가지고 있었다."

솔루션

"우리는 다층 접근 방법을 사용하여서 가능한 많은 사람들이 콘텐츠 공동제작에 직접 참여하도록 하였다. 우리의 목표는 '적은 단위의 학습' 캠페인을 통해 학습자 스스로가 만들어내는 재미있는 비디오들을 만드는 것이었다. 새로운 제품에 대한 대대적인 시판 행사가 있었으며 전체회의에서 콘테스트가 있다고 공고하였다. 모든 영업 팀은 새로운 제품을 설명하는 3~5분 분량의 비디오를 만들어 오도록 요청 받았다. 비디오는 창의성과 내용으로 평가 받을 예정이었다. 각 팀에게는 간단한 비디오카메라가 제공되었으며 콘테스트가 시작되었다. 콘텐츠는 회사의 페이스북 팬 페이지에 저장되었고 자료들은 인쇄되어 각 팀원들에게 연구 목적으로 제공되었다. 2주 후에 하루 종일 비디오를 보는 'Movie Premier' 가 개최되었다. 팝콘을 제공하면서 하루 종일 여러 차례에 걸쳐 비디오들이 상영되었다. 각 팀들은 매우 창의적이었으며 이들 콘텐츠가 정확한지 확인하기 위해 인트라넷에 게시된 정보에 대한 실질적인 연구도 진행되었다. 동영상은 다른 부서와도 공유되었으며 학습은 영업 팀뿐만 아니라 전 부서로 번져나갔다. 우리는 참석자들에게 그들이 무엇을 학습하였고 어떻게 정보를 적용했는지를 공유해줄 것을 요청하였다. 이것 또한 비디오로 촬영되었으며 고위 관리자에게 공유되었다. 열정과 기대감이 대단했는데, 영업 팀원 중 한 명이 직접 그들의 고객에게 카메라를 보낼 것을 제안하여 고객 서비스 훈련 캠페인을 시작하게 되었다. '하루 동안 Service Magic사의 고객으로 지내보기'가 다음 번 '영화의 날' 이라는 명칭의 학습 이벤트가 되었다."

"우리는 코칭 모듈을 MP3 플레이어와 오디오북을 제공하여서 도서관처럼 누구든지 활용할 수 있게 하였다. 각 관리자들은 10분 분량의 학습 캐스트를 만들어 최고의 코칭 스토리들을 공유하였다. 이들 자료는 관리자 도서관Managers' Library에 위치하여 자료를 다운로드할 수 있도록 하였다. 가상북클럽은 캔자스 시의 관리자들을 포함해 영업 관리 팀에서 시작되었으며 이들은 매달 북클럽 모임을 위해 세컨드 라이프에 있는 Synapse 3Di 캠퍼스를 사용하였다. 그들의 책임자와 코치들의 도움을 받아 로그인한 후 그 달의 경제서적의 개념들을 논의하고 두세 가지의 포인트를 잡아 실행하려고 함께 노력해본다. 그들은 다음 달에 리포트를 제출하는데 여기에는 책에서 새롭게 발견한 점, 도전해볼 만한 것들과 성공적인 수행을 위해 어떻게 해야 하는지가 담겨 있다."

"우리는 모바일이라는 접근 방법을 다양한 부분들과 결합해왔다. 신규 채용자들에게는 3개월 동안 다른 색상의 줄이 달린 배지를 제공하여 판매장에서 그들의 신분을 쉽게 식별할 수 있도록 하였다. 숙련된 판매원과 관리자들은 그들을 격려하고 알고 있는 것들을 나누어줌으로써 신입 판매원들의 일에 도움을 주어왔다. 신입 판매원들은 누가 무엇을 공유했는지를 트래킹하여 매주 회의에서 다룬다."

"하이브리드 프로그램이 개발되어 팀원들에게 다른 부서에서 매 분기마다 한 번씩 하루 종일 암행으로 관찰 시간을 보낼 수 있도록 하였다. 그들은 10분 가량 발표를 통하여 배운 것을 주간 회의에서 공유하였다."

"그들의 교육담당자는 지금은 '혁신 코디네이터' 로 고용되어 학습 콘텐츠를 제공하는 새로운 방법을 만들어내는 업무를 맡고 있다."

이점

"직원들은 새로운 학습 캠페인을 기다릴 뿐만 아니라 새로운 아이디어 및 서로 가르치는 방법을 제공하였다. 학습 부서는 시스템을 관리하는 것으로부터 팀원들과 콘텐츠를 함께 개발하는 부서로 거듭났다. 고객 문의전화가 왔을 때 품질보증 팀이 상담 내역을 모니터링한 결과 고객에게 제공하는 정보의 정확도가 70% 이상 꾸준히 유지되었다."

시사점

"우리는 참가자들이 새로운 정보를 배우고 싶어 하고 더 나아가 콘텐츠의

제작에도 참여하고 싶어 한다는 것을 알게 되었다. 팟캐스트와 비디오를 통하여 그들은 지금 선생님이 된 것을 정말 기뻐하고 있다. 다른 부서들도 지금 배우고 가르치는 이러한 기법을 만들고 있다. 이 팀은 다른 부서들과 다른 기업들에게 틀을 깨고, 새롭게 시작하고, 학습자들로 하여금 가르치는 것에도 참여하게 하라는 조언을 하고 있다. 학습자들이 콘텐츠를 가르치기 위해 배우는 것은 보다 심층적 학습을 하게 한다."

IT회사의 사례

Red7과 Cyberspark.net의 CEO인 Jim 'Sky' Schuyler는 필자가 대학을 졸업하고 첫 번째 직장인 DesignWare에서 교육용 컴퓨터 게임을 설계하고 프로그래밍하도록 고용한 사람이다. 이후 필자를 다시 미국으로 데려와 Knowledge Universe Interactive Studio에서 지능적인 적응 학습 시스템을 개발하는 팀을 이끌게 하였다. 그는 학습 기술을 연구하고 있으며, 스승이자 동료 그리고 친구로 필자와 지내오고 있다.

일찍이 Sky는 유비쿼터스 학습 경험의 비전을 생각하고 그것을 구현할 아키텍처를 개발했다. 여기에서 소개되는 사례는 그의 광범위한 접근 방식으로 개발된 것을 보여준다. 필자는 그 과정의 일부에 참여하였지만 그에게 그 일을 하며 들었던 이면의 생각들을 물어보았다.

조직 배경

"Red7은 소프트웨어와 네트워크 기술을 활용하여 커뮤니케이션을 지원하는 회사이다. 2002년 Red7에서 Sky는 그의 소프트웨어와 기술에 대한 이해를 통해 실세계와 결합된 실제 경험을 구축하기 시작하였다."

도전 과제

"나(Sky)의 아이디어는 중앙컴퓨터/서버를 통해 적절한 시간에 어떤 매체로, 어떤 메시지를 각 게임 플레이어에 전송할지 정하기 위해 시나리오를 활용 하는 것이었다. 그리고 플레이어들은 각각 다른 매체를 통해 보내진 메시지에 반응할 것이다. 그 반응을 위해 그들은 몇몇 기능(예 : 음성사서함에 인사말 설정)의 사용법을 반드시 배워야 한다."

"플레이어는 게임에 초대되어 참여한다. 초대장은 컴퓨터를 통해 이메일이나 전화로 발송된다. 플레이어는 이메일을 회신하거나 전화를 사용하여 첫 번째 과제나 도전을 받는다. 그들은 과제를 완수하거나 문제를 해결하기 위해 노력하고, 요구되는 방법으로(보통 이메일로) 게임을 한다. 그 시나리오는 일련의 규칙들로, 플레이어가 각각의 질문, 과제 또는 문제에 반응함에 따라 무엇을 해야 할지를 컴퓨터에게 지시한다. 사실 이것은 지능적인 단순한 컴퓨터 기반 학습 프로그램일 뿐이지만 학습자가 수행하는 과제들이 보다 복잡한 경우 질의응답 간에 상당한 시간이 소요될 수 있다."

"적절한 미디어와 결합한다면 시나리오의 정교함은 이러한 시간을 분명하게 줄여줄 것이다. 시나리오는 단순한 프로그램 교수를 뛰어넘어 실제 과정들을 반영하기 때문에 질문과 대답 사이에 매우 정교한 학습 과정들을 포함할 수 있다."

"실제 시나리오에서 우리의 첫 번째 시도는 세일즈 시뮬레이션이었다. 우리는 이메일과 전화, 회사의 인트라넷 그리고 회사의 판매 프로세스를 통합하였다. 우리의 목표 행동은 전화로 판매하는 영업사원이 주어지는 질문에 대해 적절한 제품 정보를 보내줌으로써 응대하게 하는 것이었다. 영업사원은 그들의 지식을 가지고 게임에 참여하였고, 언제 어떤 질문을

받을지 알지 못했다. 게임 참여 당일에 시나리오나 교육과정에 의해 질문이 담긴 여러 통의 이메일이 보내졌는데 특정한 니즈에서 어떤 제품이 바람직한 선택인가를 묻는 것이었다. 영업사원은 이러한 문의가 진짜 사람으로부터인지 또는 가상의 사람으로 부터인지 여부를 구분할 수 없다. 영업사원이 어떤 정보를 보내주어야 할지 결정하면 각 질문에 있는 전화번호로 전화를 걸 수 있다. 전화번호는 메시지가 담긴 음성사서함 번호인데 여기에는 구체적인 제품 요구사항(이 시점에서 영업사원이 교육 시나리오에 의한 것인지 알게 된다)이 담겨 있다. 이제 영업사원은 게임에서 제공되는 이메일 주소로 정확한 정보를 보내주어야만 한다. 적절한 정보가 보내지면 시나리오는 영업사원에게 다음 단계를 제시하는데, 이 경우 보다 기술적인 질문이 제공되는 또 다른 전화번호로 연결한다."

"우리의 데모게임에서 3통의 이메일을 각 영업사원에게 보냈다. 그중 한 이메일은 50개 단위로 상품을 즉시 구매할 수 있는지에 대한 질문이었다. 또 다른 하나는 '구매의사가 없을 것으로 예상되는' 고객의 메일이었다. 그리고 세 번째는 판매로 이어지게 하기 위해 야간 특별 근무(실질적으로는 일주일이 소요됨)까지 해야 하는 정보 요청 메일이었다."

학습의 핵심

"핵심은 고객 서비스 상담원과 영업사원들이 회사의 '영업 모델' 을 배우도록 장려하는 것이다."

왜 모바일인가?

"만약 우리가 영업사원들과 서비스 상담원을 교육시키고 현장에 빨리 투입한다면 가장 생산적일 것이다. 당신이 이를 실행하고자 한다면 다음 두

가지 문제에 직면하게 된다. 첫 번째는 이들을 투입하려고 할 때 아직 교육이 끝나지 않을 수도 있다는 것이고, 두 번째는 매일 다루지 않는 것에 대해서는 잊어버린다는 것이다. 우리의 아이디어는 '가상' 고객들을 통해 상담원들이 문제에 노출되게 하고, 이를 해결하기 위해 책이나 참고 자료, 동료들을 활용함으로써 그들은 현업에서 즉시 학습을 할 수 있다. 더 나아가 질의응답하는 프로세스는 그들이 매일 현업에서 주로 사용하는 이메일과 전화 같은 동일한 도구들을 쓰면서 진행된다."

사례

"몇몇 판매 조직들은 이런 방법을 택하지 않았다. 두 조직과 이야기하면서 우리가 발견한 것은 그들은 영업 인력이 직접 정보를 제공해주는 방식을 좋아한다는 것이었다. 그들은 질문과 대답 방식을 원했다. 그래서 우리가 어떻게 했는가? 우리는 일 대신에 즐거움으로 방향을 잡았다."

"2004년에 우리가 개발했던 프로세스는 컴퓨터 기반 시나리오와 '플레이어' 들이 밀고 당기는 상호작용을 지원하는 것이었다. 그 상호작용은 흥미로움, 놀라움, 긴장감을 제공할 수 있다. 플레이어는 다음에 어떤 일이 벌어질지 알 수 없으며, 수신된 이메일이 게임의 일부인지 실제 상황인지 알 수 없었다. 그래서 우리는 미술관(또는 '방문자' 가 있는 공공 기관)에 방문자들을 어떻게 끌어들일 수 있는지에 대한 문제를 (1) 그들을 미술관에 오게 하기, (2) 기관에서 설정한 방향으로 그들을 참여시키기, (3) 그들을 창조적인 예술 활동에 참여시키기 등의 흥미로운 활동으로 접근해보았다. 우리는 이것이 가능하리라 생각했고 결국 그렇게 되었다."

"필자는 두 개의 지역 기관에 적용하였고, 예르바부에나 예술센터Yerbar Buena Center for Arts는 '사고 게임thought game' 을 제공하라는 우리의 제안을 받아들여 방문자들로 하여금 소위 '목적Big Ideas' 이라고 불리는 것에 대하여 생각해보도록 하였다."

솔루션

"우리는 네 단계의 절차를 개발하였는데 이는 플레이어가 문자 메시지를 보내거나 '시크릿secret' 이라는 게임 메일 주소로 이메일을 보내는 것으로 시작된다. 메시지는 반드시 암호를 포함하고 있어야 하며 이것에 의해 게임이 시작된다. YBCA의 경우 '메이킹 피스Making Peace' 라는 게임이 운영되었는데 PEACE라는 암호가 이메일 주소로 보내져야 시작되었다."

"YBCA의 '목적'은 '평화'였기 때문에 그 게임의 주제는 플레이어들이 그들의 삶과 세계에서 평화에 대하여 생각하는 것이었다. 우리는 네 단계를 수행하면서 질문을 던지고 플레이어들에게 계속적으로 답변하게 하였다. 게임의 단계를 통과할 때마다 그들은 단어들과 구절, 시, 사진을 온라인 몽타주로 만들어 전송하였다. 이 몽타주는 미술관 입구 바로 오른쪽에 있는 'Big Ideas를 위한 공간'에 전시되었다."

"YBCA와 Red7은 전체 상호작용의 설계를 함께하였다. 정해진 것은 질문과 대답의 순서였으며, 이것은 이메일과 사진들을 사용하여 진행되었다. Joel Barraquiel Tan이 장으로 있는 '지역사회연계부서department of community engagement' 가 주재한 몇 차례 팀 회의에서 제공되는 질문에 대한 토론을 하였고 마침내 질문의 순서대로 리허설을 하였다."

"공개적으로 게임을 발표하기 전에 게임이 유령마을처럼 보이지 않도록 YBCA의 구성원들을 초대해 사진들을 심는 작업을 하였다."

"단어, 문장, 시, 사진을 한데 모은 모자이크는 온라인으로 관리되고 있으며 공개적으로 볼 수 있다(http://peace.tmpp.org/show). 다른 네 단

계 게임을 통해 일부 사람들이 게임시작 방법을 이해하는 데 문제가 있음을 발견하였다. 우리는 게임에 쉽게 들어올 수 있도록 하기 위해 최초 실행 메시지를 보낼 때 발생하는 오류를 받아들일 수 있도록 소프트웨어를 수정 보완하였다. 이 게임은 아이폰에서 처음 소개되었고 AT&T에서 제공하는 문자와 사진을 보내는 특정 방법 때문에 디버깅을 해야 했다. 결국 우리는 게임 플레이어들이 제공한 모든 사진들을 수동적으로 처리했으며(지금도 우리는 이렇게 하고 있다) 또한 내장된 '오물 필터filth filter' 를 제공하여 부적절한 사진을 제거하여 자칫 미술관의 대형 LCD 스크린에 나타나는 것을 방지하였다. 참여자들은 그들의 '최고 사진' 들과 개인적인 순간들을 게임에 제공하였다. 대부분의 참여자들은 몇 차례 상호작용 후에 포기하였지만 많은 사용자들이 네 단계 모두 참여하였다. 질문에 대하여 생각하고, 반응을 표현할 수 있는 사진을 찍어 이메일로 전송하는 것은 노력이 들어가는 일이다. 우리는 이러한 참여로 인해 정말 즐거웠다."

"우리는 또한 이벤트를 만드는 것을 발견하게 되었는데 이를 통해 보다 많은 사진을 탑재하게 하여 정말 생산적인 활동이 되게 하였다. 'Big Ideas Day' 에는, 이날은 일반인들에 무료로 개방하였으며, 우리는 사진들을 찍고 그 사진들을 게임에 제공하여 벽 전체 디스플레이에 상영되게 하였다. 사람들은 이것을 너무 좋아했다."

이점

"우리는 이러한 메커니즘을 활용해 박물관/미술관에서 지역사회로 그 영향력을 확대할 수 있었다. 지역 사회 연계 부서는 정말로 이 프로세스에 참여하였는데, 우리는 다양한 주제와 목적을 가지고 몇 개의 게임들을 거의 2년 동안 더 운영하였다. 우리는 다양한 커뮤니티들에게 실험을 확장하였는데 그중 하나가 LGBT(레즈비언, 게이, 양성애자, 성전환자) 커뮤니티들이었으며 2009년 말미에 'state of the community' 라는 특별한 이벤트로 진행되었다(게임 핑크 유어셀프Pink Yourself는 http://pink.ybca. org/를 통해 볼 수 있다). 우리는 이 게임들을 진행할 때마다 더 많은 것을 배운다."

결과

"우리는 몇 주에 걸친 코스에서 100명 이상의 플레이어를 보았고, 그들 대부분은 4단계 모두를 통과하였다. 핑크 유어셀프의 경우, YBCA 이벤트가 저녁에 있었는데 여기에서 참가자들은 파티에서 사진을 찍어 옷에 다는 버튼을 만들고, 사진들을 온라인 모자이크에 나타나도록 하였다."

시사점

"우리는 배움을 강조하기보다는 상호작용의 즐거움 혹은 유용성에 중점을 두었다. 우리의 커뮤니티 게임 속에서 사람들은 생각하고 배우고 실험하였으나 그 결과를 학습에 전혀 두지 않았다. 학습은 모든 게임 안에서 비형식적으로 이루어졌다."

요약

이들 사례를 통해 모바일 솔루션에 대한 이해의 폭이 넓어졌기를 바란다. 모바일에 대하여 새로운 방식으로 생각하고자 할 때 여기에서 제시된 참조 사례들을 살펴보았으면 한다.

모바일러닝 선구자 David Metcalf와의 대화

독립적인 연구자이자 애널리스트이자 컨설턴트인 David Metcalf 박사는 효과적인 성과를 창출하기 위해 기술 효율성과 사업적 감각을 가지고 있다. Metcalf 박사는 RWD Technologies사에서 학습 공학의 최고책임자였다. 그곳에서 그는 학습을 위한 RWD의 기술 솔루션 분석, 설계, 그리고 전략 최적화에 대한 책임을 맡고 있었다. Metcalf 박사는 미항공우주국 케네디우주센터연구소에서 분사된 Merrimac 회사의 세일즈 관계사인 RWD에 합류하였다. 분사되기 전까지 그는 미항공우주국 케네디우주센터의 멀티미디어 디자이너 그룹을 이끌고 있었다. 그는 다양한 정부 과제에서 우수 기관으로 선정된 멀티미디어 연구소의 관리와 운영을 책임지고 있었다. Metcalf 박사는 텍사스대학에서 컴퓨터 그래픽으로 학사 학위를 받았으며, 컴퓨터 기반 학습 분야에서 석사 학위를, 그리고 노바 사우스이스턴대학에서 정보 시스템으로 박사 학위를 취득하였다. 또한 몇몇 대학에서 지속적으로 강의를 하고 있다.

Judy Brown을 만났던 행사장에서 Judy는 David Metcalf와 항상 함께 다녔었다. David는 혁신적인 모바일 응용 프로그램의 개발을 선도해왔으며 항상 다가오는 기회를 찾고 있었다. 모바일러닝 설계에 대하여 이야기할 때 필자는 자연스럽게 그를 떠올렸다. 그는 친절하게도 다음의 몇몇 질문들에 대해 답변해 주었다.

Q 어떻게 해서 모바일러닝에 관심을 갖고 시작하게 되었습니까?

A 우리는 즉시적인 정보 접근을 위해 전파 수신기가 달린 팜 VII을 사용하여 첫 번째 프로젝트를 추진하였습니다. 또한 원격지 혹은 모바일 근무자들에게 일방향 정보를 제공하기 원하는 기업들이 있음을 알게 되었습니다. 2003년과 2004년에는 보다 흥미 있는 일들이 진행되었는데 쌍방향 상호작용이 보다 실제화되어 협업 시스템, 토론방, 채팅방 그리고 메시징 시스템의 활발한 사용이 이루어졌습니다. 우리는 또한 바코드 리더, 위치 기반 추적, 음성 소통 공간, 비주얼 검색같이 보다 탄탄해진 기술들이 사용자 인터페이스의 혁명을 가져와 풍부한 학습 경험과 즉시적인 수행 지원을

보다 수월하게 제공할 수 있음을 알게 되었습니다.

지난 몇 년간, 모바일용 대체 현실 게임과 같은 모바일러닝에서의 학습 모형과 융복합된 다른 기술에서 활용될 수 있는 학습 모형들을 모색하여 일치하는 학습 모형을 찾아낸 주목할 만한 연구가 있었는데, 우리는 이것을 '통합학습이론learning theory mashups' 으로 지칭하고 있습니다.

Q 현재 가능성을 확인하기 위해 어떤 일들을 하고 계십니까?

A 어떤 기술이나 학습 모형은 지금 당장 활용될 수 있습니다. 바코드 리더나 카메라가 장착된 전화기, 그리고 비주얼 검색 기능 등을 사용해보셨다면, 기술조작이 쉬운 학습point-and-shoot learning에 대한 비전이 무엇인지 알고 있을 텐데, 우리는 이와 관련된 연구를 수행 중에 있습니다. 이와 유사한 도구들은 음성 기반 검색이 가능하며, 여러 발표자들이 말하는 음성을 인식할 수 있으며, 심지어 다양한 언어나 사투리까지도 인식할 수 있습니다. 이러한 도구들이 가진 다양한 형태의 입출력은 또한 청각 혹은 시각장애인들이 모바일 세계에 몰입할 수 있도록 도울 수 있습니다. 그리고 지역에 분산된 학습 요소들을 실시간으로 집적하거나 — 클라우드 서비스 — 공공지원을 적시적으로 제공하여 구성주의자나 발견학습 기술을 지원하거나 가능하게 합니다. 클라우드 서비스는 교수설계자들이 아주 쉽게 많은 시간을 들이지 않고도 하나의 학습 코스나 보다 값비싼 시뮬레이션을 제작할 수 있도록 도와줍니다. 여러분은 이런 기술들이 대체 현실 게임, 학습을 위한 프레임워크 그리고 구글의 g-learning 모델에서 사용되고 있음을 알 수 있습니다.

Q 미래가 어떻게 될 것이라고 예측합니까?

A 보다 수준 높은 통합 학습 이론이 현실화될 것입니다. (1) 적절하게 혼용되어 직무 역할이나 기능들을 지원하는 앱들을 포함한 보다 완전하고 개인화된 학습 도구들이 나타날 것이고, (2) 클라우드 환경에서 일어나는 학습을 역동적으로 지원하기 위해 메시징을 사용하게 될 것이고, 스토리 기반 학습이 제안될 것입니다. 이 학습은 학습자들을 몰입시키며 학습 및 실제 수행 환경에서 일어나는 실제적인 상호작용을 측정하는 참 평가를 제공합

니다.

저는 미래의 기술 요소들이 또 다른 학습 이론과 성과 및 산출물을 어떻게 더 가능하게 할지 관심을 갖고 있습니다. 예를 들어, 스마트 펜 기술은 기존의 펜과 종이의 상호작용을 소셜 네트워킹과 협업을 위해 모바일 기기, 컴퓨터, 인터넷에서의 디지털 인터페이스로 영구적으로 바꿔놓았습니다.

07

MOBILE MODELS

모바일 모델들

지금까지 살펴본 것처럼 모바일은 학습 과정을 제공하거나, 학습 보조자로서의 역할을 하거나, 수행 지원 기능을 할 수 있다. 이 세 가지 중에서 수행 지원 기능에 중점을 두고 살펴보고자 한다.

당신은 단지 특정 모바일 어플리케이션만을 이용하는 것이 아니라, 해결책 중 하나의 수단으로 모바일을 이용하고 있는가? 회사 하이브리드러닝시스템즈의 최고경영자인 Kris Rockwell은 다양한 생각을 가지고 모바일에 '접근해야 한다'는 원칙을 반복적으로 강조한다.

말하기는 쉽지만 행하기는 어렵다. 필자가 할 수 있는 일은 당신이 모바일에 대한 다양한 생각을 가지고 추진하게 하는 것이었다. 우선, 모바일 기기를 통해 어떻게 자신의 일을 효과적으로 할 수 있는가? 여기 몇 가지 비결을 제시한다.

- 가능한 시간을 확인하기 위해 캘린더를 확인한다. 그리고 새로운 일정을 추가한다.
- 해야 할 일을 입력한다.
- 새롭게 발생한 일들에 대하여 급히 써넣는다. 그리고 이 노트들을 유용한 프레임 안에서 참조한다.
- 세부 연락처를 저장하거나 참조한다.
- 행사 사진을 찍고, 내 기기에 저장한 도표나 그림을 참고한다.
- 내가 이해한 것을 기록하기 위해 다이어그램을 만든다.
- 질문에 답을 찾고 정보를 찾기 위해 브라우저를 사용한다.
- 필요한 순간(예 : 기차 스케줄 확인)에 정보에 접근하기 위한 다양한 응용 프로그램을 활용한다.
- 방향을 찾거나 인근 지역의 정보를 찾기 위해 지도를 사용하거나 지도와 연계된 응용 프로그램을 사용한다.
- 트위터, 페이스북 등으로 다른 사람들과 커뮤니케이션하기 위해 다양한 응용 프로그램을 활용한다.
- 아이들을 즐겁게 해주고 시간을 때우기 위해 게임을 한다.
- 읽고자 하는 문서들을 저장한다.

내가 잘 활용하지 않는 기능들도 있다. 이는 기기의 성능 부족이나 나의 개인적인 취향 때문이기도 하다.

- 음악을 듣거나 비디오를 시청한다.
- 인터뷰나 행사를 녹화하거나 녹음한다.
- 내가 있는 장소에서 더 많은 정보를 얻기 위해 카메라를 통하여 증강

현실을 체험한다.

당신은 필자가 미처 생각하지 못하고 있는 것들에 대해 알고 있을 것이다. 그러나 여기에서 필자가 목적하는 바는 생각을 활성화시키는 것이다. 필자가 앞에 언급한 그 어떤 것도 정규 과정에서 활용되지 않는다는 점에 주목하자. 그것들은 필요가 있을 때 수행 지원을 하는 데 더 적합한 도구일지도 모른다. 여기에서부터 시작해보자.

이런 사례들을 검토해보면 어떤 유형들이 나타난다. 이런 유형들로부터 모델들이 도출되는데, 이 모델들은 우리로 하여금 개념적으로 생각하고, 시스템을 이해하고, 다양한 니즈에 개념들을 융통적으로 적용하도록 도와주는 유용한 도구가 된다. 이 장에서는 이미 존재하거나 새롭게 생겨난 다양한 모델들을 살펴보고 이를 통해 모바일러닝에 대해 생각해보는 다양한 방법을 제공해주고자 한다. 이는 모바일러닝에 대한 기회를 제공해주어, 모바일러닝 초기 모델들을 잘 개발하려고 할 때 참고 자료를 제공하는 데 그 목적이 있다.

모바일 기능의 4C

앞서 자연스러운 학습natural learning의 7C에 대해 이야기한 바 있다. 이제 우리는 모바일 기능의 네 가지 C에 대하여 말하고자 한다. 4C는 미디어 형태로 된 콘텐츠(Content, 그림 7.1)에 접근하기, 정보 수집하기(Capture, 그림 7.2), 계산하기(Compute, 그림 7.3), 다른 사람들과 서로 소통하기(Communicate, 그림 7.4)이다. 이들은 각각 독특한 특징을 갖고 있다.

콘텐츠 접근

모바일 기기의 일반적인 용도 중 하나는 미디어에 접근하는 것이다. 콘텐츠가 그래픽이나 사진, 텍스트와 같이 정적인가, 오디오나 비디오와 같이 동적인가와 상관없이 필요한 정보를 가지고 있다면 그 자체로 가치가 있다. 이러한 정보 접근은 종종 공항에 앉아 있거나 줄을 서 있는 동안에도 시간을 낭비하지 않도록 편의를 제공한다.

모바일이 주는 더욱 흥미로운 기회는 맥락적 접근이 가능하다는 점이다. 예를 들어 우리가 고장 난 장비를 고치고 있을 때 그 수리 절차를 동영상을 통해 얻거나 고객과 컨설팅을 하는 중에 직무 보조 도구에 접근해 관련된 정보를 얻을 수 있다.

이러한 정보들은 사전에 기기에 저장하거나 온라인을 통해 접근할 수도 있지만, 이는 단지 정보를 소비하는 것에 해당한다. 그러나 어찌됐든 우리의 기억을 확장해주는 인지적 도구로서 가치를 갖는다.

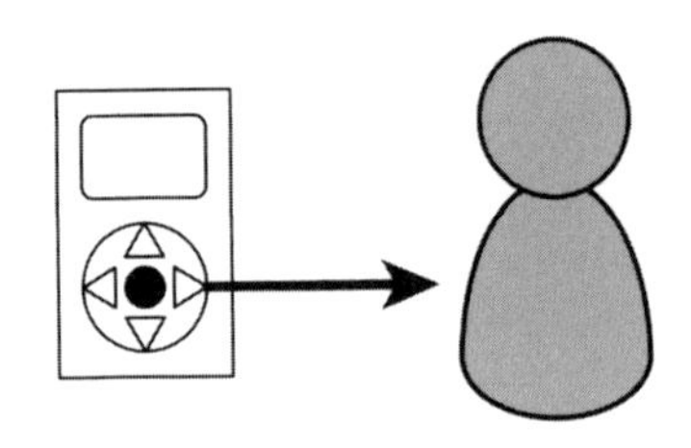

그림 7.1 콘텐츠 접근

정보 수집

모바일의 두 번째 가능성은 정보를 수집하는 것이다. 마이크와 카메라, GPS와 같은 센서들 혹은 문자 입력을 통해 모바일 기기에서 정보를 수집할 수 있다. 예를 들어 수행하는 일들을 비디오로 녹화하고, 상황을 기록하고, 맥락적인 자료를 수집할 수 있다.

이들 정보를 공동 저장소나 개인 저장소에 저장한 후 나중에 접속하거나 커뮤니케이션에 활용할 수 있다. 이 기능은 커뮤니케이션과 문제해결을 위해 맥락을 서로 공유할 수 있도록 돕고, 나중에 검토와 성찰할 수 있도록 수행을 저장하는 것을 지원한다. 구글에서 제공하는 새로운 기능 중에 구글 고글스Google Goggles라는 것이 있는데, 여기에서 사진을 찍을 수 있으며 이미지 인식시스템에 근거하여 사진을 찾아볼 수 있다.

Jane Bozarth는 *Social Media for Trainers*(2010)에서 고객 서비스를 배우려는 사람이 회사 건물을 사진으로 찍었던 일에 대해 말했다. '고객을 존중하라' 는 회사의 약속이 얼마나 무효화되고 있는지 '가격이 고객의 태도에 따라 달라진다' 는 사진을 찍어 보여줌으로써 확인할 수 있었다. 이러한 학습이 얼마나 힘이 있는가!

Jeff Tillett과 Mark Chrisman은 티모바일USA가 데이터 수집 기능을 얼마나 성공적으로 사용하고 있는지 말해준다. 예를 들어 이들은 고객 동영상을 통해 고객들이 기기를 얼마나 성공적으로 사용하고 있는지 아주 다양하고 광범위한 사례를 얻고 있다. 또 다른 예는 고성과자들로 하여금

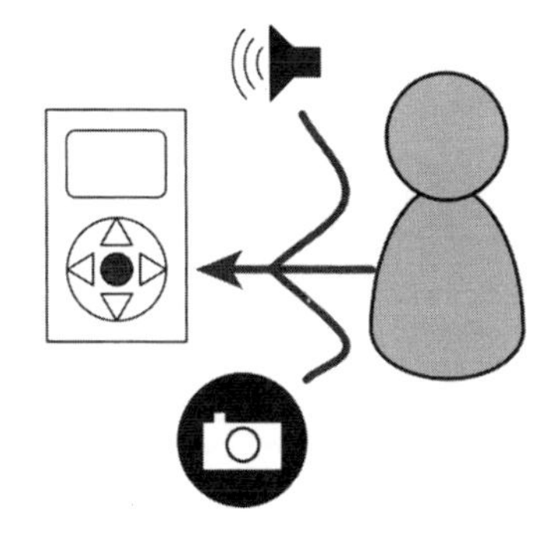

그림 7.2 정보 수집

짧은 동영상으로 그들이 어떻게 성공했는지 찍게 해 고부가가치를 학습자에게 제공한다.

계산

대부분의 사람들은 다양한 형태의 계산 기능에 익숙하지 않다. 그러나 프로그래밍된 디지털 프로세서는 이를 용이하게 해준다. 결과적으로, 디지털 프로세서와 개인의 조합은 매우 효과적일 수 있다. 사람들은 데이터를 저장하고 입력하고 기기는 그 결과를 정보로 가공하거나 보다 의미 있는 자료로 만들어낼 수 있기 때문이다.

예를 들어 고객과 인터뷰한 후에 상품에 대한 가격을 책정할 수 있으며, 또한 하드웨어에서 발생하는 문제점들을 파악하기 위해 변수들을 입력할 수 있다. 또는 난해한 데이터의 변화를 파악하기 위해 그래프로 변형시킬 수도 있다.

간혹 이런 작업들이 환경 설정을 필요로 하지만 개인의 역량을 보다 구체적으로 지원하는 데 매우 강력한 방법이 될 수 있다. 정보 수집 기능과 계산 기능을 조합하여 함께 사용하면 매우 효과적일 수 있는데, 예를 들어 방향을 측정하도록 한 후 관련된 정보를 추가적으로 제공하는 것이 가능하다.

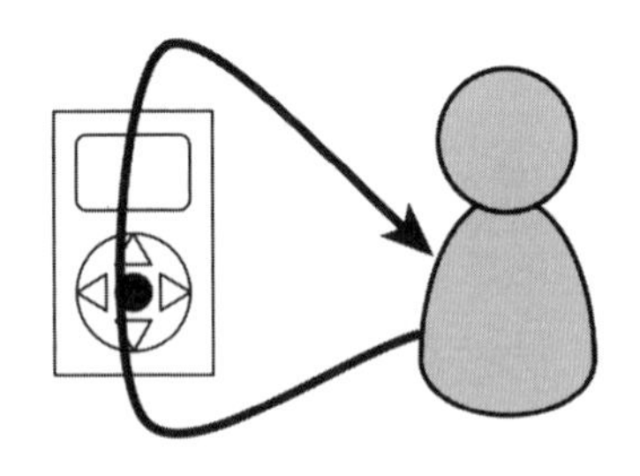

그림 7.3 계산

의사소통

모바일 기기 사용에서 그 가치가 제대로 인정되지 않는 기능 중 하나가 다른 사람들과 연결되고 소통하는 기능이다. 전화기나 스마트폰을 일상적으로 활용하면서도 거기에 많은 다른 옵션들이 있는 것을 잘 알지 못한다.

모바일 기기가 지원하는 소통 기능 중에는 IM, 마이크로블로깅 microblogging, 문자메시지, VoIP 등이 있다. 더 나아가 모바일 기기는 청중 반응 시스템과 같은 특별한 도구를 제공하기도 한다.

이러한 다양한 도구 중 가장 정점이 되는 것은 소셜 네트워킹 기능일 것이다. 현재 대부분의 스마트폰에서 제공하는 소셜 네트워킹 기능은 페이스북Facebook, 링크드인LinkedIn, 트위터Twitter이다.

소셜 학습은 비형식 학습에 있어 아주 중요한 요소가 되고 있다. *Internet Time Alliance* 지(誌)에 의하면 "미래의 이러닝은 소셜 학습이다."라고 한다. 이 책의 여러 부분에서 논의되어 온 것처럼 변화의 속도가 점점 빨라짐에 따라 적절한 시점에 구성원들의 요구에 맞는 형식 학습을

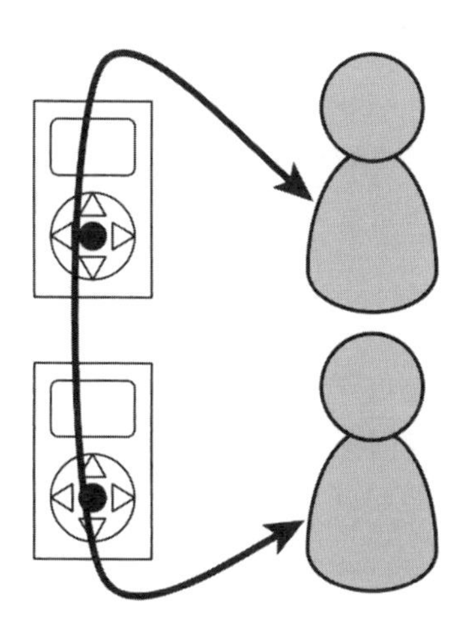

그림 7.4 의사소통

사례

마이크로블로깅

최근 급속히 확산되고 있는 커뮤니케이션 방식 중에 하나가 트위터와 같은 네트워크 응용 프로그램이다. 꼭 모바일에 국한되어 있지는 않지만 트위터는 아주 빠르고 짧게 정보 교환을 지원하는 새로운 방식이다.

트위터의 핵심 요소는 트윗(한 개의 트위터 메시지)당 140자의 제한된 문자 메시지를 제공한다는 것이다. 이런 방식의 커뮤니케이션 방법은 기존의 문자 메시지 서비스와 매우 다른 방식이다. 트위터는 IM Instant Messenger과 유사하게 특정한 사람에게 메시지를 전달하지만 또한 블로그와 같이 트위터 내에 수신신청을 한 모든 사람에게 정보가 전달된다.

이러한 형식의 커뮤니케이션은 그 시스템만의 유일한 장점이 있으나 또한 다른 시스템과의 유사성으로 인해 매우 쓰기 쉽다. 여기에서 사람들은 관심 있는 사물이나 사건에 대하여 그 가치를 찾곤 한다. 또한 질의응답을 위한 매우 강력한 기능을 제공한다. 또한 부가적인 기능으로 헤시태그hashtags, '#' 특수문자 기능을 이용하여 특정한 주제에 대하여 검색하거나 지속적으로 정보를 얻을 수 있다.

예를 들어 필자는 Marcia Conner가 제안한 학습 주제에 미국 시간으로 목요일 저녁에 몇몇 동료들과 참여하였는데 이때 헤시태그로 #lrnchat(해시태그는 철자의 제한으로 간혹 약자 형식으로 작성됨)는 확장되어 지금은 목요일 아침(미국, 유럽은 저녁)에 한다.

보안에 대한 우려를 감안하여 트위터 기업 버전에서는 메시지를 볼 수 있는 대상을 크게 제한하면서도 소셜 네트워크의 구조를 유지하고 있다.

제공하는 일은 점차 어려워질 것이다. 그 답은 학습한 것을 공유하고, 새로운 답을 만들기 위해 협력하는 등 서로 도울 수 있도록 수행자들을 지원하는 것이다. 모바일 기기는 이런 기회를 제공하고 언제 어디서나 창의적으로 활동할 수 있는 것을 지원해준다.

조합

앞서 살펴본 네 개의 C가 조합된 다섯 번째 C를 생각할 수 있다. 나중에 언

급할 증강 현실은 센서에 의해 지역 맥락을 수집capture하고 이를 기존의 정보에 추가하기 위해 계산compute하는 것을 조합한 것이다. 마찬가지로 협업하기 위해 현재의 상황을 동료나 전문가와 공유하기 위해 저장하는 것은 수집capture과 의사소통communicate을 조합한 것이다.

다양한 역할과 학습 수준에 4C 적용하기

네 가지 C는 전달하는 방식과 설계 원리들에 대하여 즉각적인 지침을 제공한다. 〈표 7.1〉과 같이 표의 상단에 이러한 범주를 넣는다면, 학습자 범주에 따라 각 영역에서 어떻게 지원할 수 있는가를 고려해볼 수 있다.

표의 왼쪽 열에 몇몇 학습자 집단을 써두고 고민해보자. 그들의 수행을 지원하려면 어떻게 해야 할까? 그들에게 유용한 정보 수집은 무엇일까? 여기 몇 가지 예시가 있지만, www.designingmlearning. com에서 다른 것들을 다운로드할 수 있다.

표 7.1 모바일 기능 적용 사례들

역할	콘텐츠 접근	정보 수집	계산	의사소통
판매원	제품 설명서	구입 권유	가격 책정	제품 전문가
광고업자	샘플 광고	고객 인터뷰	경쟁사 광고비용	홍보회사
경영진	전략	실행을 위한 프레젠테이션	성과현황판	다른 임원진
현장 기술자	문제해결 가이드	비정상 수행	허용 편차	이차적 지원

이 범주를 사용하는 또 다른 방법은 〈표 7.2〉와 같다. 형식 및 비형식 학습에 어떻게 이 범주를 적용할 수 있는지 고려하게 해준다.

표 7.2 형식성에 의한 분류

	형식	비형식
정보 접근	소개, 개념, 예제	직무보조도구, 문제해결 가이드, 제품 설명서
정보 수집	수행 결과 기록, 프레젠테이션 공유, 메모하기, 아이디어 도식화하기	맥락 기록, 아이디어 도식화하기, 메모하기
계산	시뮬레이션, 대화형 업무 지원	대화형 업무 지원, 맞춤형 계산기
의사소통	강사나 전문가와 연계	전문가나 동료와 연계

기회주의자 되기

모바일러닝을 특별한 상황에 어떻게 맞추어야 할지 그 방법에 영향을 주는 노력의 단계가 있다. 범위는 수월한 것부터 보다 복잡한 것까지 다양하다.

수동적 접근

첫 번째, 수동적 접근은 잡기 쉬운 기회이다. 이 방법은 이미 당신이 가지고 있는 것이 무엇이든 가능한 많이 보기viewing가 가능하게 해야 한다고 하고 있다.

대부분의 조직은 내부 학습자를 위해 프레젠테이션, 문서, 오디오, 비디오 클립을 보유하고 있다. 포털을 통해 인트라넷을 사용할 수 있는 것처럼, 일반적으로 모바일 기기를 통해 이것들을 사용하게 하는 것 또한 어렵지 않다.

의사소통과 연결을 지원하기 위해 또한 회사 주소록이나 소셜 네트워크에 모바일로 접근하는 것도 한 가지 사례이다(모바일은 단순히 콘텐츠를 제공하는 것이 아님을 기억하자).

만약 직원들이 그들 자신의 콘텐츠를 쉽게 올릴 수 있는 방법이 있다면

이를 지원하는 것을 생각해볼 필요가 있다. 예를 들어 자료를 올리는 것은 학습 관리 시스템, 콘텐츠 관리 시스템, 혹은 소셜 미디어 시스템 등의 핵심 기능이 될 수 있다.

능동적 접근

능동적 접근에서 학습 집단은 모바일 전달용도로 자신의 자료를 정교하게 설계할 수 있다. 제작 과정을 재설계함으로써 어떤 브라우저에서도 쉽게 볼 수 있는 자료들을 양산해낼 수 있기도 하고 혹은 모바일 버전과 데스크톱 버전으로 쉽게 생성되는 자료들을 양산해낼 수 있다.

이와 유사하게, 설계 과정이란 이러닝 제작 과정에 필요한 요소들을 밝히는 것인데, 이 요소들은 차트, 다이어그램, 표, 사례 같은 학습 구성요소들처럼 각각 접근이 가능해야 한다.

이 설계 과정은 여전히 대부분 텍스트와 그래픽과 같은 정적 콘텐츠를 대상으로 하는 것으로 여겨지고 있지만 다른 목적으로 제작되고 있는 오디오와 비디오도 또한 적격이라고 할 수 있다. 비디오 녹화 및 오디오 녹음 장치를 사용하는 것은 학습 집단의 아이디어와 수행활동 등을 저장하는데 유용한 방법이기 때문이다.

마찬가지로 회사 주소록을 모바일 버전으로 만드는 것도 좋은 생각이다. 이메일, 전화, 인스턴트 메시지(IM), 트위터와 같은 연결 기능을 사용할 수 있기 때문이다. 머지않아 모바일 기기를 통한 비디오 컨퍼런싱이 일반화될 것이다.

맞춤형 소프트웨어

정적 콘텐츠를 벗어나 특별한 용도를 위한 맞춤형 소프트웨어를 만드는

것은 매우 어려운 영역이다. 그렇지만 거기에도 복잡도의 단계가 있다. 첫 번째 단계를 보면 몇몇 개발자들은 한 번 개발하면 다양한 플랫폼에서 운영될 수 있는 성능을 제공하기도 한다. 클릭보다 더 복잡한 상호작용인 의사결정나무와 상호작용적인 질문지가 개발될 수 있다.

다음 단계는 더 복잡한 상호작용과 동적인 데이터베이스와의 연결이 지원되는 곳에서 실제 복잡한 상황이 시작된다. 지금 이 글을 쓰는 동안에도 각각의 기기를 지원하기 위한 맞춤형 프로그래밍 과제가 진행되고 있다. 아직까지 크로스 플랫폼 개발용 공통 표준 방식을 지원하는 적당한 운영체제가 없다.

이후 개발 도구들에 대해 다룰 것이다. 만약 당신이 구체적으로 어떤 기기를 위해 프로그래밍을 하였다면 매우 과중한 노력 없이는 이를 다른 기기에 적용시키는 것은 매우 어렵다. 하지만 당신이 이 글을 읽는 동안에도 이를 해결하기 위한 많은 노력이 이루어지고 있다.

사례

편리성을 넘는 맥락

일반적으로 모바일 접근성은 대역폭보다 편리성에 있다. 우리가 차에서 듣는 팟캐스트는 집에서 듣는 오디오 시스템 수준으로 오디오 퀄리티를 요구하는 것이 아니라(비록 새로운 헤드폰과 디지털 출력 장치가 매우 좋다 하더라도) 우리가 운전하는 동안에 시간을 보내는 데 있기 때문이다. 유사하게 비행기를 타는 중에 우리는 동영상을 볼 수 있으며 필자는 이 시간을 부족한 독서시간을 메우기 위해 활용한다. 이것이 의미하는 바는 모바일 활용은 모바일의 원래 기능보다는 뜻밖의 시간 활용에 있다.

그렇지만 필자는 모바일의 진정한 기회는 맥락에 있다고 믿는다. 만약 우리가 사람들이 언제 어디에 있는지를 안다면 우리는 그런 상황에서 그들에게 가장 구체적이면서 도움이 되는 정보를 제공해줄 수 있다. 이때 맞춤형 개발이 진가를 발휘하는 것이다.

특수 지역에 있는 고객을 가진 기술 업체를 상상해보라. 고객을 방문하는 판매원이 필요한 정보와 현장 서비스 기사가 필요한 정보는 매우 다를 것이다. 이와 유사하게, 판매

원이 판매한 제품의 라이선스 갱신을 위해 필요한 정보와 신제품을 홍보하는 데 필요한 정보도 매우 다를 수 있다.

이와 마찬가지로, 특정 유형의 활동과 관련된 학습 목표가 있다고 가정해보자. 예를 들어, 학습 목표는 협상기술이나 직원교육을 개선하는 것이라고 하자. 만약 그런 활동들을 곧 준비해야 한다면, 준비물이나 도구가 적절한 시기에 제공되는 것이 중요할 것이다. 학습자가 어디에 있는지는 문제 되지 않지만, 그들이 그 시점에 무엇을 하는지가 가장 중요하다.

지금까지 수년 동안 적절한 기능이 있어왔지만 하드웨어의 융합, 소프트웨어, 그리고 사람들의 인식은 맥락화하여 전달하는 것이 현재 모바일 전달을 위한 중요한 기회라는 점에 의미를 두고 있다.

여기에서의 기회는 매우 흥미롭다. 게임(또는 몰입 학습 시뮬레이션)은 멘토의 생생한 수행 다음으로 매우 강력한 학습 경험을 제공한다. 학습 게임이 가진 가능성은 새로운 기회이다. 또한 이동성을 가진 근무자들에게 최적화된 맞춤형 계산기와 상호작용적인 의사결정 지원 도구들은 실수를 줄이고, 판매를 간소화하고, 절차를 수정하고 수행을 개선하는 데 큰 기회가 될 것이다.

분산학습

모바일러닝 설계와 관련하여 또 다른 유용한 고려사항은 학습에 대한 심층적 이해에서 비롯된다. 집중학습(연습)massed practice보다 시간을 들여 분산학습(연습)spaced practice하는 것이 더 효과적이다. Will Thalheimer가 *Spacing Learning: What the Research Says*(2003)에서 이를 요약 정리하였다. 이 연구에서 학습 경험의 확장에 대한 효과성을 제시하고 있다.

여러 요소들이 최적의 연습을 위해 영향을 미친다. 즉 얼마나 많은 연습

이 필요한가, 각각의 학습시간을 어느 정도로 하는가, 각각의 학습 간격을 어느 정도로 두어야 하는가 등의 요소가 영향을 미친다. 이 요소들은 학습과 수행 상황 사이에 소요되는 시간의 양, 수행 빈도, 정확도 등을 포함한다. 지식을 재활성화하는 것은 지속적으로 기억을 유지하는 데 아주 중요한 메커니즘이다.

질적으로 생각해보면, 분산 연습은 목표 수준의 수행에 도달하는 데 더 많은 시간을 소요하지만 학습한 것을 보다 오랜 시간 지속적으로 분명하게 기억하게 해줄 것이다. 이러한 개념을 도식화하면, 〈그림 7.5〉와 같은데, 분산연습은 기억을 유지시켜준다.

모바일은 이러한 재활성화에 획기적인 수단을 제공한다. 연습이 가장 의미 있는 재활성화이지만 사례를 보는 것만으로도 파지를 촉진시킬 수 있다. 그리고 사례들 안에서 다양한 맥락을 사용하여 이러한 재활성화 속에서 연습하는 것 또한 전이를 강력하게 촉진시켜준다.

학습 결과에 있어서 우리가 쏟은 노력의 값어치를 극대화하기 위해 모바일로 전달되는 사례들을 형식 학습에 예정된 사후학습에 활용한 후 문제들을 연습해야 한다.

프레임워크

전형적인 실행과 프레임워크에서 무엇을 제공할 수 있는지 여러 가지 방법으로 생각해볼 수 있다. 모바일러닝을 수행 지원, 학습 강화, 그리고 형식 학습의 관점에서 바라볼 수 있고 바라봐야 한다.

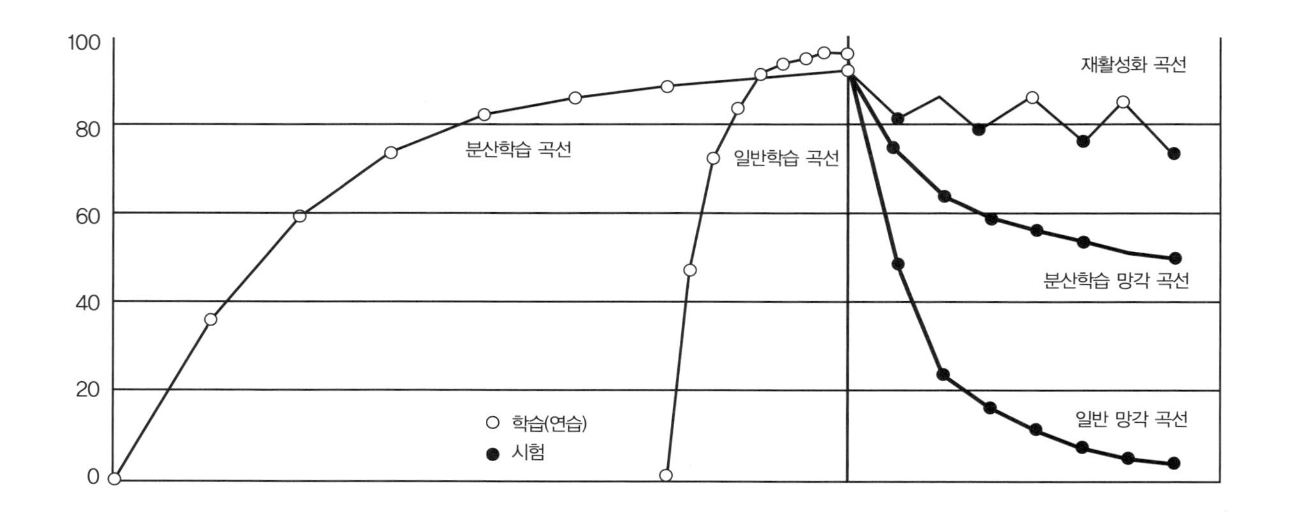

그림 7.5 분산학습 효과

출처 : Thalheimer, W. (2006). *Spacing Learning Events Over Time : What the Research Says.*

수행

'모바일' 에 대한 가장 전형적인 생각은 모바일 영역에서 수행 지원이 일어난다는 것이다. Allison Rossett는 수행 지원에 대한 생각을 Lisa Schafer와 함께 쓴 책 *Job Aids and Performance Support*(2007)에서 수행 지원을 설계하기 위한 좋은 가이드를 제안하고 있다. 모바일 수행 지원에서도 자연스럽게 동일한 원리들을 적용할 수 있다.

이 프레임워크는 수행 지원에 있어 두 가지 주요한 범주로 '계획하기' 와 '보조하기' 를 제안하고 있다. 이 두 가지는 언제 이를 지원하는가에 따라 달라진다. 계획하기planners는 수행 상황의 앞과 뒤에서 제공되며 보조하기sidekicks는 수행 상황에서 제공된다. 다른 방식으로 생각해보면 이것은 얼마나 다른 시간대에 제공되는지에 따라 다르다.

'계획하기' 는 다가올 이벤트를 위한 혹은 사후에 취할 행동들을 정하는데 이벤트 결과를 사용하기 위한 정신적 준비를 도와준다. 외부적 기억은 상황 전후에서 우리를 도와 보다 자세한 것을 기억하게 한다. 수행하기 전에 상세한 것을 회상하게 하는 것은 실행을 보다 활성화하게 하기 위한 그런 양상들을 도와준다. 수행한 후에는 이후에 잊어버리지 않도록 기록하거나 사후에 취할 행동들을 표시할 수 있다. 사전에 준비된 계획들은 실제 수행이 이루어질 때 '보조하기' 로 쓰일 수 있다.

'보조하기' 는 수행 과정 중에 지원을 제공한다. 머릿속에서 문제들을 완전히 해결하기 위해 우리의 능력이 부족할 때 외부 자원은 수행을 도와줄 수 있다. 모형과 점검표 그리고 가이드는 이들 과정을 실행하는 데 도움을 줄 수 있다. 표들을 살펴보는 것은 기억을 보완할 수 있다. 표상 도구들은 자료를 저장할 수 있어 이해를 도울 수 있다.

형식 학습

모바일러닝은 형식 학습을 강화하는 데도 사용할 수 있다. 학습 과정 요소들을 축약한 모형을 사용함으로써 모바일 형식 학습을 다룰 수 있다. 그러나 분명한 것은 전체 과정을 제공하는 것이 아니고 강화를 위해 사용하는 것이다.

교수 모형은 정적이기보다는 지속적 변화상태에 있다. 이는 새로운 연구 결과를 계속해서 동화하고 조절하여 반영한 긍정적인 결과이다. 또한 여러 가지 다양한 이론들이 결합하여 모형이 만들어지는데 대표적으로 Collins와 Brown의 인지적 도제 이론(1989, 1991)이 있다.

사례

인지적 도제 이론

인지적 도제 모형은 혁신적이면서 통찰력 있는 여러 프로그램을 통틀어 축약하고 있다. 이 프로그램들은 읽기 · 쓰기 · 수학과 관련하여 지식의 기계적 암기가 아닌 유의미 학습에 초점을 두고 기능들을 가르치고 있다.

인지적 도제 모형에는 매우 중요한 요소들이 있는데 예를 들어 적절한 행동의 모델링, 사회성 있는 연습의 제공, 그리고 학습자에게 초기에 스케폴딩해주면서 점차적으로 과제를 양도하는 것이다.

요지는 인지적 도제 이론은 지식보다는 기능에 더 중점을 두고 있으며, 고정된 지식을 전달하는 것이 아닌 메타인지와 학습하는 법을 학습하는 것 등과 같은 역량 계발에 있다. 무엇보다도 인지적 도제는 사회적, 구성주의적, 인지적 요소들을 하나로 잘 통합하고 있다.

〈그림 7.6〉은 인지적 도제 이론을 정교화한 것이다. 이것은 도입, 개념, 사례, 연습, 요약이라는 공통 요소들을 포함하고 있으나 심층적 학습을 반영하기 위한 여러 가지 방법들을 추가하였다. 여기에는 정서적 몰입, 맥락

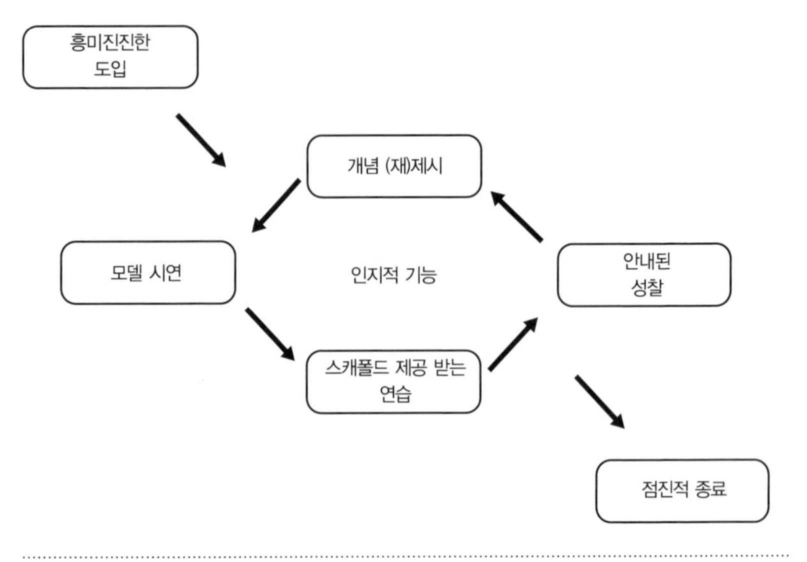

그림 7.6 인지적 도제 이론

화된 도입 등이 포함된다. 요지는 이것은 지식의 기계적 학습이 아니라 기능의 유의미 학습에 초점을 두고 있다는 점이다.

학습 강화를 숙고해 보기 위해 인지적 도제 이론을 살펴보자. 핵심 활동들을 중심으로 생각해본다면 다음과 같은 것들이 필요하다.

- 학습자들로 하여금 정서적으로 몰입하게 한다.
- 관련 지식을 활성화한다.
- 학습자들이 목표를 이해하도록 도와준다.
- 적절한 기대치를 정한다.
- 개념을 제시한다.
- 다양한 방식으로 개념들을 다시 제시한다.
- 특정한 맥락에 개념들이 적용되는 것을 시연해준다.
- 개념이 적용되는 곳에 관련된 사고과정에 대한 주석을 단다.

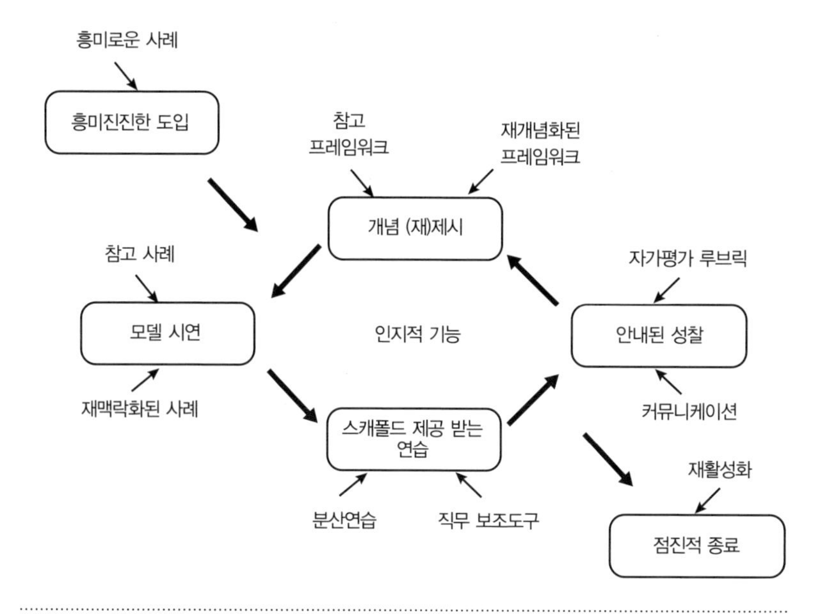

그림 7.7 학습 구성요소와 모바일 역할

- 의미 있는 연습을 하도록 한다.
- 충분한 연습을 하도록 한다.
- 다양한 맥락의 예를 제공하고, 연습하게 하여 적용 범위를 넓혀준다.
- 충분한 간격을 두고 지식들을 재활성화한다.
- 경험을 정서적으로 밀접하게 한다.
- 경험을 인지적으로 밀접하게 한다.
- 앞으로의 방향을 제시한다.
- 잠재적으로 개념과 그 적용을 둘러싼 토론 내용을 의미 있는 문제들과 관계시킨다.

이것들은 학습 설계에 필요한 좋은 원리들일 뿐만 아니라 이러한 모든 활동에 있어서 모바일에 분명한 역할이 있을 수도 있다. 학습 과정의 단계별 요소인 초기의 동기유발, 개념, 사례, 연습 등을 모두 고려한 후 다양한 목적에 따라 각기 전달하는 방법이다.

따라서 다음과 같은 것을 할 수 있다.

- 학습 경험을 하기 전 흥미로운 사례들을 전달한다.
- 재개념화, 재맥락화, 분산연습, 재활성화를 위해 새로운 개념이나 사례, 연습을 제공한다.
- 실제 수행을 학습 경험으로 바꿀 수 있는데 수행하기 전에 상기시키고, 수행하는 중에 스캐폴딩을 제공하고, 수행 이후에 평가와 관련된 지원을 제공함으로써 가능하다.

연습 중에 제공되는 모든 자원은 수행 중에도 제공될 수 있어서 자동적으로 수행 지원이 생성될 수 있다. 예를 들어 개념들은 수행을 안내하는 데 쓸 수 있고, 사례들은 문제해결 모델로 쓸 수 있다. 이와 유사하게 연습 과정 중에 제공된 직무 보조도구는 수행 과정 중에도 사용 가능하다.

이런 모든 요소는 형식 학습에서 개발되고 있는데, 이들의 가용성을 체계적으로 자동화하는 것은 학습을 강화시켜준다.

코스(Learnlets)

모바일에서 성공적으로 활용된 비동시적인 이러닝 코스의 사례들이 있다. 일례로 고위 관리자는 전화나 방문자가 많아서 데스크톱에서 코스를 듣기가 힘들다. 블랙베리 전화기를 통해 코스를 수강하여 불필요하게 낭비하지 않고 코스를 이수할 수 있다.

그러나 일반적으로 의미 있는 분량의 코스는 짧고 흥미로워야 한다는 원

칙에 어긋난다. 결과적으로 코스들을 모바일에 담는 것은 추천하지 않지만 앞에서 살펴본 학습 강화를 위해서는 바람직하다. 그러나 마이크로코스microcourse라고 불리는 몇 분짜리 길이의 소규모 코스들은 그럴듯해 보인다.

마이크로코스가 가치 있다고 생각하는가? 필자는 이 질문을 블로그에 올려 일반적인 동의를 얻었다. 좋은 마이크로코스의 특징들은 다음과 같다.

첫째, 요소들을 개발할 때 미니멀리즘을 활용하는 것이다. 앞서 언급한 것처럼 학습에서 잘 사용하지 않는 만화를 효과적으로 사용할 수 있다. 잘 설계만 된다면 정보를 알지 못해오는 부정적인 결과 혹은 정보를 알아서 오는 긍정적인 결과를 잘 보여주기 때문이다. 정확한 목적을 가진 맥락과 요구를 가지고 있다면 만화 그 자체를 도입에 사용할 수 있다. 이와 유사하게 다이어그램은 개념을 설명하는 데, 만화는 사례를 설명하는 데 그리고 제한된 실행을 위해 사용될 수 있다.

두 번째 특징은 학습 목표 영역과 관련된 것이다. 이상적으로 그 영역은 짤막한 프레젠테이션과 단 한 번의 연습으로 학습 목표를 달성하는 데 실제적인 도움을 준다. 이것을 규정짓기 쉽지 않지만 새로운 방식의 사고이며 무엇인가 작은 변화 또는 새로운 방식으로 기존에 알고 있는 지식을 강화하는 것이다. 이것은 제품의 한 가지 기능, 서비스의 한 측면, 또는 큰 제품의 일부가 될 수 있다.

여러 가지 이유로 우리의 콘텐츠를 모듈화하는 것이 증가하고 있다. 그 이유는 학습이 어떻게 이루어지고 있는지에 대한 늘어나는 이해와 새로운 기술의 장점을 받아들이기 위해서이다. 마이크로코스들은 그러한 움직임의 자연스러운 결과이다. 필자의 블로그 제목인 *Learnlets*에서 주장하는 것은 언젠가 우리는 아주 많은 상호작용적인 학습 경험을 통해 우리가 알

고 싶어 하는 모든 것을 가르칠 수 있다는 것이다. 이 경험은 어떻게 작은 상호작용 학습 경험을 설계하는가를 포함하고 있다. 필자는 모바일로 제공되는 learnlets이 마이크로코스들이고 앞으로 우리가 좀 더 살펴보아야 할 가치 있는 방향이라는 것을 믿는다.

수행자 지원

이 세상에서 실제로 무엇인가를 수행하는 데 있어서 우리가 접하는 상황은 숙련된 상황과 새로운 상황으로 구분된다. 해석학적 철학에서, 숙련된 상황인 경우 사람들은 이 세상에서 어떻게 행동하는지, 그리고 새로운 상황인 경우, 즉 '실패' 한 경우 그 사람의 숙련된 행동들이 문제해결에 필요한 도움을 제공하지 않을 때 사람들은 무엇을 하는지 설명해주고 있다. 여기에서 제안하는 해결책은, 우리는 실패를 보완해야 하며, 그런 후에 실행에 옮기기 전 실패 경험을 성찰하고 이를 통해 배울 수 있다는 것인데, 이를 〈그림 7.8〉로 나타내었다.

〈그림 7.8〉의 각 수행 단계를 지원하기 위해서 기술을 어떻게 활용할 수 있을지, 수행자 관점에서 〈그림 7.9〉로 재구성해보았다. 만약 정답이 존재

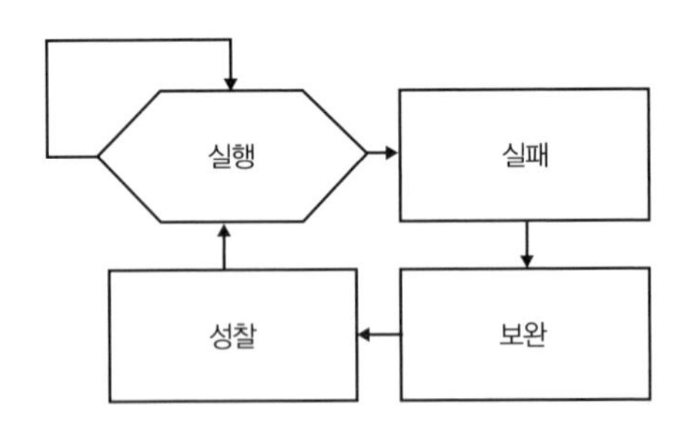

그림 7.8 수행 단계

한다면, 학습자는 그것을 찾으려 할 것이다(첫 번째 단계 : 정보 필요). 정답이 존재하지 않는다면, 학습자에게 제공되는 지원은 문제해결에 필요한 스캐폴딩으로 전환될 것이다(두 번째 단계 : 문제해결). 만약 정답을 이미 찾았다면, 이상적으로는 첫 번째 단계에서 사용 가능한 자원들이 추가될 것이다(세 번째 단계 : 정보 갱신).

이러한 관점에서 수행을 지원하기 위해 학습자들에게 자원들을 어떻게 제공해야 하는지 생각해보자. 〈그림 7.10〉처럼, 학습자들이 실패했을 때 우리가 제공해줄 수 있는 정보 유형을 생각해본다면 매우 다양한 해결책들이 나타날 수 있다. 이때 코스는 해결책 형태 중 하나임을 잊지 말자. 학습자들이 필요한 정보를 찾았다면 이들은 실행 단계로 되돌아갈 수 있다. 찾지 못했다면 문제해결이 필요한데, 보완 단계에서 학습자들에게 데이터, 협력자 혹은 과정지원을 제공해줄 수 있다. 해결책을 찾았다면 성찰 단계로 넘어가는데, 여기에서 우리는 학습자들에게 기존의 자원들을 재편성해주거나 새로운 자원들을 생성해줄 필요가 있다.

이것은 이상적 모형일 뿐이다. 학습자들이 정답을 찾지 않는다면 문제

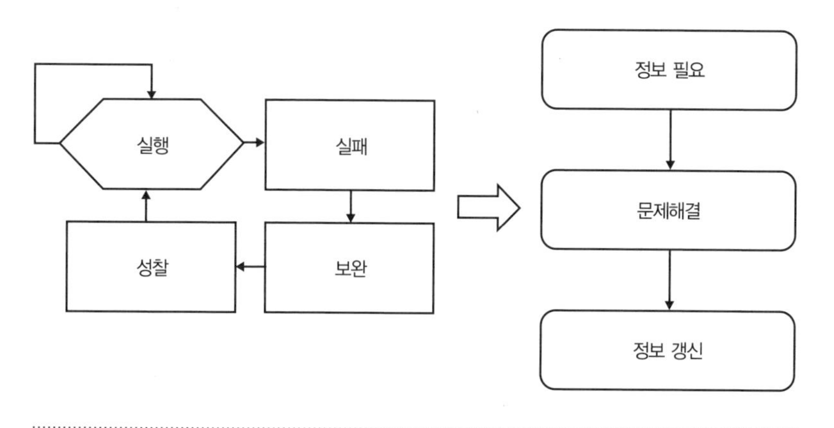

그림 7.9 수행자 요구사항

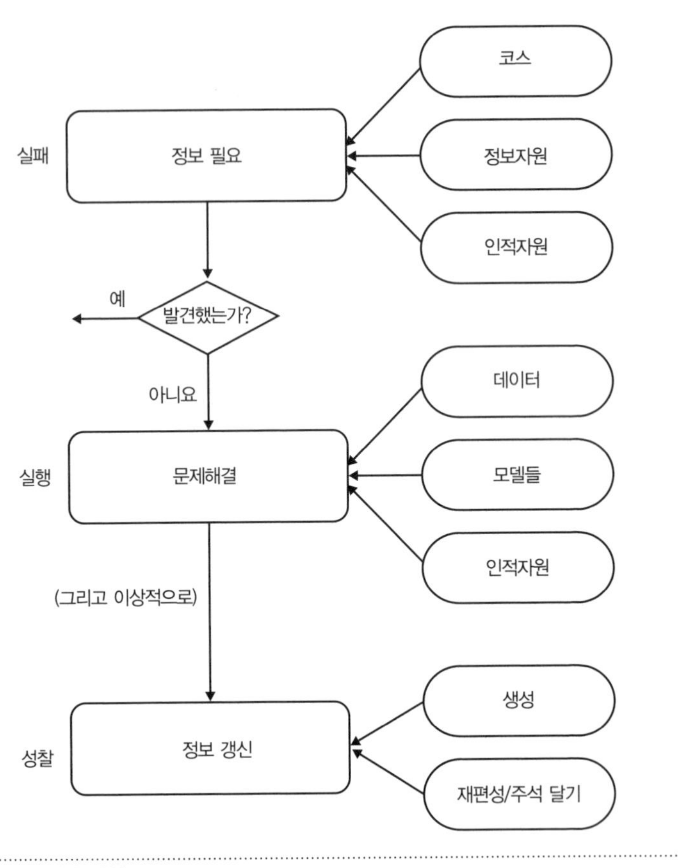

그림 7.10 수행자 지원

해결에 고군분투하는 것이 아니라 문제 풀기를 포기한 것일 수도 있다. 문제를 해결했더라도 대부분의 경우 학습자들은 즉각적으로 실행 단계로 돌아가지, 자신의 경험을 되돌아보면서 이를 통해 학습하는 과외의 노력들을 기울이지 않기도 한다.

그러나 이 모형은 수행자들을 지원하는 방법에 대한 큰 그림을 제공해주고, 모바일 기기들을 어떻게 활용할 수 있는지에 대해 도움을 준다.

데이터 전달 유형

학습 니즈를 충족시키는 데 있어서 전달하고자 하는 데이터 유형 또한 고려해야 할 중요한 문제이다. 유형이 달라지면 서로 다른 어포던스(행동유도성) 내지 커뮤니케이션의 내재된 속성들을 제공하기 때문이다. 이들 각각은 제작비용과 전달비용에 있어서 상쇄된다.

문자메시지

문자메시지(단문시스템 혹은 SMS) 전송은 음성통화만큼 흔하게 사용된다. SMS의 일방향성은 공지나 최신 정보를 제공하는 데 유용하다. 응답 시스템으로도 활용할 수 있는데, SMS로 내용을 제시한 후 이에 대한 학습자들의 반응들을 활용하여, 순차적으로 혹은 분지 형태로 SMS를 제공함으로써 일련의 교환 과정이 일어나도록 할 수 있다. 간단한 분지가 있는 상황에 활용될 수 있다.

미국의 경우 사용자와 서비스 업체와의 계약에 따라 문자 전송이 추가비용을 발생시키기도 한다. 따라서 전달비용을 고려할 때 해당 기능을 모바일러닝에서 고려하는 것은 잘못될 결정일 수 있다. 이에 반해 제작비용은 저렴한 편이다.

음성

휴대전화는 음성을 활용한 여러 기능을 가지고 있다. 자동다이얼링 기능에서 경험했듯이 음성을 통해 생성된 메시지가 전달될 수 있다. 전화가 걸려오는 것이 방해 받는 상황이라면, 이 기능을 사용할 수 있는데(옵션으로 전화벨소리를 울리지 않게 하여 음성사서함에 남기게 할 수 있지만), 음성으로 할지 문자메시지로 할지 선택하게 하는 것은 학습자의 성향을 충족시킬 수 있다.

휴대전화의 대안으로 팟캐스트는 제작비용이 비슷하게 들어가지만 학습자에게 전달하는 방식에 있어서 일방적이지 않고 맞춤식으로 가능하다.

음성은 스크립트가 구비되어야 하고, 성우와 같은 전문가가 녹음해야 하기 때문에 어느 정도의 제작 능력이 요구되지만 문자메시지처럼 간단하게 배포될 수 있어서 효과적이다. 이는 팟캐스트에도 해당된다.

미디어

이미 가지고 있는 미디어를 고려하는 것도 하나의 방법이다. 내용 범주로 볼 때, 당신이 가지고 있는 디지털 형태로 된 것 중 사용 가능한 것이 무엇이 있는가? 대부분의 조직은 다양하면서도 많은 미디어를 이미 보유하고 있을 뿐만 아니라 제작도 충분히 생각할 수 있다. 사용 가능한 미디어에는 어떤 것들이 있는가?

학습자들로 하여금 미디어를 강제적으로 사용하게 할 때 미디어 활용 능력과 학습 가치를 고려해야 한다. 여기에서는 제3장에서 다룬 미디어의 속성 중에서 맥락적 차원의 미디어, 개념적 차원의 미디어 혹은 두 차원 모두를 고려하고 있다. 본질적으로 모든 종류의 데이터에서 비용이 발생하지만 여기에서의 이슈는 기기에서 무제한의 데이터 사용 계획 여부나 데이터양에 따라 비용이 발생하는지 여부이다.

따라서 여기에서 제작비용과 배포를 신중히 검토해야 한다. 문서는 비교적 쉽게 제작되고 데이터 저장 공간도 적은 편이다. 오디오는 제작비용이 어느 정도 소요되고 저장 공간도 많이 차지하는 편이다. 비디오는 영화와 애니메이션으로 구분되는데, 제작비용에서는 차이가 있지만 둘 다 데

사례

만화

만화는 그것이 가진 가치가 쉽게 간과되는 매체 중 하나이다. 만화는 불필요한 세부사항을 제거하고, 움직임에 충분한 맥락성을 제공함으로써 맥락과 개념의 균형을 잘 맞춰준다. 동기를 부여하거나 참고용으로 쓰이는 사례를 만화로 만들 때 이상적이다. 또한 의사결정에 수반되는 근본적인 생각을 의사소통하는 데 쓰이는 강력한 방법이기도 하다. 이것은 대부분의 문화에서 대중적으로 사용되는 매체이며 문해 수준에 상관없이 잘 통한다. 성공적인 예로는 Scott McCloud가 그린 구글 크롬의 개발 동기와 기능에 관한 내용을 담은 만화와 Dan Pink의 *The Adventure of Jonny Bunko: The Last Career Guide You'll Ever Need*(2008)가 있다.

이터 크기가 굉장히 크다. 애니메이션은 음성과 그래픽 전문가에 의한 애니메이션 작업, 애니메이션에 따라 소리를 입히는 작업이 필요하다. 단순 촬영 이외에 대본과 배우, 의상, 조명 등이 필요하다.

상호작용적 매체

앞서 맞춤형 개발에서 언급했듯이, 상호작용적 매체를 활용하는 것은 형식·비형식 학습과 수행에 있어서 긍정적인 면을 가지고 있다. 학습용 시뮬레이션과 안내된 탐구 학습 환경은 좋은 학습 보조도구이다. 맞춤형 계산기와 의사결정 지원 도구가 제공해주는 기회 또한 크다.

확실히, 여기에서 살펴본 상호작용적 매체들은 제작비용이 많이 들어가고 데이터 요구사항들도 꽤 많지만 이로 인해 제공되는 기회들은 고려해볼 만한 가치가 있다.

데이터 실행하기

앞서 무엇을 어떻게 제공할지 고려할 수 있는 메커니즘인 네 가지 C를 만들었던 것처럼, 〈표 7.3〉에 지금까지 살펴본 여러 형태의 데이터들을 사용자들의 역할에 따라 배치해보았다.

몇 년 전 모바일러닝과 관련된 발표를 하는 도중에, 엔지니어링 회사에 다니고 있는 청중 중 한 명이 읽어야 하지만 그럴 시간이 없는 팀원들을 위한 백서를 작성하였다고 하였다. 이들에게 백서를 읽게 하고 싶어 이를 팟캐스트로 배포하기 위해 녹음하였고, 직원들이 통근하면서 백서를 듣기 시작했다고 하였다. 이것이 바로 요구에 맞춰진 것이라 할 수 있다.

정교화해보기

개념을 정교화하는 유용한 여러 방법들이 있는데, 이러한 정교화 활동은 지식의 파지와 전이를 높여준다. 이를 위해 블로그(온라인 저널), 위키(협력적 글쓰기), 토론게시판과 같은 소셜 미디어 도구들을 활용할 수 있는

표 7.3 미디어가 제공하는 기회

역할	판매	마케팅	경영진	현장 기술자
SMS	가격 갱신	브랜드 문구	격려문	약속 상기
오디오 / 음성	엘리베이터 피치[1]	라디오 광고	CEO 메시지	과정 상기
문서	제품 설명서	브로슈어	전략 백서	장애처리 안내
비디오	고객 설명	TV 광고	경영수업	수리 절차
상호작용적 매체	가격 안내	설문조사도구	성과 현황판	부품 주문

1) 역자 주 : 어떤 상품, 서비스 혹은 기업과 그 가치에 대한 빠르고 간단한 요약 설명

데, 모바일에도 이것들을 활용할 수 있다. 이 소셜 미디어 도구들에 특정한 맥락을 추가하여 확장시킬 수도 있다.

개인화

정보를 정교화하는 방법 중 하나는 학습자에게 제공된 정보를 이들의 경험 혹은 의도된 연습 활동과 연결해주는 것이다. 첫째, 과거에 경험한 것들을 제공된 정보에서 어떻게 설명해주고 있는지를 학습자들로 하여금 인지하도록 하는 방법이 있고, 둘째, 새로 배운 지식을 앞으로 행할 개인의 행동에 어떻게 포함시킬지 계획하도록 하는 방법이 있다. 이를 위해 학습자들로 하여금 두세 개의 개인 성찰을 저장하게 하는 것은 중요한 일인데, 모바일 도구는 데스크톱 도구처럼 이러한 저장 활동을 지원해주고, 편리하게 사용할 수 있다.

맥락화하는 것도 또한 개인화 방법이 될 수 있다. 학습이 특정 장소나 특정 유형의 경험에 맞춰져 있다면 개인의 성찰 활동은 그 특정 장소와 연관되어 저장될 수 있다. 그러한 생각들을 프롬프팅하는 것은 명시적으로 학습과 맥락을 강력하게 연결해준다. 특정 맥락과 개인의 생각을 엮는 것은 강력한 학습 컴비네이션이며, 특정 장소에 있을 때 혹은 특정 사건 유형이 나타날 때 선제적으로 상기시켜주는 것은 학습자들에게 보다 나은 학습 준비와 수행의 기회를 제공해줄 수 있다.

앞으로 학습자의 의도된 수행 방식을 모은 후 맥락이 적절할 때 상기시켜주는 것은 흥미로운 방법이다.

정교화

정교화 방법 중 하나는 학습자로 하여금 개념을 확장해보게 하는 것이다.

소셜 미디어로 갈등 상황, 대조 상황, 수수께끼 같은 것을 게시판에 토론 주제로 올려두고 학습자들에게 이에 응답하고 다른 이의 글에 코멘트를 달게 함으로써 개념을 확장해보게 할 수 있다. 이것 또한 구체화인 맥락 속에서 모바일 기기를 통해서 행해질 수 있다.

물론 그러한 토론은 모바일로 가능해서 학습자가 편할 때 참여할 수 있다. 토론 주제가 특정 맥락에 속해 있다면 그 맥락이 맞아떨어질 때 그 주제들은 가용해질 수 있다. 이것은 마치 특정 맥락 속에서 해당 지역 이슈들을 연계하는 박물관과 같은데, 이러한 가능성은 조직 차원에서 활용할 때 그 장점을 제대로 취할 수 있게 된다.

적용

정교화하는 가장 좋은 방법은 개념을 상황에 적용해보게 하는 것이다. 선다형이나 시뮬레이션, 역할극과 같이 학습자가 선택을 내려야 하는 활동들을 모바일을 통해 게임이나 퀴즈 형태로 제공할 수 있다. 적용은 다른 수준으로 재활성화되는 것인데, 학습자가 재활성화해야 하는 것이 아니라 동일한 개념을 다른 맥락에 적용해보게 함으로써 맥락의 기반이 확장되도록 하는 것이며, 이것은 일반화와 전이를 촉진한다. 모바일 프로그램의 질은 얼마나 좋은 학습 설계 원리에 따라 개발되느냐에 달려 있다. 이 프로그램은 괜찮게 설계된 선다형 질문이 될 수도 있다.

적용과 관련된 흥미로운 상황은 실생활 속에서 연습의 기회가 제공될 때이다. 만일 사전에 관련 내용을 준비해 제공해주고, 실천하는 중간 중간에 지원을 해주고, 사후 성찰을 해보게 함으로써 학습이 마무리될 수 있다면 실제 수행은 학습 향상이라는 기회가 된다. 이것은 학습자로 하여금 수동적으로 행해지게 할 수 있지만 맥락 인식 시스템을 통해 선제적으로 이루어질

수도 있다. 예를 들면, 보다 좋은 코치가 되기 위한 학습 목표를 가진 신임 관리자의 경우 예정된 직원 평가 회의에 참여하여 미리 관리자들을 준비시켜놓고, 회의 중에 이들에게 도움을 제공하고, 이후에 성찰에 필요한 질문을 하는 등의 활동을 한다면 정교화할 수 있는 기회를 제공 받을 수 있다.

형식학습의 경험을 뛰어넘어 실생활에 정교화해봄으로써 학습을 확장하는 가능성을 높일 수 있다.

분산 인지

모바일이 제공해주는 또 다른 차원의 효과적인 지원은 소위 분산인지 distributed cognition라는 것과 관련된다. Ed Hutchin의 *Cognition in the Wild*(1995)에서 언급된 것처럼 분산인지란 우리가 모든 지식의 조각들을 머릿속에 가지고 있지 않지만, 외부 요소와 자신이 알고 있거나 할 수 있는 것 사이의 상호작용을 통해 문제를 해결할 수 있다는 것을 의미한다. 뇌는 무의미한 정보 조각들을 기억해내는 것에 취약하므로, 학습자에게 많은 양의 정보를 무작정 기억하도록 하는 것보다는 외적으로 정보를 제공해주는 것이 성과 향상에 도움을 줄 것이다.

예를 들어, 1-800-FLOWERS는 기억하기에 좋은 상호이지만, 그것을 즉시 전화번호로 인식하는 일은 쉽지 않다. 당신은 어떤 번호를 누를 것인지 판단하기 위해 문자를 해독해야만 할 것이다. 왜 그런 것일까? 대개의 사람들은 다이얼의 문자를 기억하는 것을 귀찮아하는데, 이는 정보가 외적 표상으로 존재하며 뇌는 정보의 세부사항을 기억하는 데 서투르고, 기억할 필요도 없기 때문이다.

최근의 모바일 기기는 놀랄 만한 수준의 저장 용량을 제공한다(특히 디

지털화된 텍스트의 경우에는 용량이 작기 때문에 더욱 그렇다). 모바일을 통해 문제해결에 도움이 되는 정보 자원을 제공하는 것은 수행을 지원하는 강력한 방식이 될 수 있다. 예를 들어, 어느 기관에서는 다양한 국가에서 다양한 기기를 가지고 현장 근무를 하는 사람들에게 문제해결 과정에 활용될 수 있는 엄청난 양의 문서를 PDF 방식으로 제공하였다. 그러나 그들은 산더미 같은 문서를 제공 받는 것을 원하지 않았다. 결정적으로 문제해결 과정에서는 두 가지 절차가 필요하다. 먼저 문제가 발생한 원인에 대한 정보를 찾고, 그 정보를 문제해결에 활용하는 것이다. 따라서 간단한 해결안을 모두 PDF 파일에 넣어 PDA를 통해 제공하였다. 이러한 방식은 문서의 양을 현저히 줄여줌으로써 그들의 근무 상황에 적합한 방식이 될 수 있었다.

증강 현실

모바일러닝을 바라보는 또 다른 방법은 인지를 확장시키는 것이 아니라 현실을 확장하는 것이다. 최근 개발되고 있는 많은 프로그램들은 증강 현실을 활용한 흥미로운 시도를 보여줌으로써 새로운 기회를 제시한다.

몇 해 전 어떤 회사에서는 팜사의 트레오폰용 게임을 출시하였다. 그 게임은 카메라가 비추고 있는 공간의 영상을 화면을 통해 재생하는 과정에서 추가적인 요소를 제공하였다. 화면 상단에는 당신이 명중시켜야 할 귀엽고 작은 외계인 형상이 다가온다. 당신이 카메라의 방향을 조정하면 공간 어느 방향에서나 외계인 형상이 다가오는 것을 발견할 수 있고, 당신은 카메라를 돌려 외계인을 명중시켜야 한다. 당신이 어느 곳에 있고 어느 곳을 보고 있는지는 중요하지 않다. 화면에 보이는 요소는 무작위로 나타나

지만 그것이 오히려 실제처럼 느껴지게 한다.

증강 현실의 원리는 대개 비슷하지만 매우 가치가 있다. 카메라와 GPS, 나침반 등의 기능을 조합하여 활용하면 기기는 당신이 어디에 있고 어디를 보는지 인식할 수 있으며, 특정 장소와 관련된 정보를 부가적으로 제공해줄 수 있다. 외계인을 나타나게 하는 대신 역사적 정보나 잠재적 고객을 보게 할 수도 있을 것이다.

이것은 또 다른 형태의 맥락적 정보이며, 특히 맥락적으로 적합한 방식으로 정보를 제시한다. 이는 오디오, 어떠한 단서를 이용하여 제공되는 위치 정보(QR 코드, RFID, GPS), 비디오, 혹은 단순한 자료, 혹은 전투기 조종사를 위한 헤드업 디스플레이heads-up display와 같은 거대한 레이어 등 다양한 방식으로 표현될 수 있다.

물론 설계 관점에서 본다면 현실 세계에 어떠한 정보를 덧입혀 제공하면 유용할 것인지 질문해볼 필요가 있을 것이다.

비형식 학습

앞서 기초편에서 다룬 바와 같이 비형식 학습의 위력을 간과해서는 안 될 것이다. 인터넷시간협회Internet Time Alliance 동료들(Jay Cross, Jane Hart, Jon Husband, Harold Jarche, Charles Jennings)과 함께 필자는 형식 학습만큼이나 조직에서 비형식 학습의 중요성과 지원방안에 대한 고민을 나눈 적이 있다. Jay Cross는 비형식 학습에 대한 그의 저서 *Informal Learning: Rediscovering the Natural Pathways That Inspire Innovation and Performance*(2005)를 통해 조직이 정해진 학습 공간 내에서의 형식 학습을 넘어설 것을 강조한 바 있다. 이는 비형식

학습의 기회를 잃어버리게 함으로써 돈을 버리는 일이라고 강조하고 있다. 이러한 관점에서 모바일러닝은 비형식 학습의 새로운 기회가 될 수 있다.

우리가 형식 학습에 지나치게 치중하고 있는 것에 반해, 다양한 연구 결과들은 사실상 우리가 약 80%가량 비형식 학습을 통해 학습하고 있음을 강조한다. 우리 스스로 답을 찾아내는 것, 다른 사람들과 의사소통하는 것, 새로운 답을 찾아내고 그것을 검증하는 것 등이 그 예이다. 우리는 스스로 답을 찾고 타인과 함께 일하는 과정에서 학습한다. 이것은 우리가 정보 자원을 어떻게 설계하고, 함께 일하는 과정을 어떻게 지원할 것인가에 대한 중요한 시사점을 준다.

이러한 관점은 우리가 모바일러닝을 설계할 때에도 중요하게 고려해야 할 부분이다. 사실상 수행 지원을 위한 모바일러닝에서는 대부분 데스크톱 컴퓨터와 떨어진 상황에서 개인에게 필요한 답을 제공하는 것에 초점을 두고 있다. 이와 마찬가지로 모바일 기기를 통해 사회적 연결을 지원함으로써 개인의 요구와 사회적 요구가 연결될 수 있도록 지원할 수 있을 것이다.

모바일 설계에 주는 시사점은 매우 간단하다. 우리는 자신의 책상으로부터 멀리 떨어진 학습자들이 필요로 하는 정보에 편안한 시간에 접근 가능하도록 지원하면 된다. 또한 다른 사람들과 소통하고, 개념적 정보 및 맥락적 정보를 공유하고, 질문 · 아이디어 · 답변에 대하여 대화할 수 있도록 지원하는 것이다. 예를 들어, 트위터와 같은 소프트웨어는 사람들이 네트워크를 통해 학습할 수 있는 기회를 제공해준다.

푸시 기능과 풀 기능

솔루션을 고려할 때 고려해야 할 한 가지 관점은 푸시push 방식을 취할 것

인지 혹은 풀pull 방식을 취할 것인지이다. 즉 학습자가 필요로 할 때 정보에 접근하도록 도울 것인지, 시스템이 학습자에게 적극적으로 콘텐츠를 제시할 것인지를 고려하는 것이다.

풀 기능은 자연스러운 방식이다. 만약 학습자가 활용 가능한 정보 자원을 인지하고 그것의 가치를 이해했을 때 그것을 활용할 수 있도록 충분한 용량과 검색 도구를 지원하면 유용할 수 있다.

푸시 기능은 당신이 학습자를 성장시키기 원할 때 적용할 수 있다. 예를 들어 능동적인 학습으로 학습자를 이끌어가기 원하거나 학습자 스스로 필요한 정보에 접근할 수 있는 능력이 부족하다고 판단될 때 맥락적 정보를 제공하는 것이다. 또 하나는 그들이 인식하지 못한 무엇인가가 바뀐 경우에 이러한 방식을 선택할 수 있다. 그러나 일반적으로 이것을 알려주도록 하는 것은 개인적인 선택에 맡긴다.

최소 지원 원칙

어떤 동료가 사람들을 돕기 위하여 최소한의 도움을 제공하는 '최소 지원 원칙'에 대해 이야기한 적이 있다. 그는 게으름을 피우려고 한 것이 아니다. 오히려 그가 할 수 있는 한 많은 사람들을 도울 수 있는 방법을 찾으려 했다.

이 원칙은 John Carroll의 미니멀리즘minimalism[2]에 기초를 두고 있다. *The Nurnberg Funnel: Designing Minimalist Instruction for Practical Computer Skill*(1990)에 나와 있는 것처럼, 그는 복잡한 기기를 위한 교수 설계 매뉴얼을 제시했다. 그는 모든 것을 가르치려고 하는 대

2) 역자 주 : 최소한의 표현주의

신 학습자들의 목표에 초점을 맞추고 그들이 목표를 달성하는 데에 필요한 최소한의 지침을 제공하였다.

Carroll의 사례에서 필자가 흥미롭게 느끼는 부분은 학습자가 이미 가지고 있는 선수지식을 인정하고, 실제적인 지식과 의미 있는 목표를 이용한다는 점이다. 여러 가지 측면에서 그것은 수행 지원에 도움이 되는 방법론이다. 그는 단계가 설명된 최소한의 카드를 사용하였다. 미니멀리즘은 모바일러닝에서도 이상적으로 적용될 수 있다. 스스로 질문해보자. 학습자가 유용하다고 판단할 수 있는 최소한의 지원은 무엇인가?

팜 개발자의 철학 Zen of Palm

휴대 기기인 팜의 전성기에 몇몇 친구들은 'Zen of Palm'이라는 팜 기기에 적합한 설계 방법을 제안하였다. 운 좋게도 이는 지금까지도 모바일 설계를 위한 가이드라인으로 활용되고 있다.

그것이 내재하고 있는 중요한 속성 중 하나는 모바일 기기의 본질을 인식시켰다는 점이다. 데스크톱 컴퓨터의 경우 일반적으로 상당히 긴 시간 동안 몇 차례 접근하게 되지만 모바일 기기는 짧은 시간 동안 여러 차례 접속하게 된다는 점이다. 이러한 측면은 모바일을 통한 지원 설계에 중요한 지침이 될 수 있다. '사용자가 빠르게 참조할 수 있도록 지원하는 방법은 무엇일까?'

또 다른 핵심은 데스크톱 컴퓨터의 모든 기능을 다 담아내려고 하는 대신 파레토의 법칙을 따라 20%의 기능이 80%의 가치를 제공해줄 수 있도록 지원해야 한다는 점이다.

정리하자면 사용 용이성에 초점을 두고, 오직 필요한 기능만을 제공하여

사용하는 동안에 끊임없이 작동할 수 있도록 지원하는 것이 중요하다. 이는 마지막까지 우리가 염두에 두어야 할 가치 있는 원리이다.

생각해볼 문제

01 무엇이 당신의 요구에 부합하는 모델인가?

02 당신이 알고 있는 또 다른 사례가 있는가? 그 사례를 통해 우리가 고려해야 할 원리, 프레임워크에는 무엇이 있겠는가?

03 당신의 현장에서 적용할 만한 자신만의 도구 및 체크리스트에는 무엇이 있는가?

문제의 핵심
BRASS TACKS

모바일 모델과 관련된 내용에 이어 지금부터는 엠러닝을 구현하는 데 있어서 분석–설계–개발–실행–배포 등의 실제 과정에 대한 내용, 그리고 관련 이슈들에 대해 살펴보고자 한다.

- 제8장 '플랫폼' 에서는 인프라 방식의 이점을 제시한다.
- 제9장 '설계' 에서는 분석과 설계 부분을 다룬다.
- 제10장 '개발 외의 문제들' 에서는 개발 이슈에 대해 다룬다.
- 제11장 '실행과 평가' 에서는 실행 및 조직 이슈에 대해 다룬다.

08

A PLATFORM TO STAND ON

플랫폼

모바일 설계와 관련하여 상세한 내용을 다루기에 앞서, 모바일 솔루션에 대하여 보다 체계적으로 접근하는 방법을 살펴보고자 한다. 특정한 모바일 솔루션을 개발하는 것에 대한 대안으로, 다른 프로젝트를 통해 개발된 플랫폼을 검토하는 것이다. 이것은 퀄컴Qualcomm사의 B.J. Schone과 Barbara Ludwig가 취하고 있는 방법이다. 이들은 특정 모바일 솔루션을 사용가능하게 하는 데 노력을 기울이기보다는, 모바일에 대한 다양한 요구를 충족시키는 도구들이 조직 내에 있는지 확인한 후, 인프라상에서 특정 요구를 지원해주는 개별 솔루션을 개발하는 데 우선적으로 투자하고 있다.

원리

인프라 방식infrastructure approach은 여러 장점을 가지고 있다. 이 방식을 취하면 모바일 성능을 자원으로 활용할 수 있게 되어서, 어떠한 방식으로든 엠러닝을 지원할 수 있게 되는 것이다. 이는 다양한 요소에 분산적으로 투자할 수 있게 되므로 현명한 투자 방식이라 할 수 있으며, 궁극적으로 학습자와 수행자는 모바일이 제공하는 기회를 통합된 방식으로 경험하게 될 것이다. 아울러 인프라 방식을 취함으로써 다양한 요소들을 필요에 따라 보다 수월하게 결합할 수 있다.

통합 방식의 핵심은 일상적으로 사용되는 것을 지원하는 데 있다. 사용자들이 특정 과업을 어떻게 수행하는지에 맞춰서 형식적 · 비형식적 자원을 통합하는 것이 중요하다. 이상적으로는 필요한 도구들을 언제, 어디서나 워크플로상에서 '사용할 수 있도록' 하는 데 있다.

그 도구들 중 하나로 모바일 포털 기능은 필수적이다. 인사부서, 영업부서 등의 부서이기주의에 따라 포털이 급격하게 확산되는 것을 너무 자주 보아왔다. 적합한 솔루션이란 역할 혹은 과업 중심의 포털을 말한다. 이것은 사람들이 무엇을 하고 있을 때 그에 대해 생각하는 방식에 기초하여 구성되어 있고, 주요 범주대로 정보를 검색하며 접근하도록 하는 다양한 방식을 지원하도록 설계되어 있다. 이러한 것들이 접근 메커니즘과 무관하기를 바라지만 모바일 화면 크기 제한과 그에 따른 접근 메커니즘은 정보 아키텍처를 더욱 중요하게 만든다. 이러한 포털 접근 방식은 다양한 자원들을 통합해주는데, 이 자원들에는 미디어 유형(문서, 오디오, 비디오), 계산 도구, 적절한 사람과의 연결 등이 있다.

마지막의 적절한 사람과의 연결이라는 요소는 새롭고도 중요한 기회를

제공해준다. 이동 중에 필요한 사람을 찾을 수 있도록 지원하는 것은 데스크톱만큼, 아니 어쩌면 데스크톱보다 더 적합하다. 특정 사람을 찾는 일은 모바일 상황에서 더 다급할 수 있기 때문이다. 사회 연결망 도구에 모바일 접근이 가능하도록 하여 조직의 사회연결망이나 실행공동체Community of Practice, CoP를 통해 조직에서 모바일 접근을 가능하게 해야 한다.

적용

다음에 제시된 내용을 위한 메커니즘을 제공해야 한다.

- 미디어와 계산 도구와 같은 정보 자원들이 가용하야 한다.
- 코스와 자원을 함께 제공해야 한다.
- 과업과 자원을 함께 제공해야 한다.
- 유의미한 경험을 제공해야 한다.
- 모바일 포털을 제공해야 한다.
- 사람을 찾아주어야 한다.
- 수집된 데이터를 업로드하고 공유해야 한다.

이러한 요소를 효과적으로 제공해준다면 형식적 · 비형식적 요구에 부응하는 모바일을 구현할 수 있게 될 것이다.

또한 문서, 미디어 파일 혹은 그 외의 어떤 것이든 미디어 자원을 제작하고 공유하는 일을 쉽게 만드는 것은 중요한 일이다. 이것은 비단 미디어 자원을 활용하여 교육을 확장하는 기능을 할 뿐 아니라 수행을 지원하는 역할도 하게 된다.

일단 형식적 · 비형식적 자원들을 개발하고 나면, 사람들이 그것들을 찾아낼 수 있도록 해야 한다. 모바일 포털을 제공하는 것은 인트라넷 포털의 재개발을 의미하는 것이 아니라 그 이상의 개선을 요구하는 것이다. 또한 모바일 사용성을 고려하여 구조화해야 한다. 단지 유용한 자원을 제공하는 정보 설계만으로는 충분하지 않다. 적절한 정보 구조는 인간이 원하는 정보를 인지하여 탐색하는 과정에 대한 이해에 기초를 두고 있어야 한다.

정보 자원에 더하여, 형식 학습을 지원할 경우 최소한 학습자가 스스로 점검해볼 수 있는 체크리스트 같은 형성평가라도 제공하여 지원할 필요가 있다. 제대로만 진행된다면 비록 간단한 선다형 질문지라도 의미 있는 연습 기회를 제공할 수 있다. *Engaging Learning*이라는 책에서 전문가의 도움을 받으면서 수행해보는 것이 가장 좋지만 차선책으로 시나리오를 꼽았으며, 선다형 질문이 미니 시나리오가 될 수 있다고 하였다. 이러닝 길드의 연구보고서(2007)에서 흥미로운 '몰입 유도 학습 시나리오'가 개발될 가능성을 제기하였지만, 그러한 맞춤형 개발은 여전히 힘들어 보인다.

인프라 방식을 적용하는 방법에는 기존 LMS에, 모바일 접근이 가능하도록 하는 것, 기존 포털 솔루션에 모바일 접근을 지원하는 것, 다양한 도구를 통합한 모바일 솔루션을 제공하는 것이 있다. 표준화된 웹 기술로 개발된 오픈소스 모바일 플랫폼을 실행하는 방법도 가능하다. 조직에서 사용하는 솔루션은 기존에 보유하고 있는 도구들, IT 지원 및 개발 부서의 기술 수준, 학습 부서와 IT 부서 간의 관계, 기기들, 엠러닝 학습자 등에 따라 상당히 달라진다. 그러한 관점은 지금 이 순간에도 변할 것이다. 솔루션을 고려할 때 의사결정에 참고해야 하는 것은 성능이 아니다. 인프라 관점을 이해하여 대안을 고려할 수 있도록 준비해두는 것이 중요하다.

콘텐츠와 컴퓨팅 자원과 더불어 연결과 데이터 저장은 중요한 기반 요소

라고 할 수 있다. 그림, 비디오, 오디오, 글자, 그래픽 등 어떠한 요소든 학습자가 정보를 저장하고 공유하는 활동을 지원하는 것은 강력한 기반 요소가 된다. 이와 마찬가지로 사회연결망, 전문가 디렉터리 혹은 또 다른 방식으로 수행자와 적절한 인맥을 연결하게 만드는 것은 모바일을 전략적으로 활용하는 방법이다.

전반적으로 인프라 방식은 모바일의 교육적 가능성을 보여주는 전략적인 방식이라고 할 수 있다. 온포인트디지털사의 전략가인 Robert Gadd가 말한 것처럼 모바일은 그 자체로서 독립적인 의미를 갖기보다는 곧 IT 인프라의 일부로 인식될 것이다. 이전에 모바일 프로젝트를 한 번이라도 수행한 적이 있다면, 모바일을 개별 솔루션으로서 설계해보는 경험을 갖는 것은 유익한 일일 것이다.

생각해볼 문제

01 인프라 방식을 시도할 준비가 되었는가?

02 당신이 적용할 수 있을 만한 인프라 방식이 있는가?

09

설계

> 설계가 잘못되었다면 어떻게 실행할 것인지에 대한 고민은 필요 없다.

이제 본격적으로 설계에 대하여 고민할 차례이다. 설계 과정에서 우리는 두 가지 문제에 직면하게 된다. 첫째는 모바일 설계 과정은 어떠해야 하며, 모바일 솔루션에서 중요하게 고려해야 할 점은 무엇인가에 대한 것이다. 둘째는 당신의 설계 과정에 모바일 솔루션을 어떻게 자연스럽게 활용되도록 하는가에 대한 것이다. 분명한 것은 당신이 이미 진행해 온 설계 과정에 부합되지 않는다면 모바일이 사용되지 않는다는 것이다.

두 번째 문제인 모바일 솔루션에 대하여 먼저 생각해보면, 부분적으로라도 몇 가지 입장을 함께 고려할 필요가 있다. 예를 들어 형식 학습만이 아니라 수행 지원과 비형식 학습도 고려해야 한다. 이는 거시적인 맥락에서 조직의 역할 변화에 기여하는 중요한 측면이라고 할 수 있다. 또한 이것은 분석 단계에서 시작된다.

사례

ADDIE

ADDIE는 오랜 시간 동안 활용되어온 교수설계 모형으로, '분석Analysis – 설계Design – 개발Development – 실행Implementation – 평가Evaluation를 의미하는 두문자어이며, 각각은 학습 설계에 필수적인 요소들을 규정하고 있다. 이는 체계성을 추구하지만, 시대에 뒤처졌다거나, 창의적 설계에 장애가 되는 완고한 측면을 가지고 있다는 점에서 다른 평가를 받는다. 물론 어떻게 그것을 활용했는가에 좌우될 수 있다.

ADDIE 모형을 제대로 적용한다면, 설계 과정에서 고려해야 할 요소를 빠뜨리지 않고 고려할 수 있다. 하지만 잘못 적용할 경우 원칙을 적용하는 데에만 신경을 쓰고 학습자의 경험을 고려하지 못할 수 있다.

사실 ADDIE는 어떠한 맥락에서 어떻게 활용되는가에 따라 다른 효과를 나타낼 수 있다. 최근의 설계자들은 프로토타이핑과 상호작용적 개발을 시도하곤 한다. 분명한 것은 ADDIE 모형을 통해 다양한 자료를 선택하고 수집할 수 있고, 다양한 교육 상황에서 활용할 수 있다는 것이다.

그래픽, 산업, 엔지니어링 등의 다른 영역에서 사용되는 설계 모형을 살펴보면, 다섯 단계나 서너 단계 정도로 구성되어 있다. 이 책에서는 가장 일반적인 네 단계 모형인 분석, 설계, 실행, 평가로 구성하였는데, 이 책의 독자가 교수설계자뿐만 아니라 개발자, 매체 전문가, 관리자 등을 포괄하고 있기 때문이다.

분석

분석 단계는 원칙적으로 행동의 변화 혹은 수정을 결정하는 단계이다. 특히 형식 학습은 학습 성과에 더 큰 관심을 갖는 것처럼 보인다. ADDIE 모형에 비해 인간수행공학Human Performance Technology, HPT 모형은 조금 거시적이며, 업무 보조도구나 수행 지원처럼 교육과정이 아닌 다양한 방식으

로 현장의 요구에 맞춘다. ADDIE 모형을 통해서도 이러한 접근이 가능하겠지만, HPT가 좀 더 근본적인 접근이라고 볼 수 있겠다.

물론 가장 관심을 가져야 하는 부분은 조직 혹은 부서가 가진 요구가 무엇인가에 대한 것이다. 비즈니스 현장에 핵심적인 영향을 미치려면 어떠한 수행상의 변화가 요구되는가? 정보 환경을 구성하는 데 있어서 일종의 도구와 스킬을 통합시키려고 한다면, 효율성과 효과성을 적절하게 추구하는 방법은 무엇인가? 자연스럽게 학습자들을 동기화하는 요소는 무엇인가 혹은 수행이 이루어지는 맥락은 어떠한가?

또 다른 측면에서는, 사용자가 모바일에 가장 편리하게 접속할 수 있는 방법은 무엇인가에 대하여 분석이 이루어져야 한다. 모바일이 가장 효과적인 전달 수단이 될 수 있겠는가? 사용자 간의 기술적 차이가 존재하는가? 사용 환경의 차이가 있는가? 혹은 서로 분리된 환경에 잘 맥락화되고 있는가? 기술 발전 및 모바일 기기의 첨단화가 실제 수행에 좋은 영향을 미칠 것인가? 이러한 문제들과 관련하여 모바일 기기가 학습을 위한 현실적인 대안인가에 대한 분석이 필요하다.

이러한 맥락에서 우리가 어느 정도로 영향을 미쳤는지 측정하는 방법을 탐색할 필요가 있다. 즉 달성하고자 하는 목표점과 현재 모습 사이에 존재하는 차이를 몇 가지 차원에서 분석해야 한다. 영향 정도를 측정하는 것은 어려우므로, 기대하는 목표를 설정하고 그것을 측정할 수 있는 방법을 찾아내야 한다. 우리의 목표는 사용자의 전체적인 경험을 고려하여 실행 가능성을 탐색하고, 궁극적으로 문제해결에 대한 혁신의 정도를 증가시키거나 새로운 상품 혹은 서비스를 창출해내는 것과 관련된다. 우리가 기대하는 목표는 다음과 같다.

- 수행 시간의 변화
- 문제 감소
- 판매 증가
- 고객사 증가
- 과업 수행 시간의 감소
- 고객의 수 증가
- 시간당 문제해결 건수의 증가 혹은 문제해결 시간의 감소
- 생산량 증가 혹은 더 많은 서비스 아이디어의 창출

당신이 영향을 미치고자 하는 것에서부터 영향을 미칠 것이라 예상할 수 있는 부분까지 염두에 둘 필요가 있다. 이것은 모바일에서만 중요한 것이 아니라 이미 엠러닝을 추진하기 위한 솔루션의 모든 것에서 포함되고 있다.

다음 단계는 모바일을 솔루션에 통합하는 것으로, 조직의 성과에 영향을 미칠 수 있는 문제에 대한 다양한 관점을 포함하여 충분히 거시적으로 분석할 필요가 있다. 기술 습득을 위해서는 훈련이 필요하지만, 때때로 확장이 보다 나은 접근일 수 있다. 적합한 정보를 제공하거나 수행 능력을 향상시키려는 노력이 더 유용할 수 있다.

이 단계는 사용자가 어떠한 사람인가를 분석하는 일을 포함하고 있다. 대상학습자들이 주로 노상에 있거나 야외활동이 잦은 경우도 있고, 세일즈맨 혹은 외판원과 같이 업무상 외근이 잦은 경우도 있다. 어떻게 그들을 성공적으로 지원할 수 있을까?

마지막 질문은 다음 두 가지를 말한다. 어떠한 도구와 기능을 제공할 수 있는가, 어떠한 소규모 활동 또는 맥락적 요소를 지원할 것인가? 무엇으

로 학습을 재활성화, 재개념화, 재맥락화, 정교화, 개별화, 확장시킬 수 있는가?

한 가지 중요하게 고려해야 할 점은 다음 두 가지 이유 때문에 어떠한 솔루션이라도 일부 학습자에는 불리한 요소를 가지고 있다는 것이다. 만약 학습자가 이미 가지고 있는 익숙한 기기를 활용하도록 하고 통일된 기기를 제공하지 않는다면 배포에 있어서 불공평한 문제가 발생할 것이다. 모든 모드를 지원하는 기기는 없으며 스마트폰조차도 이런 기기의 일부에 지나지 않는다. 결론적으로 우리는 가장 공통적인 요소를 가진 기기를 고려할 것인지 아니면 불공평한 상황을 감안해야 할 것인지를 선택해야 한다.

그러나 비록 수용 가능한 수준에서 기기를 제공한다고 하더라도 분명 개인적 차원에서 접근성 문제는 다시 발생하게 된다. 텍스트, 시각자료, 청각자료 등 어떠한 것이더라도 그 한계는 존재한다. 만약 완벽하게 접속하게 하려면 내용을 다양한 방식으로 재구성하여 제공해주거나, 낮은 수준의 역량을 가진 사람들에게 맞게 다시 제공해야 한다.

그뿐만 아니라 분석 과정에서 구체적으로 모바일을 고려할 때 당신 스스로에게 질문해보아야 할 문제도 있다. 어떠한 기기가 대상 학습자들에게 가용한가? 데이터 연결이 어디에서나 가능한가? 대상 학습자에게 주는 제한점은 없는가? 수행의 맥락이 어떠한가? 과업과 관련된 이슈는 어떠한가(예 : 시각적 주의 집중을 필요로 하는가)? 학습의 맥락은 어떠한가(예 : 청각 자료를 듣기에 주변이 너무 시끄럽지 않은가)?

그러나 만일 수행 지원 관점에서 학습자의 기술 개발과 역량 증진을 동시에 고려하고 있다면 시작이 좋다. 도구가 수행을 지원할 것인가? 학습자가 기술 개발을 필요로 하는가? 아니면 기술 개발과 역량 증진을 한꺼번에 고려하는 것이 최상의 해결책인가? 이런 경우 모두 당신은 솔루션의 요소

로서 모바일을 고려할 수 있다.

일반적인 설계 원리

간결할수록 더 좋다

"다르게 생각하라."는 일반적인 설계 원리를 넘어 좀 더 통합적인 접근으로 살펴보자. 여기에서 다룰 내용은 제7장에서 논의된 바 있는 개발자의 철학, 최소한의 표현주의, 최소 지원 원리와 관련된다.

우리는 신호 대 잡음 비율signal to noise ratio을 최대화하는 솔루션을 찾고 있다! 이 솔루션은 미디어 설계와 그 결과물, 인터페이스 설계, 정보 구조 등 다양한 요소를 포함하고 있다. 이 요소들은 설계에 있어 매우 중요하고 일반적인 원리이며, 모바일 솔루션을 구축할 때도 반드시 고려되어야 한다.

모바일 설계는 달성하고자 하는 목표와 일치해야 한다. 모바일의 어떤 요소가 목표 달성에 영향을 미치는가? 목표 달성에 영향을 주는 변인 중 우리가 개념화하여 만들어낼 수 있는 것은 무엇인가? 바로 이 점에 초점을 두어야 한다.

여기에서는 유사 영역에서 다룬 것을 반복적으로 제시하는 대신, 몇 가지 모바일 원리들을 강조하여 특정 분야에서 연구나 자료로서 심층적으로 활용되는 가이드라인이라는 역할을 하도록 하는 데 그 목적이 있다.

모바일용 미디어

Jakob Nielsen은 분리하기, 강조하기 방법 등을 제안하는 '웹에서 글쓰기writing for the web'에 대해 쓴 적이 있다. 이 원리들은 모바일뿐만이 아니라

모든 미디어에서도 적용될 수 있다. 웹 설계 원리에서는 간결함을 제안하고 있으며, 사용자의 이해에 기반을 둔 커뮤니케이션을 강조하고 있다. 모바일 전달 기능을 위해 이 원리를 확장하고자 노력해야 한다. Ruth Clark과 Richard Mayer의 *e-Learning and the Science of Instruction: Proven Guidelines for Consumer and Designers of Multimedia Learning*(2003)이라는 책에서 학습용 미디어 설계 원리를 제안하고 있는데 읽어보기를 바란다.

한 가지 방법은 파일 용량을 최소화하는 것이다. 문장과 그래픽은 간결해야 하며, 사진 · 오디오 · 비디오는 대역폭과 메모리 공간을 독차지할 수 있기 때문에 조절이 필요하다. 간결성 원리에 따라 기기와 콘텐츠, 사용자가 가진 제약을 고려하여 가장 낮은 해상도로 압축해야 한다. 그래픽은 지나치게 상세한 요소를 포함하지 않도록 한다. 만화나 애니메이션은 이미지나 비디오보다 압축하기가 용이하다.

문장의 경우 전체 문장을 제공하지 않아도 좋다. 몇 개의 단락만으로도 의미를 전달하는 데 충분하다면 그 정도만 제시하라. 단락 내에 여백, 강조, 기호나 그래픽 등을 쓰면 시선을 집중시키는 데 도움이 된다. 작은 화면에서조차도 읽힐 수 있어야 한다. 초안의 내용을 유지하면서 그 양을 줄일 경우 최소한 1/3에서 1/2까지 줄일 수 있다. 필자가 작성한 글 중에서 초안과 그 최종원고를 비교해보았는데, 58자에서 27자로 줄어들었다.

오디오의 경우에도 간결성이 요구된다. 특히 오디오가 단일 채널로 활용될 경우에는 더욱 간결하게 지원되어야 한다. 오디오 파일을 쉽고 빠르게 다운로드 받을 수 있어야 하며, 적은 용량만 저장되도록 지원해야 한다. 실제 음성을 사용하는 것을 고려할 필요가 있다. 낮은 대역폭을 갖는 모바일 기기의 경우 음질 차이는 매우 중요한 문제가 된다.

그래픽은 간단한 다이어그램 형태로 제공하는 것이 좋다. 상세한 사진은 줌 기능을 활용해서 확인하도록 할 수 있지만, 가능한 불필요한 부분을 잘라서 제공한다.

동일한 원리가 애니메이션과 비디오에도 적용된다. 상세한 내용은 속도 조절 및 줌 기능이 제공되지 않는 한 확인하기 어렵다. 낮은 해상도일지라도 이미지가 보이도록 해야 한다. 또한 스크립트와 이미지의 불필요한 부분을 없애서 최소화해야 한다.

고려해야 할 중요한 부분 중 하나는 미디어 조절에 대한 부분이다. 이것은 데스크톱에서뿐만 아니라 모바일에서 더욱 중요한 문제라 할 수 있다. 매우 다양한 시각적 · 청각적 요소가 학습을 방해할 수 있다. 따라서 미디어가 실행되고 있는 상황에서 대상학습자들에게 통제할 수 있는 권한을 주는 것은 중요하다.

정보 설계

좀 더 큰 맥락에서 Bob Horn이 만든 정보 매핑information mapping과 같은 정보 설계에 관심을 가질 필요가 있다. 필자가 본 어떤 업무 보조도구의 경우 정보가 어떻게 제시되어야 하는가를 성공적으로 고려하지 못했었다. 대부분의 개념과 안내서는 그들만의 내적인 구조를 가지고 있는데 표현방식을 통해 그 구조가 전달된다. 모바일의 경우, 여러 가지 단서를 사용하여 각 정보 간의 관계를 설명해줄 수 있다.

시각 매체의 장점 중 하나는 개념적 관계를 공간적 관계로 표현할 수 있다는 것이다. 관계에 대한 표현(단서)을 색상, 패턴, 인접, 타이포그래피, 모양, 연결 등 시각적으로 다양하게 할 수 있다.

오디오의 경우 음색이 다른 목소리, 청각 신호, 장면 전환 알림 등을 단

서로 활용할 수 있다. 내용에 대한 개관을 소리로 미리 들려주면 이해가 수월해질 수 있다.

애니메이션과 비디오는 시간경과에 따른 변화 및 인과관계를 잘 보여줄 수 있는데, 이는 청각적 · 시각적 채널을 동시에 사용함으로써 이해를 돕는다. TV 및 영화에 노출되어 있는 학습자들은 이것에 집중하는 습관이 잘 형성되어 있다. 그러나 모바일일 경우 장시간의 영화보다는 짤막한 광고를 더 잘 본다는 점을 설계 시 고려해야 한다.

인터페이스 설계 및 정보 아키텍처

인터페이스 설계와 정보 아키텍처 영역은 정보 설계보다 한 수준 위에 있다. 사용자들이 자신들이 취할 수 있는 행동 옵션에 대해 어떻게 이해하고 있는지와 관련된 정보에 어떻게 접근할 수 있는지를 여기에서 다뤄보고자 한다. 인터페이스는 정보나 도구들을 내비게이션하도록 하는 메커니즘이며, 아키텍처는 이러한 내비게이션의 구조를 제공해준다. 대부분의 기기는 인터페이스를 어떻게 구성하고, 정보를 어디에 배치하며, 어떠한 표준을 따를 것인가가 이미 정해져 있다. 추가 부담이 들면서 무엇인가를 새로운 방식으로 할 만한 가치가 있는지 여부를 결정하는 데 있어서 표준의 위반을 세심하게 고려해야 한다.

보통 모바일 콘텐츠는 작은 단위의 지식으로 쪼개져야 한다. 이러한 지식들을 연계하기 위해서는, 이것들이 어떻게 관련되어 있는지 보다 총체적 관점에서 살펴본 후에 정보 구조와 내비게이션 구조를 고민해야 한다.

모바일 사용자들이 과업에 대하여 어떻게 생각하는가를 살피는 것은 중요하다. 만약 보조적 정보라면 '훑어보기' 라는 인터페이스 방식으로 제시하는 것이 적절하다. 정보를 순서대로 제시하는 경우에는 '다음' 버튼을 제공해야 할 것이다. 요지는 인터페이스에서 주는 단서와 내비게이션 메커니즘을 통해 정보에 내재된 구조와 사용자를 매핑하여 서로 의사소통하게 된다는 것이다.

사례

해상도

웹이 개발된 초기, 적절한 화면 크기에 대한 논의가 많았다. 일부는 640×480을 사용했지만, 어떤 환경에서는 800×600이 적절하다고 여겨졌고, 최근에는 1024×768이 활용되고 있는 추세이다. 노트북에서는 1024×768이 가장 기본적인 사이즈이지만 사실상 조정이 가능하다.

재미있게도 모바일에서 이러한 논의가 다시 이루어지고 있다. 모바일 웹 화면은 크지만 실제 기기 화면 크기는 작다. 1024×768은 화면에서 480×320으로 보이며, 320×240인 경우 800×600으로 변경된다. 이미 새로운 기기들이 480×320 이상의 화면 해상도를 제공하기 때문에 화면 크기에 대한 논란은 곧 사라지게 될 것이다. 고정식 기기의 경우, 설계를 통해 화면 해상도를 최대로 할 수 있다. 그런데 콘텐츠와 이것이 어떻게 디스플레이되는지를 별개로 설계한다면 보다 많은 융통성을 주며, 이는 필자가 옹호하는 방법이기도 하다.

설계 과정

설계 과정은 인지구조에 큰 영향을 받는다. 설계자들로 하여금 실수하게 만드는 몇 가지 요인은 다음과 같다.

- 기능적 고착Functional Fixedness : 우리는 도구를 사용할 때 그것이 다른 성능을 가지고 있는데도 불구하고 기존에 사용하던 방식대로 사용하려는 경향이 있다.
- 설정 효과Set Effects : 우리는 문제해결 과정에서 기존의 문제를 해결했

던 방식이 적절한 방법이 아닌데도 그대로 하려고 한다.

- 조기 평가Premature Evaluation : 우리는 제시된 솔루션을 단순히 기록하고 다른 솔루션을 만들어내는 일을 해야 할 때, 제시된 솔루션에 대하여 결정을 내리는 등의 평가 경향이 있다.
- 확증 편향Confirmation Bias : 우리는 반사실적 증거를 찾는 것이 더 유용한데도 우리의 가설을 확증해주는 데이터를 찾으려고 한다.
- 사회문화적 역할Sociocultural : 많은 유형의 문화적 요소들이 설계 과정을 방해할 수 있다. 설계 과정에 기여하는 데 불편함을 느끼거나 비효율적인 팀프로세스를 가지고 있거나 공을 인정받고자 하는 상사 등이 그 예이다.
- 전문성Expertise : 전문성은 다양한 측면에서 나타날 수 있는데, 팀 혹은 누군가가 불충분한 전문성을 가지고 목소리를 높이는 경우는 좋지 않다.

이러한 실수를 피하기 위해 다음의 루브릭을 제안하고자 한다.

- 팀 설계Team Design : 상투적인 말이긴 하지만 "한 명의 천재보다 백 명의 우리가 낫다."는 것은 사실이다. 팀의 다양성에 의존할 때 실수를 줄일 수 있다. 여러 사람들이 가진 역량을 기초로 다양한 의견을 듣는 것은 설계를 지속적으로 보완할 수 있다.
- 객관화된 설계Egoless Design : 팀의 다양성을 강화하려면 모두가 쉽게 공유하고 다른 사람들의 기여를 인정할 수 있도록 하는 것이 필요하다. 이것은 비난을 피하라는 것이 아니라, 개인이나 아이디어의 부정적 결과물이 아닌 긍정적 결과물에 초점을 두라는 뜻이다.

- 지속적인 분석No Limit Analysis : 분석이 완료되었다면, 다른 이들이 무엇을 했는지 살펴보기 전에 우리가 더 무엇을 할 수 있는지를 고려하는 것이 좋다. Arthur C. Clarke의 "모든 기술이 극도로 발전되면 마술과 구분하기 어렵다."는 말처럼 우리는 어떤 정보든 누구에게나 언제 어떤 방식으로든 원하는 대로 전달할 수 있는 마술과도 같은 일들을 행하고 있다. 기술적 차원의 한계는 충분히 극복될 수 있다. 무엇이 가장 이상적인가를 생각하자.
- 실질적인 분석Kitchen Sink Analysis : 지속적으로 분석을 하다 보면 거의 완벽하게 분석을 해내게 된다. 이제는 다른 사람들이 무엇을 해왔고, 무엇을 시도하고 실패했으며, 유사한 문제나 솔루션을 가지고 있는지 검토할 필요가 있다. 여러 해 전에 인터페이스 설계자들은 법적인 문제가 발생하지 않을 정도에서 복제를 시도할 것을 권장하곤 했다. 새로운 것을 만드는 대신 가능한 모든 것을 고려하자.
- 체제적 창의성Systematic Creativity : 모순적이긴 하지만, 우리는 어떤 과정을 통해 더 나은 성과를 얻을 수 있는지 이미 알고 있다. 예를 들어 설계 팀원들은 분석 결과를 얻은 후 이를 한데 모아 공유하기 전에 그들의 솔루션을 따라따로 고려해야 한다. 모든 아이디어는 평가 받지 않고 받아들여져야 하며 솔루션의 가능성을 충분히 고려해야 한다. 이를 위해 다양한 아이디어들이 제시될 수 있도록 장려되어야 한다. 가능한 솔루션이 최대한으로 제시되기 전까지는 평가가 이루어져서는 안 된다.
- 세 가지 설계 전략Three Strategies Design : 사용자 인터페이스 설계에서 인간을 위한 설계가 무엇인지를 배운 바 있다. 사실 선형적인 단계에 따라 이루어지는 폭포수 모델waterfall model은 이를 효과적으로 지원하

기 어렵다. 사람들은 콘크리트나 철보다 더 변수가 많기 때문이다. 설계 과정에 평가와 개선을 위한 지원이 필요하다. 따라서 설계 지침은 상황적(사용 맥락을 이해), 형성적(설계에 영향을 주기 위한 평가), 반복적(지속적으로 검사를 반복)으로 이루어져야 한다.

- P의 반복Double Double P's : 반복적으로 개발을 진행하면서 검사를 실시해야 한다. 이를 위해 값싼 기술을 활용하기를 강력하게 권한다. 만일 지나치게 많은 투자가 이루어졌다면, 그것을 버리기는 어려울 것이다. 특히 초기단계에서는, 시스템의 구성요소 중 핵심 부분을 개발한 후 각 구성요소를 개선 · 발전시켜나가는 점진적 프로토타이핑evolutionary prototyping보다는 필요한 구성요소의 일부만 나타내보고 그 시안을 버리기도 하는 혁신적 프로토타이핑revolutionary prototyping 방법을 강력하게 권장하는 바이다. 완벽하게 스토리보딩이 끝나기 전까지 아무런 코딩을 하지 않는 동료가 있었는데, 이러한 경험을 통해 P'S postpone, programming, prefer paper(프로그래밍하기 전에 종이로 프로토타이핑을 해라)라는 원리를 만들어내었다. 사실 잘 이용되고 있지 않지만 종이는 강력한 프로토타이핑 도구이다. 인덱스 카드와 포스트 잇은 특히 모바일러닝에서 괜찮은 프로토타이핑 도구이다.

이러한 원리들이 너무 이상적이어서 실행에 옮기기에는 당신의 역량에 한계가 있을 수 있다. 하지만 원리들을 잊지 않고 최선을 다해 적용하려고 노력해야 한다.

구체적인 설계 원리

정답은 없다. 상쇄될 뿐이다

니즈 분석 후 솔루션의 일부분으로 모바일을 고려했다면 솔루션을 어떻게 설계하고 전달할 것인가를 고민해야 한다. 이때 고려해야 할 사항도 있지만 상쇄되는 부분들도 많다.

우리는 크게 세 가지 상황에 대하여 살펴보려고 한다.

- 코스 제공(Learnlet)
- 형식 학습 확장
- 수행 지원 확장

코스 제공(The Learnlet)

여기서는 코스 설계방법에 대하여 또다시 설명하려는 것이 아니라 모바일용 코스 설계가 어떤 점에서 다른가를 이야기하려고 한다. 전체 학습 경험을 설계할 때 목표를 고려하는데, 그 목표와 성취행동을 맞춘 후 그 행동을 습득시키기 위해 도입, 개념, 사례, 연습 등이 차례대로 제시된다. 여기에서도 목표의 범주와 관련 콘텐츠에 있어서 아무런 차이가 없다. 그렇다면 어떻게 핵심을 추릴 수 있을까?

분명한 것은 기존의 코스들은 지나칠 정도로 많은 것을 포함한다는 점이다. 모바일용 코스에 적용되는 원리들은 모바일용 코스가 아닌 경우에도 역시 적용되어야 한다. 그 원리들을 분명히 해보면 다음과 같다.

분석을 통해 이동하면서 달성하기에 충분히 작은 단위의 목표이거나 모바일용 코스가 바람직하다는 절대적이면서 납득할 만한 이유가 있다면 모

바일용 코스가 적절한 솔루션이다. 후자는 사무실의 여러 방해 요소 때문에 직원들이 앉아서 코스를 절대로 이수하지 못하는 경우이다. 목표는 다음과 같은 다양한 준거로 진술되어야 한다.

- 유의미한 변화를 성취하는 데 초점을 두어라.
- 학습자로 하여금 새로운 무엇인가를 알게 하는 것이 아닌 실행할 수 있는 능력을 가르쳐라.
- 언제 어디에서 이러한 수행이 기대되는지를 맥락화해라.
- 어떻게 능력이 성취될 수 있는가를 측정 가능한 용어로 정의해라.

사례

WIIFM

WIIFM은 내가 손에 쥐는 것은 무엇인가, 즉 'What's in It for Me'의 줄임말이다. 학습자는 자신이 관심 있는 것에 목표를 두기 때문에 학습자가 중요하다고 생각하는 것에 잘 초점을 두어 학습자료를 제공해주어야 한다.

이것은 사실상 매우 간단한 것이다. 학습자는 큰 그림 속에서 그것이 왜 중요한가를 이해할 때 더욱 잘 학습할 수 있다. 학습자가 학습에 잘 참여할 수 있도록 설계하기 위해 유의미성은 두 가지 방식으로 구현될 수 있다. (1) 학습자가 이해하는 것이 실제적인 문제라는 것, (2) 그들이 인식하고 관심 가질 정도의 맥락에서 문제를 제시하는 것이 그것이다.

이를 위해 조직에 실제로 기여해야 한다는 당신의 설계목표, 분명한 관련성을 갖고 학습자에게 제시되는 목표, 학습자들로 하여금 중요하면서 흥미롭게 여기도록 사례와 연습 속에 맥락을 제공하는 것 등이 학습 설계에 반영되어야 한다.

그렇다면 모바일용 코스에서 불필요한 것을 최소화할 수 있는 전략은 무엇일까?

일반적으로 코스는 학습자에게 목표를 제시하면서 시작되지만 learnlet

의 경우 학습자에게 그 필요성을 본능적으로 이해하도록 도움을 주는 정서적 '고리hook', 관련 지식의 자각, 학습 결과나 목표 등을 간략하게 조합한 동기적 사례를 제공한다. 이런 사례들은 학습자에게 해당 지식이 없을 경우에는 부정적인 특정 결과를 가져오고, 지식이 있을 경우에는 긍정적인 결과를 가져옴을 유머러스하게 혹은 드라마틱하게 과장하여 보여준다. 필자는 전자를 선호하지만 이는 대상이 누구인지에 따라 달라질 수 있다. 예를 들면, 학습자에게 정서적인 고리를 채운 learnlet의 경우 학습자에게 "이것이 나에게 왜 중요한지 모르겠어."라는 설명이 달린 박스 안에 만화를 제공해주는데, 교수자의 경우 이것을 볼 수는 없다.

동기적 사례들이 짧은 시간 동안 어떤 매체(오디오나 내레이션, 만화, 애니메이션, TV드라마)를 통해 이야기 형태로 전개되면, 이 사례들은 인지적으로 활성화된 요소들과 정서적 공감들을 결합하여 개념이 제시될 수 있는 기반을 마련해준다. 이 사례들은 지식의 중요성을 강조하기 위해 사용됨을 잊지 말자. 따라서 사례에서는 상황과 결과를 보여줘야 하며, 개념을 설명하면 안 된다. 동기적 사례는 학습자를 준비시키기 위한 것이지 가르치기 위한 것이 아니다.

또 다른 대안적 방법으로는 학습자에게 관련된 개념을 제공하기 전에 이들이 이해하는 문제가 중요함을 보여주는 것이 있다. 이것은 문제기반 혹은 사례기반 학습 방법으로 여러 상황에서 유용함이 입증되었는데, 여기에서 제시되는 해결책은 사례 역할을 한다.

동기적 사례 제시에 이어서, 다음 단계는 개념을 제시하는 것이다. 많은 방법이 가능하겠지만 개념적 관계를 공간적 관계로 표현하는 데 있어서 다이어그램만 한 것이 없다. 다이어그램에 적절하게 이름을 붙임으로써 필요한 것을 간결하게 충분히 전달해준다. 동기적 사례에 이어서 다이어

그램은 학습자들로 하여금 인지적 · 정서적으로 준비할 수 있도록 해주어 학습에 성공하게 한다.

개념을 참고 사례(이것은 동기적 사례와 다르다)에 통합시킴으로써 개념과 상황을 직접 매핑할 수 있는데, 이것은 개념이 특정 맥락에서 어떻게 수행으로 나타나는지를 설명해준다. 이 부분에서 필자는 교수설계자가 코스에 인지적 · 정서적 고리를 어떻게 추가하고 그 결과가 무엇인지를 문서화하는 동영상을 학습자에게 보여주었다.

학습자들로 하여금 개념을 적용해보게 한 후 신속하게 연습해볼 수 있는 소규모 코스를 만들어 제공할 수 있다. 학습자들에게 세 개의 소규모 코스에서 제공하는 오프닝들 중 하나를 선택하게 한 후 두 가지 이슈를 언급하고 있는 것이 무엇인지를 구별해보도록 하였다.

미니멀리즘 방법을 사용한다는 것은 다섯 개의 짧은 화면으로 제시함을 의미하는데, 구체적으로는 도입, 개념, 사례, 피드백이 제공되는 연습, 요약 등이다.

모바일 기기로 전체 코스를 제공하는 여러 상황들이 있다. 그중 하나로 의무 교육을 들어야 하지만 그렇지 못하는 상급 직원의 상황이 있다. 이들에게 블랙베리에서 코스를 들을 수 있게 해주었더니 이수율이 높아졌다. 여기에서 가정은 이 사람들은 개인적으로 누가 찾아오거나 전화가 걸려오지 않더라도 업무가 많기 때문에 사무실에서 자기 책상에 가만히 앉아 있을 수 없다는 것이다. 반면 비행기에서는 커뮤니케이션하기 어렵기 때문에 그들이 코스를 성공적으로 이수할 수 있었다. 이 대상학습자의 학습 행동에 영향력을 행사한 결과를 기대하지는 않았지만, 이수율과 사후검사 결과 점수가 올랐다.

그럼에도 불구하고 필자는 모바일 기기에 코스를 옮기는 것보다 확장에

초점을 두고자 한다.

형식 학습 확장

형식 학습을 위한 다양한 확장 방법이 있다. 핵심은 형식 학습 코스에서 확장을 어떻게 체계적으로 설계할 것인가이다. 이것은 언제 그리고 어떻게 학습 경험을 강화할 것인가에 달려 있다. 여기에는 두 가지 주요한 방법이 있다.

첫 번째 방법은 지식의 재활성reactivate knowledge이다. 이는 다음의 여러 가지 형태로 이루어질 수 있다.

- 재개념화re-conceptualize : 다양한 표상으로 개념을 표현함으로써 이해와 적용을 촉진시켜주는 여러 유용한 방법이 있다. 그 중 하나인 Spiro의 인지적 유연성 이론Cognitive Flexibility Theory에서는 초기에 개념을 이해시키기 위한 새로운 방식들, 수행상황에서 개념을 활성화해주는 많은 패턴들, 그리고 문제를 해결하는 데 적용할 수 있는 많은 모델들을 강조하고 있다. 이것은 개념이 복잡할수록 매우 유용하다. 여기에서는 개념을 다른 방식과 모델로 제시하는 것을 중요하게 여긴다.
- 재맥락화re-contextualize : 개념을 다양한 맥락에 적용해보도록 하는 것은 개념 축약화와 적용 범위 규정에 도움을 준다. 개념의 구인과 변인을 이해하면 전체 구조 안에 내재된 것과 맥락에 관련된 것을 파악할 수 있게 된다. 이것은 전이를 촉진하는데 특히 개념이 광범위한 맥락에서 적용되는 경우에 실질적인 도움을 줄 수 있다. 여기에서는 지식이 사용되는 다양한 상황에 대하여 살펴보는 것(적용보다 변별)을 중요하게 여긴다.

- 재적용re-apply : 연습 기회의 제공은 재맥락화를 확장시켜주고, 보다 많은 적용 경험을 제공함으로써 전이와 기술 숙련을 돕는다. 연습은 완전하게 만들어주기 때문에 정확한 수행이 중요한 경우 더 많은 분산 연습은 정말 도움이 된다. 여기에서는 해당 지식이 어떻게 적용되는지 다양하게 보여주는 상황의 범주를 정확하게 담아내는 것이 중요하다.

이상에서 살펴본 바와 같이 학습 확장의 보다 구체적이면서 가치로운 형태는 지식을 재활성화하는 수준을 넘어 상황 기반의 학습 기회를 제공하는 것이다. 만약 학습이 특정 장소(예 : A 공장)에 국한하여 일어나거나 특정한 영역(예 : 소매점)에 대해서만 다룬다면, 그러한 장소에 기계를 설치하여 모바일 기기가 관련 정보를 인식하도록 한 후 특정 정보를 제공하도록 할 수 있다.

이러한 경우를 사태 유형의 범주에서도 찾아볼 수 있다. 사태가 언제 일어날지 알 수 있다면 이를 지원할 수 있다. 만일 특정한 학습 목표가 특정 사태의 유형(예 : 미팅이나 협상)에 관련된 것이라면, 어떠한 유형인지를 파악한 후 특정한 학습 정보를 전달할 수 있게 된다. 후자의 경우를 수행 지원이라는 관점에서 자세히 살펴보자.

수행 지원 확장

인간의 수행 확장을 설계하기 위해서는 먼저 우리의 인지적 기술이 어떻게 수행되고 이러한 실행에 어떠한 지원이 필요한지부터 알아야 한다. 우리의 인지적 능력을 보완해주는 기능에는 무엇이 있을까? 이 글의 목적은 Allison Rossett와 Lisa Schafer의 책인 *Job Aids and Performance Support: Moving From Knowledge in the Classroom to Knowledge*

Everywhere(2007)와 같이 수행 지원을 어떻게 설계할 것인가에 대한 것이 아니다. 여기에서 다루는 진짜 이슈는 우리가 모바일을 통해 그러한 지원을 언제 제공해야 하는지와 모바일이기 때문에 무엇을 다르게 해야 하는지이다.

다음 질문을 통해 모바일 기기의 사용이 언제 필요한지를 알 수 있다.

- 과업이 고정된 장소에서 이루어지는가 아니면 장소와 시간을 달리하는가? 만약 당신이 하나 이상의 상황에서 수행하는 경우라면 이동 가능한 무엇인가가 필요하다.
- 모바일 기기를 이미 가지고 있는 경우인가? 만약 그렇다면 이들이 기억해야 할 무엇인가를 다른 방식으로 제공하기보다는 모바일 기기에서 전달하는 것이 수월하다.
- 제공해야 하는 양이 많은가? 상품 카탈로그, 다양한 기기의 수리 방법과 같이 제공해야 할 정보의 양이 많거나 많은 양의 정보가 필요하다면 디지털 저장 장치를 사용하는 편이 좋다.
- 문장과 이미지 이상의 미디어를 제공하는 것이 유용한가? 그렇다면 모바일 기기는 가장 적합한 미디어일 것이다.
- 상호작용이 필요한가? 만약 필요한 지원의 속성이 자료 처리보다는 사용자 상호작용이라면 모바일 기기는 필수적이다.
- 데이터 수집이 필요한가? 오디오나 시각적 자료를 수집할 필요가 있다면 디지털 기기가 이를 지원할 수 있다.
- 커뮤니케이션이 필요한가? 누군가와 연락이 닿아야 한다면 모바일 기기만이 유일한 답이다.

이러한 질문을 검토하는 것은 모바일 수행 지원 솔루션이 바람직한가를 결정하는 데 도움을 준다. 이제 우리가 필요로 하는 모바일 솔루션을 어떻게 설계할 것인가를 고민할 차례이다.

최소한의 도움을 제공하자

'최소한의 도움 원리 least assistance principle' 는 우선적으로 고려해야 하는 방법이다. 모바일이 가진 성능이 아무리 뛰어나더라도 여전히 제한적인 대역폭에서 돌아가기 때문이다. 따라서 최소한의 것을 고려하는 것이 최대한으로 솔루션의 효과를 높이게 될 것이다.

이 원리는 Metcalf의 *mLearning*(2006)에서 필자의 프로젝트를 언급하고 있는데, 다양한 수준과 단계를 지원하는 협상도구를 만들 때 적용된 것처럼 좋은 가이드라인이 될 수 있다. 여기에서 다룬 내용전문가 협상모델의 경우 주요한 네 단계가 있고, 각 단계마다 네 개의 하위 단계가 있고, 각 하위 단계는 자문해야 하는 몇 개의 질문들을 포함하고 있다. 필자는 그 내용을 취한 후 불필요한 것과 중요한 것을 추스려 한 화면당 각 하위 단계별로 몇 개의 버전으로 된 질문을 제시하였다. 정보 아키텍처에서는 단계를 이동할 때는 수평적인, 하위 단계를 이동할 때는 수직적인 내비게이션 메타포를 적용하였다. 여기에서 목표는 한 덩어리로 된 두꺼운 책을 만드는 것이 아니라 각 단계에 있는 모든 하위 단계에 필요한 가장 유용한 지원을 최소한의 방법으로 제공하는 것이었다.

이 원리는 업무 보조도구의 설계 과정에서도 적용될 수 있다. 최소한의 지원을 제공하며 유용성을 극대화한 도구를 어떻게 만들 수 있을까? 우리는 모바일의 기능을 넘어서지 않는 선에서 필요한 기능성을 충분히 확보할 필요가 있다. 이러한 문제의 양 측면을 살펴보고 검증해봄으로써 가능하다.

메시지에 적합한 미디어를 활용하자

미디어의 속성을 검토함으로써 우리는 무엇이 더 적합한가를 판단할 수 있다. 각각의 미디어는 서로 공통된 부분도 존재하지만, 독특한 속성을 가지고 있다.

SMS는 '푸시push' 기술로 학습자에게 정보를 전달하지만 이들이 메시지를 인식하거나 체크할 때 확인된다. 마이크로블로그는 유사해 보일 수 있지만 이것은 학습 자원을 '따라가기following' 라는 활동을 학습자에게 요구한다. 이메일도 유사해 보이지만 모든 기기에서 이 기능을 지원하지는 않는다. 이메일은 SMS보다 더 많은 내용을 전달하면서 다른 미디어 파일을 첨부할 수 있다.

문자는 일반적으로 개념적 정보를 전달하는 데 효과적이다. 다이어그램은 문자와 유사하지만 관계성에 대한 정보를 담아낼 뿐만 아니라 코딩을 사용하여 몇 가지 차원으로 정보를 전달할 수 있다.

오디오와 비디오와 같은 미디어는 커뮤니케이션을 하는 데 시간이 소요된다. 따라서 이와 같은 형태의 메시지들은 제시되는 동안 본질적으로 어느 정도 뇌의 처리 용량을 차지한다. 오디오는 특정 방향으로 주의집중할 필요가 없어서 학습자가 어디에 초점을 맞추고 있는가에 관계없이 주의획득을 해야 하거나 시각적으로 주의를 기울이고 있을 때 도움이 필요한 경우 오디오 파일은 유용할 수 있다. 이미지와 비디오는 중요한 맥락을 담아냄으로써 맥락적 수행을 지원할 수 있다. 이것은 콘텐츠 제시와 저장에 있어서 고려할 만한 가치가 있다.

이상에서 언급한 이슈는 어떠한 유형의 지원이 가장 유용하고, 어떠한

미디어가 정보를 가장 적절하게 전달할 것이며, 어떠한 기기가 적절한가를 선택하는 데 도움을 줄 것이다.

맥락이 중심이다

또 다른 이슈는 학습 및 수행의 맥락이 무엇인가와 맥락이 구체적인 정보가 유용한지에 대한 것이다. 같은 장소에 있지만 상이한 사람이라면 다른 방식으로 지원해야 할까? 혹은 다른 장소에 있지만 동일한 사람이라면 다른 방식으로 지원해야 할까?

한 가지 방법은 맥락을 정보원으로 활용하는 것이다. 예를 들어 RFID나 블루투스가 있는 기기는 콘텐츠를 찾아낼 수 있는 유용한 URL 주소를 포함하는 정보나 QR 코드를 제공한다.

또 다른 방법은 기기 자체에서 어디에서 무엇을 하고 있는지를 보여주는 GPS와 같은 위치 정보를 사용하는 것이다. 또는 시스템이 사용자가 입력한 일정 정보를 확인한 후 무엇을 하고 있는지 파악하여 그에 적합한 정보를 제공해줄 수도 있다.

기능을 갖추고 있는 것만으로는 충분치 않으며 오히려 사전 대비적인 주도적 시스템을 갖추는 것이 시간을 절약해주거나 가치 있는 선택이 될 수 있다.

종합해보면, 수행 중심 설계는 모바일 기기가 가진 성능하에서 필요로 하는 기능에 맞춰 세심하게 이루어진다.

직접 해보기

그러나 진정한 성공비결은 모바일 프로젝트를 시행하는 것이다. 일반적으

로 전체 코스에 적용하지 않고 하나의 작은 도구의 확장을 시도해보는 것을 말한다. 당신이 학습 집단에 속해 있다면 수행 지원 확장보다 학습 확장을 해보는 것이 더 수월할 것이다. 그러나 어떤 경우라도 학습 확장은 작은 범주 내에서 해야 하며, 실행하기에도 쉬워야 예상되는 효과가 클 수 있다.

티모바일USA사의 교육부서에 있는 Jeff Tillett와 Mark Chrisman은 훈련 과정 말미에 간단하게 다운로드 받을 수 있는 모바일 지원 도구를 제공하는 작은 시도들을 하였다. 이것은 강제적으로 시행되지 않았고 간단하게 학습자의 승인 절차를 거치게 하였는데 그 결과 다른 코스에 확장하는 방법에 대한 아이디어를 제공하였다.

필자는 대부분의 조직은 이러닝 전략을 세우기 전 경험을 얻기 위해 이러닝 프로젝트를 시도해야 한다고 주장하는 바이다. 모바일러닝도 마찬가지이다. 경험과 관점을 가지기 위해 무엇이든 시도해보자. 설령 실제로 도입하지 않는다고 하더라도 설계 및 전달 단계를 통해 고민해보는 것은 매우 중요하다. 이러한 고민은 자연스럽게 다음 주제인 개발로 연결된다.

생각해볼 문제

01 분석을 통해 모바일러닝이 기업에 미치는 영향을 도출하였는가?

02 관련된 요소들을 모두 고려하였는가?

03 하나로 모아지기 전에 가능한 솔루션을 충분히 탐색하였는가?

10

THE DEVELOPMENT IT'S NOT ABOUT

개발 외의 문제들

제대로 설계가 되었다면 이를 실행할 방법은 많다.

원하는 형태대로 솔루션을 설계했다면, 그다음에 필요한 것은 이를 잘 전달하기 위한 옵션들을 평가해보는 것이다. 하지만 이러한 옵션들을 구체적으로 개발하기 이전에 모바일 영역에서 고려해야만 하는 특수한 사항들이 존재한다.

좋은 소식과 나쁜 소식, 그리고 불편한 진실

솔루션 제공을 위한 환경에서 전송 성능은 기기뿐만 아니라 운영체제와 네트워크 공급자와도 관련된다. 이로 인해 다음과 같은 이슈들이 발생하곤 한다.

좋은 소식

좋은 소식은 광범위하게 사용되고 있는 표준형들이 있으며, 이 중 몇몇은 구체적인 장점을 가지고 있다. 이러한 표준형들에는 미디어 파일 포맷과 콘텐츠 전송 포맷이 있다. 미디어 포맷에는 비디오와 오디오 파일이 다양한 기기에서 구동될 수 있도록 해주는 표준형들이 많이 있다. 또한 안정적으로 포맷을 변환해주는 프로그램도 있다. 따라서 마이크로소프트사의 오디오 파일 포맷인 WAV는 MP3 포맷 표준형으로 변환이 가능하며, 이와 유사하게 비디오를 위한 MP4 파일과 비디오 파일 포맷(WMV)도 서로 변환된다.

웹을 위한 포맷 또한 흔하다. 그동안 특수한 모바일 웹 포맷들(무선 응용 프로토콜 또는 WAP[1])은 특정 저작 포맷과 결합되어 사용되었으나(무선 마크업언어 또는 WML[2]), 지금은 대부분의 모바일 브라우저가 일반 HTML을 읽을 수 있고 큰 사이즈의 웹페이지도 처리할 수 있게 되었다. 게다가 브라우저의 사이즈를 감지하고 웹페이지를 다른 사이즈로 제공할 수도 있다.

CSS[3]에서의 XHTML이나 XML과 같은, 보다 강력한 웹 포맷들은 콘텐츠가 어떻게 보이는지와 그에 맞는 적절한 디자인까지 식별하여 적합한 웹페이지를 제공한다. 또한 웹페이지가 다양한 브라우저에서 사용될 수 있도록 하는 표준안에 적합한지를 확인해줄 사이트들이 존재하며 W3C[4]

1) 역자 주 : 이동식 송수화기와 인터넷 통신 또는 다른 컴퓨터와의 응용을 위해 실시되는 국제기준(출처 : 한국인터넷진흥원)
2) 역자 주 : 무선 접속을 통하여 셀룰러폰이나 PDA 등에서 웹페이지의 텍스트 부분이 표시될 수 있도록 해주는 언어(출처 : 컴퓨터용어사전)
3) 역자 주 : 웹 문서의 전반적인 스타일을 미리 저장해 둔 스타일시트. 문서 전체의 일관성을 유지할 수 있고, 세세한 스타일 지정의 필요를 줄어들게 함(출처 : 네이버 백과사전)
4) 역자 주 : World Wide Web Consortium의 약자로 웹 표준을 제정

역시 모바일 표준에 대한 작업을 진행하고 있다.

사이즈 조절 가능한 정보를 전달하는 또 다른 공통 포맷들도 있다. Kris Rockwell은 DITADarwin Information Typing Architecture[5]라고 불리는 정보를 위해서 강력하면서 지원이 잘되는 오픈소스 표준을 사용하고 있는데, 그는 DITA 아웃풋을 읽을 수 없는 플랫폼을 위한 간단한 전송 소프트웨어를 개발하여, 한 번 작성되면 모든 기기에서 콘텐츠를 사용될 수 있도록 하였다.

툴 공급자들 또한 어떤 기기에서건 정보 전달에 어려움이 없도록 하기 위하여 노력하고 있다. 아웃스타트와 온포인트 같은 회사들은 자유롭게 정보를 작성하고 기기에 전송할 수 있도록 지원하는 시스템들을 가지고 있다.

나쁜 소식

다른 한편으로는 일부 표준들이 아직 잘 확립되지 못했다는 문제가 있다. 가장 큰 문제는 콘텐츠 자체를 넘어 상호작용성에 있다. 현재로서는 설계자나 개발자가 작동을 신경 쓰지 않고 성능에만 초점을 맞출 수 있도록 해주는 절대적 표준형이 없는 상황이다.

웹에서 저작 시 상호작용에 있어서 공용어와 같은 역할을 하는 어도비사의 애니메이션 프로그램인 플래시는 모바일 기기에서는 문제가 된다. 일부 기기는 플래시를 지원하지 않거나 지원할 수 없는데, 이것은 플래시가 프로세서 집약적인 작업을 필요로 하는 반면, 모바일 기기에서는 프로세

5) 역자 주 : Document Type Definitions(DTDs)의 시스템이자 기술적인 정보를 작성 및 전달하는 규약으로 IBM이 개발한 정보 구조. 기업의 모든 형식의 문서 및 콘텐츠를 하나의 트리 구조로 만들어 일원화하여 관리하는 효율적인 정보 구조화 방법론(출처 : IBM)

서를 작게 만들어버리는데, 이는 배터리 수명을 최대화하려면 처리 속도를 느리게 만들어야 하기 때문이다.

따라서 현재 선택할 수 있는 유일한 대안은 자바Java[6]를 사용하여 개발하는 것이다. 자바는 모든 권한과 복잡성을 가진 프로그래밍 언어로 특정 플랫폼에 대한 특수한 소프트웨어 개발 키트를 가지고 있다. 만약 구동 가능한 콘텐츠 또는 웹기반 프로세싱 이상의 것을 원한다면 이를 제공하는 기기를 한정하든가 그렇지 않으면 많은 예산을 가지고 있어야 한다.

플래시를 문제 없이 처리할 수 있도록 프로세서의 성능이 개선되기 전까지는, 어도비사가 다른 여러 특징과 기능들을 플래시에 더하는 대신 효율성에 초점을 맞춘다면 더 많은 기기가 플래시를 구동할 수 있게 될 것이다. 또 다른 대안으로는 상호작용성을 지원해주는 것에 초점을 맞추어 개발된 새로운 웹 표준안인 HTML 5를 사용하는 것이다. 그러나 이 표준안은 아직 확립된 것이 아니며, 표준체계가 확립되고, 시장에 표준화가 적용되기까지는 많은 시간이 걸릴 것이다.

불편한 진실

기기들의 기능들이 통합되고 표준안들이 생겨나고 있는 반면, 특히 미국에서는 모바일 시장에 이익이 될 수 있는 진정한 통합을 방해하는 장애물들이 존재하고 있다. 서비스 제공사들은 가능한 한 많은 장애물들을 두어 소비자들이 쉽게 기기 전환을 결정하기를 원한다. 결과적으로 그들은 여러 플랫폼들 간에 상호 운영될 수 있는 기능들에 제한을 둔다.

6) 역자 주 : 객체 지향적 프로그래밍 언어. 자바가 다른 컴파일 언어와 구분되는 가장 큰 특징은 컴파일된 코드가 플랫폼 독립적이라는 것. 현재 웹 어플리케이션 개발에 가장 많이 사용하는 언어 가운데 하나이며 모바일 기기용 소프트웨어 개발에도 널리 사용됨(출처 : 위키백과)

제공사 간의 상호운영성 제약은 하드웨어 제조업체들이 하드웨어 고유의 운영체제를 제공하면서 더욱 악화되었다. 각 플랫폼은 제조업체 고유의 운영체제를 사용하며, 이로 인하여 개발된 프로그램이 다양한 기기에서 쉽게 구동되는 융통성을 제한한다. 팜의 운영체제, 블랙베리의 운영체제, 노키아의 심비안 시스템, 윈도 모바일, 애플의 운영체제, 팜의 새로운 웹 운영체제, 구글의 안드로이드에 이르기까지 한 번 개발된 것은 여러 곳에서 쓰이기에 한계가 있다. 솔루션은 계속 개발되고 있으며, 미디어는 이미 다루기 쉬워졌으나 여전히 한동안은 플랫폼의 특성에 구애되지 않는 통합 플랫폼 개발에 어려움이 있을 것이다.

모바일폰을 사용하지 않는다 할지라도 아이튠즈와 같은 애플의 미디어 전송 기능을 사용하고자 할 때, 여전히 상호운영성 이슈에 부딪힐 것이다. 이러한 관점에서 볼 때 가장 바람직한 방법은 대안들과 제한조건들을 면밀히 살피고 할 수 있는 한, 그리고 당신이 더 많은 것을 필요로 한다면, 표준안을 사용하거나 공개된 방법들을 사용하는 것이다.

전송 기능

'표준안과 공개된 방법들을 사용한다' 와 '더 많은 것을 필요로 한다면' 의 의미를 살펴보자.

제7장에서 논의한 모바일의 4C Content, Compute, Capture, Communicate에서 콘텐츠 접근Content과 계산하기Compute에 대해서 이야기해볼 수 있을 것이다. 왜냐하면 정보수집Capture과 의사소통Communicate은 기기의 성능에 크게 영향 받기 때문이다. 따라서 가용성이 있는 콘텐츠를 어떻게 개발할 것인가와 상호작용성을 어떻게 개발할 것인가를 이 장에서 다루고자 한다.

첫 번째 해결책은 포털을 통해 접근하게 하거나 표준 형태로 전환하는 것이다.

표준 포맷

다양한 유형의 콘텐츠를 담아낼 수 있는 표준 포맷들이 꽤 있다. 이메일은 모바일에서의 전송 문제가 이슈화되기 이전에 표준안이 잘 수립된 경우이다. 문자 메시징 표준안은 전 세계적으로 쓰이며 MMS[7]도 마찬가지이다. 또한 MP3, MP4(또는 MPEG-4) 역시 오디오와 비디오를 위한 잘 알려진, 세계적인 표준안이다.

현재 많은 기업에서 마이크로소프트의 윈도를 운영체제로 사용하고 있으며 마이크로소프트에서는 오디오와 비디오 파일을 위하여 각각 확장명 .wav 또는 .wmv 라는 고유의 파일 형식을 만들어 사용하고 있다. 그러나 당신이 윈도 모바일 운영체제(윈도 폰으로 이름이 바뀐)를 사용하는 기기를 선택하지 않는 한, 어떤 모바일 기기에서도 이것들을 사용할 수 있을 가능성은 희박하다. 다행스러운 점은 파일 변환이 매우 쉽고 무료라는 것이다.

새로운 비디오 포맷으로 H.263[8]과 후속작인 H.264[9]가 있으며, 광범위하게 사용되고 있다. 비록 어도비의 노력에도 불구하고(앞에서 기술한 바와 같이) 플래시가 모바일 기기에서 광범위하게 사용되고 있지는 못하지만 H.263은 플래시에서 사용되고 있다.

7) 역자 주 : 멀티미디어 메시지 서비스(Multimedia Messaging Service, MMS). 글자 위주의 단문 메시지 서비스(SMS)에서 발전하여 사진, 소리, 동영상 등의 멀티미디어 메시지를 만들어 보내는 방식(출처 : 위키백과)

8) 역자 주 : 화상 회의와 화상 전화를 응용하기 위한 영상 압축 코딩 표준 문서(출처 : 위키백과)

9) 역자 주 : 높은 데이터 압축률을 가지는 디지털 비디오 코덱 표준. MPEG-4 파트 10 또는 MPEG-4/AVC[고급 비디오 부호화(Advanced Video Coding)]라 부르기도 함(출처 : 위키백과)

그래픽과 텍스트가 합해진 문서들을 위해서 데스크톱에서 광범위하게 쓰이고 있는 포맷은 PDFPortable Document Format이다. 이 포맷은 많은 점에서 편리한데 일반적인 기능을 갖춘 스마트폰과 PDA 같은 대부분의 모바일 기기들에서 읽힌다. 그 외 다른 표준안 역시 유용한 기회를 제공하고 있다.

모바일 웹

앞서 해상도에서 언급된 바와 같이, 기기들이 점점 스크린을 크게 하는 추세이다. 따라서 브라우저를 가진 기기라면, 앞으로 곧 모바일 웹은 전송 옵션이 될 것이다. 앞서 기술한 바와 같이, 이것은 이미 스마트폰뿐만 아니라 모든 휴대전화, 태블릿, 소형 게임기의 플랫폼에도 해당한다. 이는 모바일 웹이 실행 가능성이 높은 전송 옵션이라는 것이다.

모바일 웹에서 가용한 콘텐츠를 만들기 위해서는 선행되어야 할 몇 가지 조건이 있다. 작은 창을 위한 포맷이고, 페이지 사이즈가 조절 가능하고, 레이아웃이 일관되고, 텍스트 입력이 아닌 포인트 앤 클릭point-and-click 인터페이스여야 하며, 간결하고, 대역폭이 낮은 미디어를 사용하는 것이 모바일 웹 전송의 핵심 사항이다.

콘텐츠 툴

또 다른 대안은 모바일 콘텐츠 전송을 위한 특정 툴을 사용하는 것이다. 앞서 말한 바와 같이 하이브리드 러닝사의 Kris Rockwell은 브라우저가 없는 어떤 플랫폼에서도 구동될 수 있도록 하기 위해 DITA와 리더readers를 사용하고 있다(맞춤형 프로그래밍 솔루션에 비하여 매우 탄력적이다).

이와 유사하게 아웃스타트사와 온포인트사의 툴에서도 높은 수준의 콘텐츠 개발이 가능하며 대부분의 플랫폼에서 읽힐 수 있는 리더를 가지고

있다. 다른 몇몇 툴들도 마찬가지이다. 결과적으로, 팀 또는 개인이 다양한 수준의 콘텐츠를 쉽게 개발하고 대부분의 모바일 기기 플랫폼에 전송할 수 있게 되었다.

사례

콘텐츠 모델

필자가 활동하고 있는 영역이기도 하고 열렬히 주장하는 것 중 하나가 콘텐츠 모델이다. 콘텐츠 모델이 의미하는 것은 당신이 개발하는 콘텐츠가 구조를 가져야 함을 말한다. 필자는 지난 수년 동안 사례를 개념으로부터 분리하는 것처럼 콘텐츠를 수업목적에 따라 단위로 나누는 것이 필요한 이유를 말해왔다. 필자가 앞서 '인지적 도제'에서 언급했듯이 유닛이 작아질수록 학습 확장이 보다 용이해진다.

조직 전체에 걸쳐 콘텐츠 개발을 통합하는 데 체계적인 노력을 기울여야만 하는 중요한 이유는 전달의 유연성뿐만 아니라 중복 개발을 줄이게 됨으로써 비용을 절감할 수 있다는 데 있다. 또한 초기의 콘텐츠 관리 시스템과 조직 전반에 걸쳐진 노력을 통합시키는 데에 비용이 들기 때문이다.

공통적으로 발생하는 사항을 전달하기 위하여, 마케팅 부서는 제품 사양과 이 사양에 요건을 덧붙인 제품작동법을 만든다. 제품 혹은 서비스가 개발된 후에는 이 자료가 세 개의 팀에게 전달된다. 영업 팀을 위한 영업교육자료, 레벨 1, 2의 고객 지원 팀에게는 고객지원교육자료, 문서작성 팀에게는 매뉴얼이 전달된다. 각 팀에서는 이 자료들을 새롭게 다시 작성하게 된다. 하나의 대안으로, 마케팅 부서에서 제품작동법을 상세화하는 템플릿을 명시하고, 세 팀이 새로이 작성하는 것이 아니라, 템플릿에 조금만 더 상세화 작업을 하는 것을 고려해보자.

이는 쉬운 일이 아니다. 특히 팀들이 세분화된 경우 더욱 그러하겠지만, 노력을 들일 가치는 충분히 있다. 필자가 참여했던 프로젝트에서 소프트웨어 개발자들이 만든 종이 매뉴얼과 온라인 지원 시스템을 활용한 적이 있다. 고객 교육에 이를 활용하였지만 대상자들은 이것의 사용을 기피하였다. 나중에 안 사실이지만 우리가 애초에 그 기능을 설계하지 않았기 때문에 보완하기가 쉽지 않았다.

모바일러닝에서, 유연한 전송(예를 들어 콘텐츠 베이스에서 인쇄용과 웹용이 자동으로 생성)이라는 관점에서 콘텐츠 개발 과정에 선노력을 기울인다는 것은 최소한의 노력으로 모바일 콘텐츠를 생성할 수 있음을 의미한다. 포맷과 콘텐츠를 분리하는 것은 모바일 포맷과 그 포맷에 담긴 콘텐츠 전송 방식을 분리할 수 있음을 의미한다. 선작업이 이루어져야 할 부분은 투입물과 모든 바람직한 산출물을 문서화하는 것인데 이러한 초기 작업은 차후에 이루어지는 콘텐츠 개발에서의 중복 개발의 감소와 전송의 유연성 상승으로 감가상각된다. 또한 이것은 새로운 상황에 맞춰지는 적응적인 전송이 이루어지도록 하는 첫걸음이 된다.

기기들이 확산되고, 콘텐츠에서 가능한 것들이 더 많아짐에 따라(예를 들어 애니메이션을 통합해주는 인쇄 전송과 새로운 디지털 eReaders에서 상호작용성) 기기가 독립적으로 구동될 수 있다는 것은 중요한 이점으로 작용할 것이다. 융통적 전송이라는 관점에서 가능한 형태의 콘텐츠 개발이 주는 장점을 생각해보고, 새롭게 등장할 기기에 대한 준비를 해야 한다.

맞춤형 프로그래밍

지금까지 4C 중 콘텐츠 접근Contents과 관련된 부분이었다면 이제 계산Compute에 대해 살펴보자. 계산하기용 솔루션을 실제로 운영할 때 난관에 부딪히게 된다. 수행자에게 실시간 데이터 스트림을 제공하고 싶거나 어떤 고유의 혹은 복잡한 입력 처리를 하고자 한다면 일반적으로 맞춤형 프로그램custom-programmed 방식으로 개발된 솔루션을 활용해야 할 것이다. 이는 프로그래밍 환경이 발달되지 않아 기기에서 가용한 메모리가 매우 제한적이었기 때문에 이전에는 어려운 과제였다. 유일한 장점이라고는 스크린이 매우 작기 때문에 하고 싶은 일을 제한한다는 것이다.

하지만 모바일 환경은 여러 측면에서 변화되었다. 어떤 플랫폼(예 : 소형 게임 플랫폼)은 여전히 제한적이지만 스마트폰 플랫폼(안드로이드, WebOS, 아이폰 OS, 윈도 모바일, 블랙베리 OS, 심비안 OS)들은 모두 꽤나 다양한 소프트웨어 개발 키트를 제공하고 있어서 높은 수준의 프로그래밍이 가능하다.

그 결과 프로그래머가 필요하긴 하겠지만(일반적으로 이것은 교수 설계자의 몫이 아니다), 개발 시간이 오래 걸리지 않고 예측이 가능하다.

통합 플랫폼cross-platform은 거의 선택이 아닌 필수가 되었다. 자바 모바일 에디션Java ME과 퀄콤 바이너리 런타임 무선 환경BREW은 몇몇 통합 플랫폼 개발에 필요한 기능을 제공하고 있지만, 이에 대한 제약 사항이 따른다. 일반적으로 휴대전화의 경우 이 두 환경에서 구동되나 모든 스마트폰 혹은 어떤 기기에서는 여러 가지 이유로 구동되지 않기도 한다.

이 글을 읽을 때쯤이면 통합 플랫폼 도구를 사용해 높은 수준의 상호작용을 개발하고 다양한 소스를 끌어와 다양한 플랫폼에 전달할 수 있게 되었을 것이다. 이러한 기능을 가진 새로운 플랫폼들이 언젠가는 흔해지겠지만 중요한 것은 유용한 솔루션을 설계할 수 있다면 이를 개발할 수도 있다는 것이다.

생각해볼 문제

01 당신은 자동 변환을 할 수 있는가?

02 모바일 솔루션을 개발하고 있는가?

03 당신은 맞춤형 프로그램 방식의 모바일 어플리케이션 개발 능력을 가지고 있는가?

11

IMPLEMENTATION AND EVALUATION

실행과 평가

모바일 솔루션을 구축했다 할지라도 성공적인 결과는 보장할 수 없다. 모바일 솔루션을 성공적으로 테스트하고, 배포하고, 활용하기 위해서는 실행 단계에서 운영을 관리·감독하고, 변화를 관리하고, 결과물을 평가하는 것이다.

실행 계획하기

실행은 단순히 배포만을 말하는 것이 아니다. 모바일 솔루션의 실행을 위해서 타임라인을 세우고, 역할과 책임을 나누고, 체크포인트를 점검하는 등의 계획이 필요하다. 성공적으로 관리하고 실행하기 위해서는 당신이 세운 계획과 결과물들이 일치하도록 해야 한다.

이를 위한 핵심 요소 중 하나는 한정된 시험판을 통해 솔루션의 기능을 실제 시험해보는 것이다. 이것은 해당 솔루션이 모든 가능한 기기에서 다운로드되어 실행되는지를 확인하는 간단한 방법과 큰 용량의 비디오를 업로드하거나 극단값을 계산하거나 많은 사람들이 동시에 커뮤니케이션 툴을 사용해보는 것과 같이 스트레스 테스트를 해보는 방법이 있다.

타임라인 안에는 테스팅과 수정을 위한 단계가 반드시 포함되어야 한다. 또한 프로젝트의 외적인 영향 요인을 관리하는 것 역시 필요하다.

조직적 변화

Jay Cross와 Lance Dublin이 *Implementing eLearning*(2002)에서 지적한 바와 같이, 성공적인 학습 테크놀로지의 실행은 변화 관리 과정을 통해서 다루어질 필요가 있다. 이러한 관점에서 이들이 제공하고 있는 관리 가이드라인은 매우 중요하다고 할 수 있다. 모바일러닝의 도입과 사용은 하나의 조직적 변화로 볼 수 있는데 여기에는 다른 조직 변화에서 필요한 요건들이 동일하다. 이 요건들에는 의사전달, 지원, 그리고 인센티브가 포함된다.

성공적인 조직 변화는 조직 상부의 지원과 구매에서 시작한다.

초기 프로젝트로 눈에 띄지 않게 시작되건 아니면 전사 차원의 배포로 시작되건 간에 승인이 필요하기 때문이다. 대상 학습자가 누구든지 간에 이러한 승인에는 최소한 교육 팀의 즉각적인 관리와 상부 조직의 직접적 관리가 개입된다. 또한 인프라가 연계될 경우 IT 팀의 구매와 지원 역시 필요하다. 큰 규모의 프로젝트라면 대량 구매도 필요할 것이다.

이러한 지원은 예산이나 승인 그 이상을 의미한다. 임원들이 참여하여

직접 솔루션이 적합한지 사용하거나 아니면 적어도 이것을 지원하고 있다고 공식적으로 말하거나 그들이 기대하는 행위와 이득을 언급해준다면 프로젝트는 보다 성공적으로 착수할 수 있을 것이다. 가장 이상적인 것은 임원들이 인센티브나 성과 향상과 같은 참여에 대한 구체적인 보상을 언급하는 것이다.

실행 계획과 이러한 지원은 적극적인 의사 전달에서 시작된다. 개인은 분명 조직과 상호 관련되어 있지만, 조직 차원에서의 이득보다는 개인 차원의 이득에 초점을 맞춰야 한다. 그리고 타임라인과 성과에 대하여 내걸어진 약속들이 확실히 지켜질 수 있도록 해야 한다.

의도한 대로 개인이 참여하도록 하는 데 있어서 방해요소들이 무엇인지 생각해보자.

- 실제 다른 행동들을 하도록 제안하는 인센티브인가?
- 오래된 습관들로 인해 예전으로 돌아갈 확률은 없는가?
- 신기술 습득을 위해 사전에 훈련이 필요한가?

프로젝트 진행을 방해하는 다양한 요인이 있으므로 이것을 예측하고 예방해야 한다.

관리 및 감독

모바일러닝 프로젝트가 자리를 잡은 뒤에는 지속적인 운영과 관리감독이 필요하다. 조직을 운영하기 위한 관리활동과 전략적 방향대로 가는지 감독하는 활동처럼 프로젝트에서도 관리감독이 필요하다.

관리란 사업을 이끌어가는 방침과 절차를 일컫는 말이며, 감독이란 보다 넓은 맥락에서 운영을 자세히 살펴보는 전략적 활동을 말한다. 좋은 관리자는 전략적 상황에서 의식적으로 관리 및 감독을 수행하되 어느 한 가지도 소홀히 여겨서는 안 된다.

관리활동은 성공을 위한 책임감, 실행을 위한 절차, 문제해결을 위한 방침을 필요로 한다. 콘텐츠 개발, 호스팅, 평가 등을 위해 지속적인 모니터링은 바람직하다. 만약 사용자가 콘텐츠를 저장할 수 있다면, 그 콘텐츠의 정확성을 검증하고 언제 이것을 삭제할 것인지 결정하는 것에 대한 책임을 누가 질 것인가? 사람들과 커뮤니케이션하는 데 필요한 디렉터리(주소록)를 어떻게 개발하고 유지보수할 수 있는가? 이러한 질문에 대한 답은 그리 어렵지는 않지만, 명확한 책임소재와 방침이 필요하다.

예를 들면, 정보 저장소에서 발생하는 일반적인 문제 중 하나로 더 이상 유효하지 않은 콘텐츠를 보관하는 것이다. 누군가는 콘텐츠나 기능이 업데이트되어야 할지 종료되어야 할지 결정을 내려야만 한다. 이에 대해 확실히 하기 위해 콘텐츠를 영역과 주제별로 책임소재를 매트릭스 구조로 나눌 수 있다.

이와 연관된 주제로 지적재산에 대한 이슈가 있다. 생성된 콘텐츠와 이와 연관된 저작권에 대한 소유는 누가 하는가? 초기에는 콘텐츠의 생성을 책임지고 있는 교수설계자나 작가 같은 직원들을 생각해볼 수 있으나, 사용자들이 콘텐츠를 생산하기 시작할 때는 더 확실한 방침이 필요하다. 이는 내부 직원이 아닌 고객이나 다른 이해관계자들이 개입되었을 때 더욱 중요해질 것이다. 그러므로 모바일러닝에서 데이터 저장 및 커뮤니케이션과 같은 기능을 사용하기 전에 동의를 구하는 정책을 우선적으로 수립하는 것이 좋다.

감독활동은 전반적인 접근방법을 감독하고, 요소들이 각각 잘 기능하고 있는지를 보고, 프로젝트 운영의 개선, 확장, 축소, 종료 방식을 결정하는 것을 말한다. 프로젝트 초창기나 비공식 프로젝트의 경우 이에 관계된 이해 당사자들과의 일련의 대화를 통해 대체할 수도 있겠다. 그러나 조직에서 모바일러닝의 비중이 커지면 공식적인 관리감독위원회를 구성하고 정기적인 전략 평가를 시행하는 것이 바람직하다.

평가

관리활동은 일반적으로 평가활동을 수반한다. 현재 모바일 솔루션을 개발 중이라면 그 개발이 잘 진행되고 있는지 어떻게 알 수 있을까? 아무런 데이터가 없다면 모바일러닝 프로젝트가 잘 진행되고 있는지, 수정이 필요한지, 초기에 종료를 해야 하는지를 어떻게 판단할 것인가?

데이터에도 여러 종류가 있으며 프로젝트에 따라 평가 방법도 다를 수 있겠으나 나오는 결과들이 무엇인지 면밀히 살펴봐야 한다. 어도비사의 이러닝 전도사라 할 수 있는 Ellen Wagner는 "평가하지 않는다면, 이게 다 무슨 소용인가?"라고 하였다.

사례

트래킹과 보고

많은 팀들 중에서도 특히 교육팀은 모바일에 탑재된 솔루션의 사용에 대한 트래킹을 원할 것이다. 어떤 학습 콘텐츠이건 간에 특히 평가에 대한 결과가 LMS에 즉각 보고된다면 더할 나위 없을 것이다. 여기에 대해서는 여러 가지 다른 의견이 있다.

퀄콤사의 Barbara Ludwig과 B.J. Schone은 필자에게 자신들은 수행자에게 정보를

얻는 방법에만 집중을 하고 이를 LMS에 통합하는 것에는 크게 신경을 쓰지 않았다고 얘기했다. 이들의 생각은 간단한데, 일단 사용자들이 그것의 유용성을 발견한다면, (알아서) 쓸 것이라는 것이다. 여기서의 메시지는 분명하다. 당신이 개발한 것이 학습자에게나 수행자에게나 쓸모가 있어야 한다는 것이다. 반복적인 설계과정에 사용자들을 참여시키고 개별적으로 형성 평가를 실시하는 것은 매우 중요한 요소이다.

반면, 의무교육이거나 인센티브가 관련된 경우, 특히 교육 팀은 학습자의 수행을 기록하고 싶을 것이다. 이제는 많은 툴들이 다양한 API Application Programming Interfaces를 통하여 LMS와 통합될 수 있으며, 몇몇 LMS 판매사들도 모바일 전송 및 보고 기능을 추가했다. 데스크톱을 제외한 모든 상황에서 모바일 기기가 사용되고 있는 지금 이런 추세는 계속될 것으로 보인다.

사용 기록이 없더라도, 솔루션에 접속하였는지 여부를 판단하는 것은 가능해야 한다. 사용을 트래킹하는 기능 역시 점점 발전하고 있다.

사용자 보고 같은 질적 데이터는 유효한 데이터의 한 형태이다. 사용자를 대표하는 표본을 대상으로 설문을 통해 피드백을 얻을 수도 있다. 모바일 솔루션을 사용할 인구의 비율과 같은 양적 데이터도 한 형태가 될 수 있다. 포털에서의 다운로드와 업로드 양도 측정이 가능하다. 이와 같이, 모바일 앱에서도 트래킹이 가능해야만 한다.

적절히만 사용한다면 Donald Kirkpatrick의 *Evaluating Training Programs*(1994)에서 제시한 네 수준의 평가방법으로 학습 효과를 평가할 수 있다. 가령 "X에게 영향을 줄 수만 있다면, 우리는 연간 Y달러를 절감하거나 벌 수 있을 것이다. 이때 X는 더 나은 결정이 될 수 있다."는 식으로 필요한 조직 변화가 무엇인지 파악할 수 있을 것이다. 이것은 궁극적으로 당신이 달성하고자 하는 목표인데, 네 번째 수준의 평가에 해당한다. 그러고 나서는 다음과 같은 순서를 역으로 밟게 된다. 우선 관찰가능한 행동을 평가(3수준. 학습자가 변화된 행동을 지속적으로 보이는지에 대한 전이 평가), 학습 후 학습자의 수행에 대한 평가(2수준. 총괄 평가), 마지막으

로 학습자가 자신의 학습 경험에 대한 주관적 평가를 하는 단계(1수준. 학습자의 '경험' 이 증진되었는지를 만족도를 통해 알아보는 반응 평가)로 이루어진다. 여기에 필자가 고객으로부터 들은 단계를 추가할 수 있다. 바로 0수준 평가인데, 학습자가 학습 경험에 단지 '참여' 했는지 여부를 확인하는 것이다. 참고로 2수준 평가는 학습자가 형식적인 학습 경험을 하는 대신 수행 지원을 받는 경우 유용하지 않을 수도 있다.

전략적 목표로부터 시작하여 이를 달성하기 위해 역순으로 평가를 진행해가는 경우, 교육과 조직 차원의 결과 간의 논리적 관계를 형성해야 한다. 그 관계는 일정치 않겠지만, 중요한 것은 교육을 통해 변화되는 행동, 현업에서 요구되는 변화, 조직 차원의 결과에 미치는 영향이 긴밀하게 연결되어 있어야 한다.

그 유명한 투자대비회수율Return On Investment, ROI 문제가 여기서 다시 대두된다. 일반적으로 모바일 계통에 대한 투자를 위해서는 명확한 비용-편익 분석이 가능해야 한다는 것이 정설이다. 일견 맞는 말이지만, 대부분의 ROI는 비용과 수익 간의 '비율' 을 보기 때문에 오해의 여지가 생길 수 있다. 예를 들어 1,000달러로 1만 달러의 수익을 얻을 수 있는 ROI 1,000%의 신비로운 투자처가 있다고 치자. 그리고 또 다른 투자처는 20만 달러로 100만 달러의 수익을 얻을 수 있다(ROI 500%). 이 경우 두 번째 투자처는 더 낮은 ROI를 가짐에도 불구하고 수익의 절대치는 월등히 크다. 그렇다면 당신은 어떤 선택을 해야 하겠는가?

이 시점에서 분석 단계로 되돌아가 자신이 원하는 만큼 실제로 영향을 주고 있는지를 살펴보아야 한다. 그렇지 못했다면 그 이유를 분석해야 하고, 솔루션을 바꿔야 하는지, 프로젝트를 중지해야 하는지를 결정해야만 한다. 물론 자신이 원하는 결과를 얻었다면 다음 단계로 나갈 준비가 된 것이다.

제8장의 플랫폼에서 언급한 투자와 관련된 내용이 여기서 다시 나온다. 어떤 목적을 달성하기 위한 특정 개발에 드는 투자비용은 간단히 계산된다. 그러나 전략적으로 프로젝트에서 인프라를 구축한다면 그로 인한 지속적 수익이 날 것이다. 단기적 솔루션을 찾는 데 급급하기보다 성능개발을 위해 전략적으로 생각하고, 그러한 투자를 정당화할 수 있는지를 살펴봐야 한다.

학습이나 업무 지원에 대해서는 모바일이라고 특별할 것은 없다. 그러나 학습 확장은 전체 경험과 분리하기 힘들 수도 있다. 당신이 일반적인 코스와 학습 확장 코스를 비교할 수 있다면 이에 대한 명확한 기준을 가졌다는 뜻이다. 이런 기준 없이는 모바일 확장만이 가져다줄 수 있는 고유의 기여를 구분하기 힘들 수도 있다.

해결해야 할 문제

모바일러닝에도 많은 문제점이 도사리고 있다. 기기, 접속, 접근성, 보안성, 지원 등에 대한 우려가 생기고 있다. 이런 문제들은 법무 팀, 인사관리 팀과, IT 팀 모두를 아우른다. 이를 위한 보편적인 가이드라인을 살펴보자.

사회 정책

소셜 미디어로서 모바일 기기의 사용과 기타 부가적인 것들에 대한 규칙이 필요하다. 사내에서 시간을 허비하는 직원이나 내부기밀이 누설되는 것에 대한 걱정이 있는 중역들에게 사회 학습에 대해 생각해보게 할 수 있다. 이런 걱정들이 있을 수 있지만 불식시킬 수 있는 방법이 있다.

업무 대신 사회화에 대한 걱정은 모바일 기기에만 처음 있는 일이 아니

다. 몇 년 전, 필자는 새로운 정보기술 인프라를 구축하고 있던 회사를 자문해준 적이 있다. 중역들은 당시에는 새로웠던 이메일 기능을 비활성화해줄 것을 요구했다. 이유는 사원들이 이로 인해 시간을 뺏길 것을 우려해서였다. 전화도 가지고 있었지만, 이메일을 '다르게' 인식하였다.

비슷한 경우가 또 있다. 직장이 서로 공유하고 나누는 분위기라면, 보유하고 있는 도구에 관계없이 대화는 생산적일 수 있다. 반면, 서로 불신하고 운영진의 통제가 심한 곳이라면 모바일 기기의 유무와 관계없이, 업무와 무관한 대화나 행동이 발견될 것이다. Internet Time Alliance에서 일하는 필자의 동료가 내건 슬로건은 생산적인 대화를 위한 도구를 제공해주어 직장 분위기를 올바르게 잡게 해준다. 모바일의 경우에도 이에 해당된다.

목표는 직원들이 무엇이 필요한지 이해하는 것을 돕는 것이며, 스스로 해결책을 찾을 수 있도록 하는 것이다. 우리가 보았듯이, 모바일 기기를 통한 확장은 조직 역량을 끌어올릴 수 있기 때문에 이는 무관한 활동에 대한 걱정이 아니라 실행과 혁신의 도구로 채택되어야 한다.

비슷한 식으로, 모바일 기기를 통한 비밀 공유에 대한 걱정은 면대면 상황 같은 다른 채널을 통해 비밀을 공유하는 것과 크게 다를 바가 없다. 다만 사용자가 디지털 커뮤니케이션이 얼마나 지속적이고 유비쿼터스한지 모르는 경우가 있을 수 있다. 공유되는 내용이 고의적이거나 부주의로 더 광범위하면서 비정상적으로 퍼질 수도 있다는 점이 다르다.

현재 10대들이 부적절한 사진을 찍어 공유하는 소위 'sexting'이 만연하며 여러 심각한 결과를 야기했으며, 그 영향은 무한적으로 커질 거라 예상된다. 요즘 웹에 포스팅되는 것은 삭제 여부와 상관없이 무한하게 남아 있을 수 있다.

또한 이메일 등과 같은 직접성이 부족한 비동시적 커뮤니케이션 방식은

놀랍도록 부적절한 행동으로 이어질 수 있다는 것이 밝혀졌다. 사람들은 얼굴을 맞대고 대화를 할 때보다 더 무례해지고 돌발적이 되었다.

사람들은 어디에서건 부적절한 정보를 유통할 수 있다. 전화나 일상대화에서의 부적절한 행동들에 제재가 가해져야 하듯, 모바일 커뮤니케이션을 둘러싼 방침도 필요하다. 많은 면에서 이 또한 일반 상식을 따른다. 그 사람을 대면했을 때는 안 할 말을 전화나 IM이나 마이크로블로그나 이메일상에서도 안 하면 된다.

예를 들어 IBM의 소셜 미디어 정책 중에는 "직접 대면하고 있을 때 하지 않을 행동을 소셜 미디어에서도 하지 말라."가 있는데 이는 모바일 기반의 소셜 미디어에도 동일하게 적용된다. 요약하자면, 다른 매체에서 어떤 행동이 적절한지를 명확히 한 후 모바일 커뮤니케이션을 할 때도 동일하게 적용하면 된다.

접근성

모바일 기기에 관한 큰 우려 중 하나는 시각 · 청각과 같은 다양한 미디어가 특정 인구층이 사용하기에는 제약이 따른다는 것이다. 시각장애인들은 그래픽을 인지하는 데 문제가 있을 것이고, 청각장애인들은 음향 파일을 듣는 데 문제가 있을 것이다. 그리고 물론 모든 포맷을 다 다룰 수 없는 기기를 가진 사용자들의 경우에는 특정 콘텐츠에 접근하는 데 무리가 따를 것이다.

여기에 두 가지 방법이 있으며 어느 것을 선택해도 무방하다. 그중 하나는 모든 콘텐츠에 대체할 수 있는 미디어를 추가로 제공하는 것이다. 예를 들면, 자막과 함께 제공되는 오디오 파일, 텍스트와 함께 제공되는 도표 등이 있다. 이는 법으로 강제성을 띨 수도 있으나 함께 제공하는 것이 지극히

당연한 일일 수 있다.

또 다른 방법으로, 당신이 만드는 업무 보조도구나 학습 확장이 의무사항이 아닌 경우, 모바일 버전을 만들어내기에 공수가 덜 들어가지만 대체 미디어 제공에 너무 많은 노력이 필요할 때 서비스 가능한 것만 생각하라. 어느 누구도 모든 미디어를 다 수용할 수 있는 기기를 가지고 있지는 않을 것이기에, 당신이 할 수 있는 것은 필요한 것을 모두 갖춘 기기를 제공하거나 특정 기능이 없는 경우에 이에 대한 지원을 제공하거나(예 : PDA만 소지한 사람에게 저가의 MP3 플레이어를 제공) 혹은 사용자들의 재량에 맡기는 것이다.

당연한 일이지만 누군가 특정한 기능을 요구하거나 혹은 특정 기능이 누군가에게 불이익을 줄 수 있다면, 다양한 방법을 통해 이를 해소할 방도를 찾아야 하는 것이다. 이를 위한 환경은 두 가지 측면에서 점점 더 좋아지고 있는데 첫째는 기기가 날로 발전하고 있는 덕분이고, 둘째는 우리가 스스로 개발 과정에서 조금만 더 귀찮음을 감내한다면 이로 인해 융통성이 커져 사용자층이 늘어남을 인지하고 있기 때문이다.

보안

IT 팀이 네트워크를 통한 접근을 방화벽으로 막는다면, 사람들은 자신의 휴대전화를 통해 웹서핑을 할 것이다. IT 팀이 접근을 허용하면 허용할수록, 해커 등에 의해 보안에 점점 더 취약해진다. 그렇다면 IT 팀은 무엇을 해야 하는가? 우선 '공격자' 들과 잘 협상할 필요가 있다. 왜냐하면 그들은 무언가 일을 일으킬 수 있고, 자금이나 도구를 가지고 있을 수도 있고, 심지어는 장애물이 될 수도 있기 때문이다.

보안에 관한 걱정은 크게 두 가지에서 비롯된다. 기기상의 데이터와 전

송 중인 데이터가 그것들이다. 데이터가 기기상에 존재하거나 기기를 통해 접근될 수 있으면, 기기를 분실하는 경우 지적재산권이 침해당할 수 있고 경쟁적 우위도 사라지게 된다. 전송 중인 데이터를 중간에 가로채는 것도 어렵기는 하나 충분히 가능한 얘기다.

이에 대한 솔루션은 다음과 같다. 점점 휴대기기 판매자들은 암호화된 하드웨어 장치와 패스워드가 걸린 데이터를 제공하고 있다. 또한 서드파티 솔루션을 통해 기기와 통신을 보안하고, 분실된 기기를 원격으로 초기화하고 심지어 추적하기도 한다.

그러나 이런 것들은 IT 팀이 소프트웨어와 관련된 이슈를 알아야만 가능한 것이다. 마이크로소프트의 경우는 엔터프라이즈 솔루션의 포지션을 견지하고 있기 때문에, 윈도 모바일 솔루션을 탑재한 기기들은 이 부분에서 매우 쉬울 것이다. 그러나 다른 기기들의 경우에는 이러한 규정들이 다양하다.

이러한 동전의 이면에는 로그인만으로 접근이 가능하게 해야 한다는 점이다. 이 부분에서는 지금도 계속 변하고 있는 솔루션의 세부사항을 다루는 대신 성공적인 솔루션의 특징을 설명하고자 한다.

모바일 사용에 있어서 솔루션으로 그 접근을 제한하기보다 보안과 유지의 기준에 부합하도록 해야 한다는 사실을 IT 팀에게 인지시켜야 한다. 이에 대해 IT 팀의 동의를 구하려면 보안은 대단히 중요한 문제이다. 보안과 관련해 앞으로 기기가 갖추어야 할 요건은 다음과 같다.

- 비밀번호와 원격 삭제 기능
- 암호화
- 디지털 인증서

- 상용화된 소프트웨어와의 동기화 기능
- 위 기능들의 적합성

기기 제공 여부

앞서 살펴본 애매한 부분들은 결국 특정 기기를 제공할 것인지, 아니면 단순하게 개인이 보유한 기기를 활용할지를 결정하는 데에 달려 있다. 항상 그렇듯이 장단점이 있다. 만약 특정 기기를 제공한다면 그 기기의 기능들을 활용하여 보안을 관리하기가 용이하다. 그러나 한편으로는 기기를 구매하고, 지원하고, 관리하는 데 비용이 든다. 만약 개인이 가진 기기를 활용하도록 한다면 이와 같은 비용문제나 지원들이 발생하지는 않겠지만, 누구에게 어떻게 학습을 지원해줄 것인가에 대한 문제에서 선택의 폭이 좁아진다.

예를 들면, PDA처럼 쓰도록 학습자에게 스마트폰을 제공했지만 여기에 SIM 카드를 꽂게 해 무료로 음성 서비스를 사용하게 할 수 있다. 에빌린크리스천대학교에서는 전화 사용료 지불을 원치 않는 사용자들에게 해당 기능이 없는 기기를 제공하였다. 필요에 따라 다양한 솔루션들이 존재할 수 있다.

지원

기기 제공 여부와 상관없이 기기에 대한 지원 이슈는 항상 존재한다. 만약 조직에서 기기를 제공하기로 결정했다면 이에 대한 유지보수와 업데이트, 사용자 지원에 대한 이슈가 있을 것이다.

그러나 기기를 제공하지 않고 사용자들로 하여금 보유한 기기를 사용하도록 한다면 접근, 포맷, 제약 등의 이슈가 나타난다. 어떤 기기들은 하드

웨어나 소프트웨어의 한계에 따른 문제들이 있을 것이며, 사용하는 네트워크에 따른 문제가 있을 수도 있고, 사용자에 의한 문제도 있을 수 있다.

이러한 문제들로 인해 제공하는 솔루션을 어떻게 테스트해볼 것인가의 문제가 따라온다. (사용 지역에 따른 문제는 있을 수 있겠지만) 기기를 제공하는 경우에는 테스팅은 상대적으로 쉬운 문제가 될 수 있다. 개발된 솔루션이 얼마나 일반적으로 접근 가능하고 사용될 수 있는지를 테스트하기 위해서 대중적으로 상용화되어 있는 특정 기기를 (그 외의 경우에는 사용자가 직접 자신의 기기에서 사용할 수 있는지 알아봐야 하겠지만) 선택해서 해볼 수 있다.

마지막 이슈는 서비스 품질 문제이다. 기기 제공 시 당연히 제공 당사자가 서비스 질에 신경을 써야 하지만, 지원의 경우에는 서비스의 책임 문제가 모호해질 수 있다. 조직 내부에서 처리할 것과 경우마다 달라지는 것이 무엇인지를 명확히 정해두는 것이 중요하다.

이번 장에서 시사하는 것은 간단하다. 모바일만의 문제라고 딱히 볼 수 없으며, 다른 분야에서의 해결법이 의외로 직접적으로 모바일 분야에서도 적용이 될 수 있다는 것이다.

생각해볼 문제

01 실행 계획을 세웠는가?

02 솔루션이 IT 표준을 준수하는가?

03 관리 및 감독 부서가 있는가?

04 사내 규정을 통해 모바일 사용에 대한 충분한 안내를 제공하고 있는가?

전망
LOOKING FORWARD

엠러닝 시장은 믿기 어려울 정도로 역동적으로 변화하고 있고, 경쟁적으로 혁신을 도모해야만 하는 상황으로 이러한 추세는 계속될 것으로 보인다. 이러한 변화는 자연스러운 진화 과정에서 나타나기도 하겠지만, 한편으로 대변혁으로 나타나는 것도 있을 것이다. 앞으로의 전망을 어떻게 내다보는 것이 좋을까?

이를 대비하기 위해 조직 학습의 보다 넓은 맥락에 모바일을 맞추는 전략이 필요하다. 또한 앞으로 닥쳐올 주요한 변화들을 인식할 필요가 있다.

제4부에서는 다음과 같은 내용을 다룬다.

- 제12장 '전략화하기' 에서는 조직 학습에서 기술에 대한 관점으로 수행생태계를 제시한다.
- 제13장 '모바일러닝의 트렌드와 향후 방향' 에서는 최근 경향과 융복합에 대해 다룬다.
- 제14장 '모바일러닝 실행에 옮기기' 에서는 엠러닝을 시작하는 데 필요한 행동수칙들을 다룬다.

12
BEING STRATEGIC

전략화하기

조직 학습이라는 보다 큰 그림 속에서 엠러닝의 역할은 무엇일까? 넓은 스펙트럼에 비추어 바라보지 않고서는 엠러닝이 언제, 어디에서 의미 있을지를 전략화하기란 쉽지 않다.

실행과 혁신을 이끄는 기술의 수많은 가능성을 토대로 필자가 적용하고 있는 몇 가지 전략적인 활용 방법은 다음과 같다.

수행생태계

수행생태계performance ecosystem는 앞서 논의한 바와 같이, 학습에는 형식학습과 비형식 학습이 있으며, 학습자 역량의 범위가 있다는 점에 그 뿌리를 두고 있다. 또한 이것은 데스크톱과 모바일이라는 디지털적으로 학습

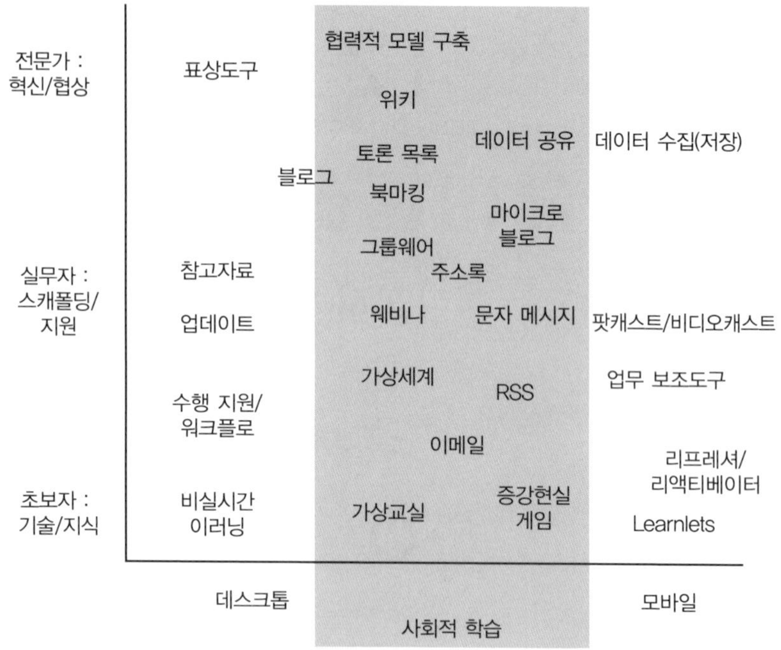

그림 12.1 수행생태계

을 지원하는 서로 다른 맥락을 포함하고 있으며, 개별 학습과 사회적 학습으로 구분할 수 있다. 이러한 요소들을 공간적으로 연결해보면 도구가 수행을 증진시킬 수 있는 잠재적인 영역이 많이 존재함을 볼 수 있다. 이러한 관점을 〈그림 12.1〉의 수행생태계라고 부른다.

수행생태계의 목적은 모든 도구를 사용하는 데 있지 않고 각 도구들마다 꼭 맞는 자리를 찾아주는 데 있다. 체계적인 방법으로 도구를 배치하기 위해 Y축에 학습자 역량을 두어, 공통된 속성이 있는 일관적이면서 통합된 체계를 만들었다.

전략적 이러닝

기술을 활용하여 조직 차원의 수행을 지원하기 위한 전형적인 출발점으로 이러닝, 수행지원, e커뮤니티(소셜 미디어)가 있다(그림 12.2). 포털을 통해 지원용 도구나 업무 보조도구가 사용 가능해지거나 개인이 전문가를 찾고 토론을 할 수 있는 수단을 제공하게 되고 온라인 수업을 제공하거나 웨비나를 서비스하는 것이 그 예이다. 그러나 이런 것들은 보통 특이한 방식으로 이루어졌다.

Michael Allen이 발간한 *Michael Allen's eLearning Annual*(2009)에 따르면 조직은 점점 치열해지는 경쟁 속에서 민첩해져야만 살아남을 수 있게 되었다. 결과적으로 통합된 정보 환경을 조직에 제공하는 것이 중요해진 것이다.

통합된 정보 환경을 제공하기 위해서 이러닝과 수행 지원, 그리고 e커뮤니티라는 세 가지 구성요소를 더 넓은 분포(모바일)에서 더 큰 통합(기반

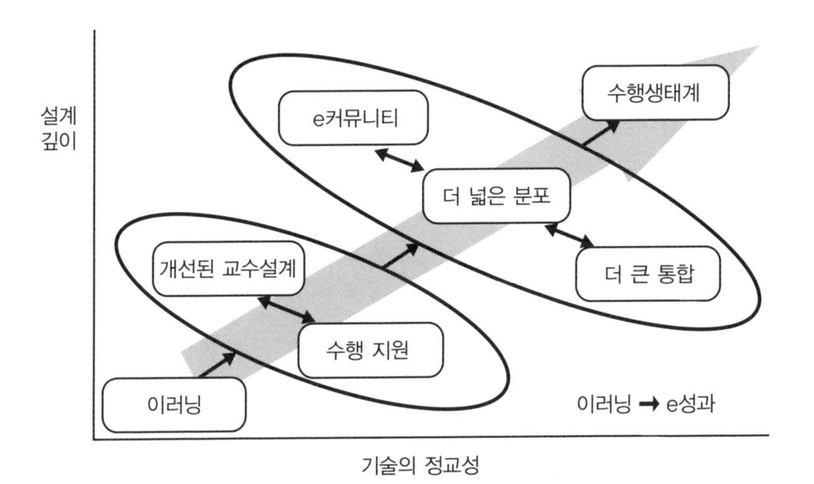

그림 12.2 이러닝 전략

시스템)에 포함시켜 확장하였다. 심층적인 학습에 이러닝이 부적합하다고 알려져 있기 때문에 심도 깊은 교수설계에 대한 인식을 추가하였다. 도전감, 감성적 몰입 등과 같은 주요 구성요소들을 인식해야만 게임과 같은 것들을 포함하는 학습 설계를 이해할 수 있다.

보다 큰 곳에 통합하고, 콘텐츠 모델을 개발하여 얻는 이점은 효율성을 높일 뿐만 아니라 모바일 전달성을 훨씬 촉진한다는 것이다. 그런데 어떤 콘텐츠 전략을 개발할지를 선택할 때 만일 모바일, 수행 지원, 이러닝, e커뮤니티와 같은 전체적인 이러닝 계획에 대한 인식과 연계하여 수행된다면 이러한 이점을 얻을 수 있는 가능성이 좀 더 높아진다.

학습자 관점

이러닝을 바라보는 또 다른 방식은 학습자 관점에서 나온다. 학습자들이 학습하는 곳에서 혼란스러울 정도로 넘쳐나는 자료를 접하는가 아니면 일관된 학습 환경을 접하는가? Harold Jarche는 학습자들의 '개인 학습 환경'에 대해 얘기하고 있다. 우리 학습자들도 그러한 환경에 있거나 혹은 일관성 없는 기술적 도구의 늪에 빠져 있지 않은가? 여기에서 목표는 학습자의 관점에서 수행을 위해 무결절성 환경을 어떻게 창조할 것인지 고려하는 것이다. 〈그림 12.3〉은 그러한 시스템 중 하나이다.

학습자가 반드시 봐야 할 것은 형식 학습, 수행 지원 그리고 사회적 학습을 위해 통합된 구조로, 이것은 콘텐츠 관리 시스템, 지식 관리 시스템, 학습 관리 시스템 그리고 소셜 미디어 시스템 위에 구축되어 있다. 모바일은 새로운 채널과 새로운 성능이 추가된 환경의 최상단에 있는 전달층이다.

여기서의 목표는 완벽한 이러닝 전략을 설명하는 것에 있지 않고 모바일 프로젝트를 고려하는 맥락을 제공하는 데 있다. 장기적으로, 이러닝 전략

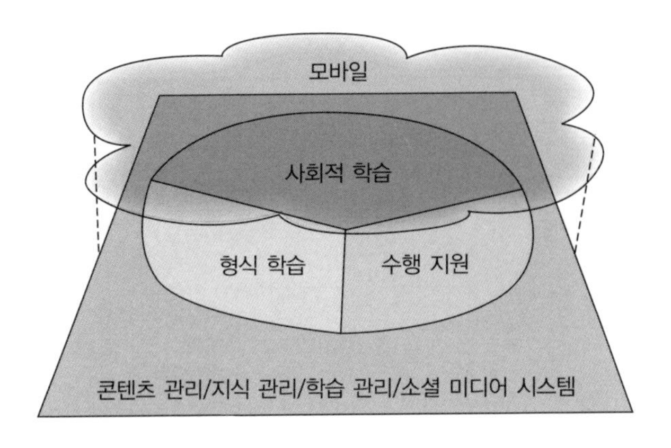

그림 12.3 학습자 수행생태계

은 필수적인 요소이지만 모바일 프로젝트는 조직 수행을 위해 기술을 보는 보다 큰 맥락에서 고려되어야만 하기 때문이다.

기회 탐색

모바일은 외부와 단절된 상태에서 그냥 일어나지 않는다. IT 팀, 영업 팀서, 운영 팀 혹은 인사 팀 주도하에 모바일 프로젝트가 진행되고 있기 때문이다. 여기에서 중요한 점은 이 팀들을 어떻게 활용할 것인가이다. 순수하게 학습을 위해서 모바일을 밀어붙이거나 모바일 그 자체만으로 밀어붙이기에는 어려움이 있을 수 있다. 이러한 노력들을 유용한 기회로 만들 수 있는 것으로는 무엇이 있을까?

그 방법은 연결 고리를 아는 것이다. 지렛대처럼 적은 추가비용으로 잠재적이면서 강력한 부가적인 산출물을 내도록 하는 것이다. 정보를 전달하고 수집하거나 혹은 쉽게 모바일화할 수 있는 신기술 배포라는 두 가지 프로젝트에 대해 살펴보자. 일부 프로젝트와 이와 관련된 기회들은 콘텐

표 12.1 모바일이 제공해주는 기회

프로젝트	모바일이 제공하는 기회	근거	요구되는 노력
콘텐츠 관리 시스템	전송 채널	한계비용으로 콘텐츠 접근성이 높아짐	모바일 포맷에 콘텐츠 도구 추가
포털	모바일 접근	수행 지원을 더 폭넓게 제공	모바일로 접근 가능한 버전
지식 관리 시스템	배포 범위가 더 넓어짐	필요한 때와 장소에서 보다 자유롭게 지식에 접근함	모바일 버전으로 만들기
소셜 미디어	접근성이 더 높아짐	지식에 접근하여 공유하는 능력	모바일 접근 가능성
무선망	접근성이 더 높아짐	모든 기기에 접근할 수 있도록 함	IT 지원
모바일 기기	다른 부서의 프로젝트에 영향을 줌	한계 증가	학습용도로 사용 가능

츠 관리, 지식 관리, 무선망 설치, 포털 생성, 그리고 직원들의 역할 혹은 업무 범주와 관련되어 있다. 이들 각각은 왜 모바일이 중요한지에 대한 관련 근거 및 프로젝트를 엠러닝으로 확장하는 데 요구되는 노력들을 가지고 있다. 〈표 12.1〉에 이러한 모바일에 제공되는 기회를 나열하였다.

만일 콘텐츠 관리 시스템을 설치하려 한다면, 모바일 접근성을 확보했는지 여부를 따져보아야 하며, 없다면 이를 준비해야 한다. 모바일 콘텐츠 저장소를 확보해두어야 개인 사용자가 접근해서 볼 콘텐츠를 저장소에 추가할 수 있다. 또한 사용자가 콘텐츠를 콘텐츠 관리 시스템에 업로드할 수 있는지 여부를 확인한 후 그 시스템의 용량이 충분한지를 따져보아야 한다. 아울러 콘텐츠를 사용 가능하게 하기 위해 사용자들이 어떻게 계획을 수립하는지를 알아본 후 모바일 포털에 대해서도 확보해야 한다.

이와 유사하게, 만일 포털을 시작하려 한다면, 그 포털이 모바일 접근성이 있는지, 없다면 가능할지를 알아봐야 한다. 엠러닝에 있어 커뮤니티, 업무 혹은 다른 의미 있는 구조 주변에 콘텐츠를 조직할 수 있는 능력은 중요하다. 이상적으로, 업무부서가 아니라 학습자를 위해 포털이 사용될 수 있도록 지원해주는 포털 프로세스가 있어야 한다.

만일 지식 관리 시스템 프로젝트가 진행 중이라면 지식을 수집하여 공유하거나 전문지식의 위치를 제공하는 것을 시도해볼 수 있고, 자원에 모바일 접근을 가능하게 하여 지식 관리 시스템으로 하여금 보다 광범위한 대상과 보다 많은 맥락에 영향력을 행사할 수 있다. 물론, 수반되는 활동은 모바일 기기를 통해 프로젝트를 가능하게 해준다.

관련된 주제에 대해 사람들로 하여금 의사소통하게 하고 협동할 수 있게 해주는 소셜 미디어 프로젝트 또한 모바일 가능성을 제안하는 기회를 제공한다. 지식을 공유할 수 있도록 접근성을 제공하는 것은 수행생태계의 플러스되는 구성요소이다.

만일 무선망이 설치되는 중이라면 랩톱이 없더라도 스마트폰이나 태블릿과 같은 무선기기를 통해 생산성을 낼 수 있다. 따라서 다양한 종류의 장치들을 지원할 수 있는 무선망이 가능하도록 로비하는 것은 중요한 일이다.

만일 어떤 그룹이 모바일 기기를 배포하는 중이며, 영업 팀 내에서 의사소통을 장려하거나 현장지원 서비스 담당자들이 데이터에 접근할 수 있도록 한다면 더 나은 학습과 성과를 내는 데 필요한 능력을 끌어올릴 수 있는 기회가 된다. 적어도 그러한 초기 단계의 노력들로 공들여진 기회들은 조직 전반을 모바일화하려는 더한 노력들에 영향을 미칠 수 있다.

전략화하여 모바일 기회를 발굴해냄으로써 엠러닝에 대한 프로젝트는 성공 가능성이 더 높아질 것이다.

생각해볼 문제

01 이러닝 전략을 지속적으로 개발하고 있는가?

02 수행자의 '경험' 을 고려하고 있는가?

03 모바일을 보다 큰 이러닝 전략에 통합하였는가?

13

TRENDS AND DIRECTIONS

모바일러닝의 트렌드와 향후 방향

여러 번 언급한 바와 같이 엠러닝 시장은 역동적이다. 모바일 기기들은 끊임없이 진화하면서 종종 혁명적인 변화도 나타난다. 공급자들은 경쟁적으로 선점하려 하고, 플랫폼 사업자들은 나타났다 사라진다.

이렇듯 혼란스러운 상황 속에서 몇 가지 패턴과 경향이 나타나고 있는데, 이를 이해하기 위한 노력을 기울일 필요가 있다. 이들 중 일부는 아직 실현되지는 않았지만 이들 모두 십중팔구 가능성을 가지고 있다.

모바일의 확장

모바일의 전달성에 대한 높아지는 관심은 우리가 목도하고 있는 경향 중 하나이다. 학습 관리 시스템에서부터 웨비나에 이르는 도구들은 모바일 전달성이 확장된 것으로 볼 수 있다. 예를 들어, 고등교육에서 사용할 수 있도록 개발된 학습 관리 시스템인 블랙보드Blackboard는 여러 가상회의 도구들처럼 모바일 인터페이스를 갖고 있다.

모바일 기기와 데스크톱의 PIMpersonal information manager(개인정보를 관리해주는 프로그램) 간의 데이터 공유에 대한 모든 아이디어는 다른 정보 응용 프로그램으로 유사하게 확장되고 있다. 모바일 기기 특히 융 · 복합된 기기들은 성능이 월등히 좋아지면서 데스크톱 응용 프로그램의 일부가 모바일화되고 있다. '오피스' 계열의 워드, 프레젠테이션, 스프레드시트의 모바일화가 그 예이다.

이와 유사하게, 정보를 호스트 컴퓨터에 두게 하여 장소에 구애하지 않고 접근할 수 있게 하는 여러 '공유' 도구들도 모바일 버전이 생기고 있는데, 이를 '클라우드cloud' 라고 부른다.

클라우드 시스템

각종 센서를 통해 데이터가 어떻게 이동하는지 알기 어렵다. 그러나 어떤 의미에서 그것은 더 이상 문제가 되지 않는다. 네트워크에 접속되어 있는 한 데이터가 어디로 갔거나 처리되었는지를 알아야 할 필요가 없어진다는 것이다. 에버노트Evernote와 같은 프로그램은 데이터를 가져다가 인터넷상에 저장하는데, 사용자가 어떠한 플랫폼에 있든지 간에 그 데이터에 접근해서 다룰 수 있도록 해준다. 이 데이터는 클라우드에 있다고 할 수 있다.

더 강화된 버전으로 웹 기반 어플리케이션이 있다. 클라우드 컴퓨팅에서 웹사이트는 데스크톱 컴퓨터의 어플리케이션과 같은 기능을 제공한다. 결과적으로 웹브라우저를 구동할 수 있는 정도의 간단한 OS를 가진 매우

단순한 기기만 있으면 충분하고, 브라우저를 통해 어플리케이션이 실행되면 모든 것이 끝난다. 다른 회사들도 이것과 유사한 버전을 가지고 있지만 그중 구글은 간단하면서 속도가 빠른 크롬이라는 브라우저와 이 브라우저를 구동하는 크롬 OS라는 미니멀리스트 OS를 개발하여 한 발 더 앞서고 있다.

클라우드가 내세운 콘셉트는 바로 디지털의 세세한 사항을 최소화하는 것이다. 따라서 다운로딩, 어플리케이션 지원 여부, 데이터가 어디에 있는지를 고민할 필요가 없으며 장소와 무관하게 단지 데이터에 접근하기만 하면 된다.

모바일이 가지는 함의는 두 가지이다. 첫째, 로그인 상세정보는 어디에서 작업하든지 간에 필요하다. 브라우저가 있고, 네트워크에 연결된 기기라면 그것은 컴퓨터가 된다. 둘째, 복잡한 기기는 필요치 않다. 필요한 모든 것은 브라우저와 인터넷 연결이기 때문에 어떠한 기기든 컴퓨터로 쓸 수 있다.

라이트테크놀로지Write Technology[1]사의 Michelle Lentz는 모바일 기기에 대한 블로그를 운영하는 블로거인데, 스스로를 "클라우드 안에서 살고 있다."라고 말한다. 그녀가 사용하는 모든 데이터와 어플리케이션은 인터넷에 기반하고 있다. 그녀를 아는 여러 사람들은 그녀가 데이터를 로컬에 별도로 백업하고 있지 않은 것에 대해 걱정한다. 최근 주요 공급자와 소프트웨어 협력회사가 운영상의 실수로 모든 사용자의 전화 정보를 잃어버렸는데 이 사례는 우리에게 주의를 기울여야 하는 충분한 이유를 보여준다.

클라우드를 도입할 때 조직이 고민해야 하는 여러 측면이 있다. 첫째, 클

1) 역자 주 : 라이트테크놀로지사는 교육 분야에 소셜 미디어 적용을 컨설팅해주는 회사. 웹사이트는 www.write-tech.com

라우드의 보안이 잘되어 있는가이다. 어떤 회사에서는 클라우드 기반의 서버를 설치하면서 그 자체의 보안을 최고 수준으로 높여 운영한다. 물론 인터넷 연결이 끊기면 기본적으로 근무할 수가 없게 된다. 둘째, 소프트웨어 구입에 드는 비용이 더 절감되지만, 응용 프로그램 공급자로부터 지원을 기본적으로 아웃소싱해야 한다.

앞으로 보다 많은 영역에서 클라우드 컴퓨팅 기술이 활용될 것이다. ReadWriteCloud(2010)에 실린 주니퍼리서치Juniper Research사의 산업 분석가가 작성한 최근 연구보고서에 따르면 2014년에는 1억 3,000만 명이 모바일 클라우드에서 업무를 수행할 것으로 예상된다.

영향력

모바일의 이점은 그 이름에서 알 수 있듯이 이동 용이성을 지원하는 폼팩터form-factor[2)]에 있다. 동일한 폼팩터라 하더라도 기기는 더 작고 가볍게, 에너지 소비율은 더 낮게, 배터리는 더 오랫동안 유지되기를 원한다. 기술 혁명은 계속적으로 더 나은 성능의 배터리 기술이 나오게 하고, 프로세서의 전력 소비량을 줄이게 하고, 보다 큰 용량의 메모리를 추가하게 만든다.

모바일 기기를 재활용하거나 제조하는 과정에서 생산되는 유해 폐기물과 같은 모바일 기기의 환경문제에 대한 족적을 감소시키거나 이들 제조에 소요되는 전력과 이 장치 자체의 전력을 절감하려는 노력도 있다. 태양광 기술은 이미 충전지로 출시되어 있으며, 태양광 전지가 모바일 기기에 부착될 날도 머지않았다. 특히나 개발도상국이나 외진 곳에서는, 일반적

2) 컴퓨터 하드웨어의 크기 · 구성 · 물리적 배열, 소프트웨어 프로그램의 크기나 유효 메모리 크기, 하드웨어나 소프트웨어의 점유 공간

인 전력망을 통하는 것이 아니라 에너지원으로부터 전력을 얻는 것이 가장 중요한 컴퓨터의 성능이라고 할 수 있다.

나노기술 또한 중요한 혁신 기술인데, 이는 분자 혹은 원자 수준에서 물질을 조립하는 것이다. 이러한 접근은 단지 구조적인 물질뿐만 아니라 메모리, 프로세서, 배터리와 심지어 충전 용량까지 포함하여 보다 더 소형화하는 가능성을 보여준다.

기술이 진보함에 따라 모바일 기기는 성능 면에서 더 강력해질 것이다.

센서망

수천 혹은 수만 개의 센서가 있고, 이것이 전국에 흩어져 있다고 가정해보자. 데이터들이 동화상으로 모아질 것이다. 대부분의 모바일 기기들도 센서를 장착하고 있다. 어떤 것들은 가끔 사용되고(예 : 카메라) 어떤 것들은 항상 사용된다. 이것은 무엇을 시사하는가?

새로운 형태의 센서 중 하나는 가속도계이다. 지진이 발생한다면, 가속도계의 데이터를 모아서 지진이 이동하는 상황에 대한 정보를 얻을 수 있을 것이다. 시계나 전용 GPS 장치에 들어가는 또 다른 형태의 센서는 기압계이다. 기압은 기상관측의 중요한 요소이다. 기압계로 기후 전선의 보다 정확한 데이터를 얻을 수 있을까? 이를 온도 정보와 결합시킨다면 더욱 강력한 센서가 될 수 있을 것이다.

센서 기술이 소형화됨에 따라 대기의 질 및 방사선 감시기능 등을 인식하는 센서를 포함시킬 수 있다. 대역폭과 배터리 수명이 늘어남에 따라 센서는 계속해서 데이터를 송신할 수 있으며 환경 상황에 대한 보다 자세한 정보를 보유할 수 있다.

알려진 지역과 데이터를 연관시켜 GPS를 보다 정확하게 하거나 가상의 감시 비디오를 만들 수 있다. 또한 나침반 및 GPS 정보를 합쳐서 카메라가 향하는 방향과 다른 방향을 결합하여 위치를 3D로 기록할 수 있다.

물론 사생활 침해 문제가 걸려 있지만 센서 네트워크의 잠재적 능력은 대단히 흥미롭다.

게임이 나아가야 할 방향

필자는 학습용 게임을 설계하는 방법에 대한 책을 쓰면서, 자연스럽게 엠러닝 게임에 대한 관심을 갖게 되었다. 모바일 게임이란 무엇인가? 이것이 학습에 가져다주는 잠재성은 무엇인가?

모바일 게임은 휴대용 게임 플랫폼뿐만 아니라 다른 기기에서도 구동되어야 해서 점점 정교해지고 있다. 팩맨이나 테트리스같이 간단히 패턴을 맞추고 시간 내에 반응하는 일명 '트위치twitch' 게임부터 어드벤처, 전략, 그리고 보다 인지적인 장르에 이를 정도로 게임은 발전하고 있다.

이런 유형의 게임들은 맥락 구체성이 떨어져 보통 다른 행동을 하지 않을 때 시간 때우기에 이용되었다. '트위치' 게임은 '프레임frame' 게임으로 불리기도 한다. 숙련되어야 하는 지식을 마치 퀴즈쇼 템플릿과 같은 프레임에 넣어 지식 여부를 검사하는 게임이다. 이것이 가진 단점은 낮은 수준의 학습목표 때문에 템플릿이 과용될 수 있다는 것이다.

게임의 유형이 다양해지면서 휴대장치에서 보다 의미 있는 게임을 할 수 있는 기회도 왔다. 시뮬레이션 기반의 상호작용은 이 책의 저자가 저술한 *Engaging Learning: Designing e-Learning Simulation Games* (2005)의 핵심 내용인데, 엠러닝 게임에도 동일한 원리가 적용된다.

편리함에서 맥락 구체성으로 넘어가는 단계는 새로운 기회를 제공한다. 증강 현실 게임Augmented Reality Games, ARGs과 같은 모바일에 특화된 게임 유형은 특정 활동이 실생활 위에 겹쳐 있게 하여 언제 어디서나 상호작용하고 싶은 욕구를 충족시키는 장점을 갖고 있다. 모바일이나 다른 것을 통해 들어올 수 있고, 의사결정과 행동을 필요로 하는 메시지가 제시된다. 이에 더해 환경적인 객체들은 특정 역할을 수행한다. 컴퓨터 게임을 홍보하려는 어떤 게임에서 특정 영역 주변에 있는 플레이어들은 게임을 진행하는데 필요한 단서를 메시지로 받기 위해 특정 시간에 특정 도시의 특정 교차로에서 누군가의 특정 전화를 받도록 스스로 조작해야 한다.

게임을 통한 학습이 가진 잠재성은 엄청나다. 예를 들어 학습자로 하여금 수습 과정으로 실제 회사건물 주위에서 보물찾기 게임을 하는 것이다. 예를 들어 학습자들은 인사 팀, 식당, 자신의 사무실을 찾기 위해 단서들을 따라가야 한다. 회사의 문화와 역사를 습득하도록 조직의 전통과 관련된 이야기들을 켜켜이 쌓아둘 수 있다. 또는 플레이어가 되게 하여 실제로 과업을 수행하기 전에 모의과제를 수행해보도록 할 수 있다.

필자는 미래연구소Institute for the Future, IFTF[3]에서 하는 시연을 위해, 캘리포니아 주의 팔로알토 시내에 증강 현실 게임을 퍼트리기 위해 레드세븐커뮤니케이션Red7 Communication사의 Jim Schuyler를 도운 적이 있다. 플레이어는 도둑맞은 물건을 찾기 위하여 증강 현실 게임 "Floodman's Torus"와 같은 수수께끼를 해결해야 했다.

만일 영화 "더 게임The Game"[4]을 본 적이 있다면 게임의 진수를 맛볼 수

3) 역자 주 : 1968년에 인터넷 선구자이자 패킷 스위칭의 공동개발자인 Paul Baran, 미래학자인 Theodore Jay Gordon, 델파이방법의 공동창시자인 Olaf Helmer가 설립한 미래기술 등을 연구하는 씽크탱크 집단

4) 역자 주 : 1997년 개봉한 스릴러 장르의 미국 영화

있다(만일 본 적이 없다면 보길 권한다). 이 영화에서 주인공은 우연히 어떤 게임에 등록하게 되면서 단서를 가지고 그 게임을 미스터리하게 시작한다. 메시지는 주인공 주변의 기계에서 제공되기도 하고 낯선 사람으로부터 불쑥 받기도 한다. 여기에서 중요한 점은 게임을 일상생활에 넣었다는 점이다.

이러한 학습 형태는 더할 나위 없이 효과적이라는 잠재성을 가지고 있지만 학습 상황이 바뀔 수 있기 때문에 '다음 단계'의 학습 경험으로 넘어갈 수 있는 기회를 준비해두어야 한다.

모호한 경계선

최근에 이루어진 기술 진보 중 하나는 가상세계virtual world, VW 영역이다. 컴퓨터 인터페이스를 통해 3D로 표현된 가상세계에 들어가 돌아다닐 수 있다. 이 세계에서는 현실세계에서는 할 수 없는 일들, 예를 들면 날아다니는 것과 같은 것을 할 수 있다. 여기에서 겪게 되는 경험은 1인칭 주인공(혹은 관찰자) 시점에서 하는 컴퓨터 게임인 FPSfirst-person shooter[5]와 비슷하다. 가장 잘 알려진 사례에는 린든 랩[6]의 세컨드라이프가 있다.

가상세계가 가져다주는 실질적인 이점이 있다. Karl Kapp과 Tony O'Driscoll이 최근작 *Learning in 3D: Adding a New Dimension to Enterprise Learning and Collaboration*(2010)에서 학습의 일부 구성

5) 역자 주 : 1인칭 슈팅 게임으로 사용자의 시점, 즉 1인칭 시점에서 총기류를 이용해 전투를 벌이는 슈팅 게임의 일종. 게임 속 캐릭터의 시점과 사용자의 시점이 동일해야 하기 때문에 보통 3D 방식으로 제작되며, 다른 게임에 비해 높은 사실감을 필요로 함

6) 역자 주 : 린든 랩은 2003년 6월 인터넷 기반의 가상세계인 세컨드 라이프(Second Life)를 오픈. 웹사이트는 www.secondlife.com

요소로 3차원이 필요할 때, 그리고 사회적 상호작용이 결과물을 효과적으로 만들어내는 역할을 할 때 실감나는 세계가 가져다주는 이점을 개념적인 설명과 구체적인 예로 잘 묘사하고 있다.

가상세계와 증강 현실은 아주 유사하다. 두 경우 모두 현실을 더 현실감 있게 만들기 위해 바뀐 것인데, 하나는 가상이고 나머지 하나는 실제라는 데 그 차이가 있다. 여기에서 제공되는 정보는 콘텐츠 제공, 의사소통, 계산, 정보 수집 등이 잘 통합되어 전달되기 때문에 실세계 같거나 더 낫기도 하다.

연결성은 갈수록 강해지고 있다. 이미 모바일 어플리케이션으로 페이스북, 링크드인, 트위터 등과 같은 SNS로의 접속이 가능한데, 이러한 현상은 가상세계로까지 확장될 것이다. 가상세계에서 SNS는 이제 이 '세계 안' 에서뿐만 아니라 밖에서도 접근이 가능해서 이 책을 읽는 순간에도 모바일 기기로 가상세계를 돌아다닐 수 있다. 가상세계에 있는 당신의 친구가 실세계에 있는 당신과 연결되거나 그 반대의 경우도 있을 수 있다.

스마트한 '푸시'

웹 2.0에서 웹 3.0으로 전환되면서 나타난 여러 경향 중 하나는 웹 1.0을 '생산자가 제작한' 콘텐츠로 칭하는 것이었다. 웹 1.0 콘텐츠는 진귀한 지식이나 자원을 담기 위해 콘텐츠 제작 전문가가 협업하여 웹페이지를 제작하고 웹에 게시하여 외부로 보이도록 서버를 관리해야 했다.

웹 기반 응용 프로그램이 웹에 게시될 수 있는 콘텐츠 제작을 수월하게 해주게 되면서 웹 2.0이라는 '사용자가 제작한' 콘텐츠가 등장했다. 누구라도 이야기, 사진 심지어 비디오를 공유할 수 있는 사이트가 생겨난 것이

다. 웹 2.0 콘텐츠의 또 다른 구성요소를 이러닝 길드의 Brent Schlenker가 5-ables라는 용어로 표현하였다.

- 검색 가능성searchable : 콘텐츠는 다른 사람이 검색할 수 있도록 웹상에 있을 수 있다.
- 연결 가능성linkable : 콘텐츠는 URL이나 링크로 연결될 수 있다.
- 태그 가능성taggable : 콘텐츠는 특정 용어로 찾을 수 있도록 누군가에 의해 의미가 부여되어 기술될 수 있다.
- 편집 가능성editable : 콘텐츠는 다른 이에 의해 개선되거나 의견이 달릴 수 있다.
- 구독 가능성subscribable : 업데이트나 변경된 것을 트래킹하고 싶은 특정 콘텐츠를 나타낼 수 있다.

이러한 요소들로 인하여 사용자가 제작한 콘텐츠는 그냥 존재하는 것이 아니라 공유되고 개선되는 선순환을 이루면서 가치가 부가될 수 있는 것이다.

〈그림 13.1〉에서 보듯이 다음 단계는 웹 3.0으로 이는 시스템이 생성한 콘텐츠이다. OWLOntology Web Language[7], RDFResource Description Framework[8] 같은 개념들이 시스템 생성 콘텐츠에 필요한 기능을 제공해주

7) 역자 주 : 웹 온톨로지 언어(OWL)는 온톨로지를 웹에서 표현할 수 있는 W3C의 표준 언어로 여기에서 온톨로지란 사람들이 사물에 대해 생각하는 바를 추상화하고 공유한 모델로, 정형화되어 있고, 개념의 타입이나 사용상의 제약조건들이 명시적으로 정의된 기술. OWL은 이러한 온톨로지를 발간하여 공유하기 위한 시멘틱 웹 생성언어

8) 역자 주 : RDF는 웹에 있는 자원에 관한 메타 정보를 표현하기 위한 언어로 가장 기본적인 시멘틱 웹 언어이며 웹 자원을 표현하는 데 기본이 되는 제목, 저자, 최종 수정일, 저작권과 같은 웹 문서에 관한 메타 데이터를 XML을 기반으로 매우 간단하게 표현함

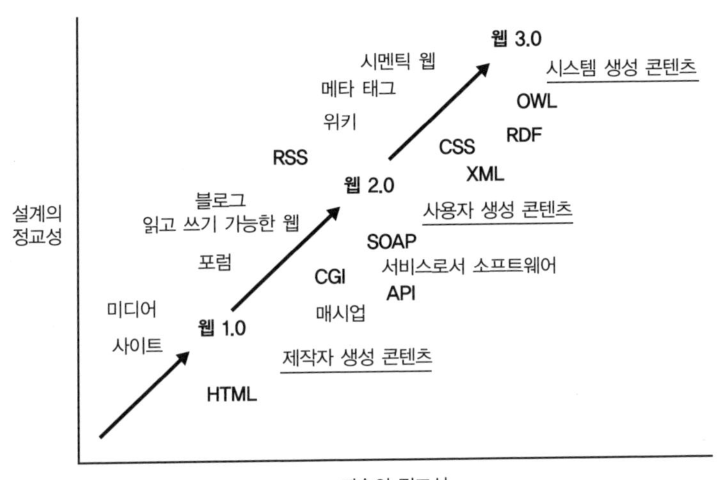

그림 13.1 웹의 변천

고 있다. 이것은 시스템이 독창적인 콘텐츠로 구성되어 있다는 것이 아니라 외부 정보에 더해 데이터를 시스템과 합친 후 구체적이면서 시멘틱한 조건하에서 콘텐츠를 제공하는 것을 말한다.

이와 관련된 여러 가지 예가 있다. 연산 방식의 검색엔진인 울프럼 알파 Wolfram Alpha는 사용자가 질문을 던지면 체계적으로 구축한 방대한 정보를 기초로 연산을 통해 원하는 결과를 제공한다. 구글처럼 중요도순으로 정렬된 링크 페이지가 아니라 질문에 대한 정확한 답을 주는 것이다. 아마존닷컴의 추천 기능 역시 많은 사용자들로부터 구매 기록을 모아서 범주화하고, 사용자들이 좋아하는 책들을 알아낸다.

이것을 여기에서 언급하는 이유는 맞춤 콘텐츠를 전달하기 위해 업무, 역량 및 학습 목표, 상황, 일정에 관한 정보를 활용할 수 있다는 가능성 때문이다. 일련의 규칙을 가지고 있는 지능형 엔진으로 일생 동안 우리는 학습자로서 개발해야 하는 올바른 정보를 수행 전, 중, 후에 제공 받을 수 있

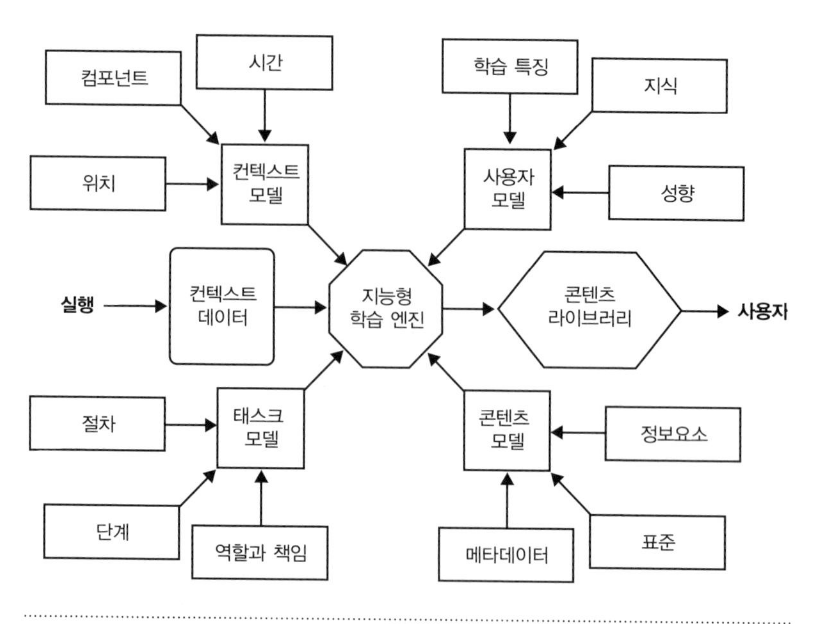

그림 13.2 지능형 학습구조

다(그림 13.2).

예를 들면 특정 사용자가 현재 코칭에 대해 배우고 있고, 공유를 위한 안전한 환경을 개발하는 업무를 하고 있다고 치자. 게다가 이 사람은 관리직에 있고, 코칭과 관련된 미팅을 곧 가질 예정이다. 이때 시스템은 특정 학습 목표를 사전에 검토하여 일어날 전반적인 과정을 위해 참조표를 제공한 후 그 검토 결과에 따라 도움을 제공해주거나 멘토를 연결시켜줄 수 있다. 따라서 실제 수행은 학습 기회가 되는 것이다.

스마트한 푸시 기능의 총체적인 목표는 필요할 때 지원을 제공해주는 보다 효과적인 파트너로 특정 시스템을 만드는 데 있다.

느린 학습

슬로푸드(지역의 자연식품을 찾는 데 시간을 들이고, 정성스레 조리하고, 천천히 즐기면서 먹는 것을 주장하는 운동)에 영감을 받아 '느린 학습'이라는 개념이 만들어졌다. 자연스러운 학습을 일종의 이벤트가 아니라 시간을 들여서 개발되는 과정으로 인식했을 때 연구 문제는 학습에 시간을 들일수록 학습자를 개발하는 데 있어서 보다 철저하게 접근하게 되는지 여부이다. 이는 현실세계에서의 멘토링과 코칭이 행해지는 것과 같은 것이다. 이것을 모바일로 할 수 있을 것인가? 물론 가능할 것이다.

점적관개라 불리는 물방울식의 급수와 홍수처럼 쏟아져 나오는 전형적인 살수 방식의 패러다임을 비견해서 생각해보자. 없어져버릴 많은 양의 정보를 부어버리는 대신에 앞서 살펴본 분산학습같이 제공되는 정보를 조금씩 늘려 가면 어떠한가. 물방울식의 급수처럼 지능적이지 않게 할 수도 있지만, 그 이상의 것을 할 수도 있다. 학습자로부터 나온 일부 반응으로 어느 정도 대량 맞춤화를 하고, 일부 실증적 결과를 바탕으로 하는 특정 시스템을 통해 학습자들로 하여금 자신의 속도에 맞추어 학습하도록 하여, 학습자의 능력을 신장시키고, 종국에는 학습자들은 자신의 삶을 신장시켜 줄 수 있을 것이다.

지능형 학습구조, 이를 구성하고 있는 요소들의 명확한 정의, 스마트한 몇 개의 규칙이 있으면 맞춤식 학습을 제공하는 것이 가능하다. 금방 도래하지는 않지만 실현될 수 있기 때문에 그렇게 될 것이라는 것을 예측하는 것이 어렵지 않다. 이것은 모바일에 국한된 것은 아니지만 모바일이기 때문에 독특한 기회를 제공하는 것이다.

메타인지 모바일

느린 학습의 한 극단은 메타인지적으로 학습자의 능력을 신장시키는 것인데, 여기에서 학습자는 특정 영역에 대한 지식뿐만 아니라 자신의 학습 및 자기 자신에 대한 지식을 개발하게 된다. 여기서의 목표는 시간 관리, 특정 유형의 정보 처리, 전략적으로 학습하는 방법 및 수행하는 방법을 배우는 학습자의 능력을 살펴본 후 이를 신장시키는 데 있다.

학습자가 어떤 불편한 상황에 처해 있는 것을 우리가 우연히 알게 되었다고 상상해보자. 이들을 그저 안심시킬 수도 있겠지만, 이것보다 더 많은 것을 해줄 수 있을 뿐만 아니라 그 상황에 더 잘 대처할 수 있도록 안내해 줄 수 있다. 음성으로 된 프레젠테이션을 듣는 데 어려움을 겪는 학습자에게 강의 내용의 도식화를 권하거나 혹은 사회적 상황에서 청취에 어려움을 겪는 학습자에게 대화가 시작될 때 어떤 도움을 제공해줄 수 있는데, 메타인지 모바일 시스템은 이에 더 나아가 단지 학습자의 현재 역할 수행에 필요한 비즈니스 기술이 아니라 개별적으로 학습자들의 역량을 개발하는 데 초점을 둘 수 있다.

예를 들어, 협력을 지원하는 소셜 미디어 소프트웨어를 제공하면 학습자가 효과적으로 사회적 학습을 할 것이라는 가정은 잘못된 판단이다. 개발되어야 하는 기술을 명시화하여 그것을 평가하고 개발해야 한다. 모바일 전달은 학습자들을 더 광범위한 곳까지 이르게 해주어 보다 다양한 맥락에서 사회적 학습을 하게 해준다.

모바일 시스템에서 고려해야 하는 것은 모바일의 가능성이 극대화되도록 밀어붙여서 학습자들이 최고의 상태로 수행하는 것을 돕는 데 있는 게 아니라 이들이 최고가 될 수 있도록 돕는 데 있다.

생각해볼 문제

01 새롭게 개발되고 있는 것들을 파악하고 있는가?

02 변화를 기회로 삼을 준비가 되어 있는가?

14

GET GOING (MOBILE)

모바일러닝 실행에 옮기기

우리는 먼 길을 왔다. 왜 엠러닝을 고려해야 하는지에 대한 개관, 기술과 학습에 대한 기반 지식, 엠러닝의 구체적인 사례, 어떻게 모바일을 생각할 것인가에 대한 원리, 모바일 솔루션 프로세스에 대한 가이드, 보다 거시적이고 장기적인 차원에서 고려해야 할 사항에 대해 살펴보았다. 지금쯤 엠러닝을 하는 데 필요한 도구들을 갖추었을 것이다.

이제 마지막으로 남은 것은 엠러닝을 시작하는 일이다.

지금쯤 우리는 엠러닝은 현실이고 할 수 있는 것이라고 설득할 수 있어야 한다. 엠러닝은 실제 가치를 가지고 있으며, 누구나 모바일 콘텐츠를 개발할 수 있을 정도로 장벽도 충분히 낮다. 또한 생산적인 방식으로 조직 목표를 충족시키는 데 모바일이 기회라는 것을 알아챘을 것이다.

이제 나가서 엠러닝 프로젝트를 시작하길 바란다. 선취한 자원으로 하향식으로 혹은 지원인력을 선발하여 상향식으로 시작하여 진지하게 조치를 취할 때이다.

모바일러닝 시작하기

몇 명은 이미 착수에 필요한 것과 이것을 어떻게 부를지에 대한 계획을 수립했을 것이다. 잘 진행하기를 바란다.

몇 명은 동료나 관리자들과 엠러닝에 대해 논의를 시작하겠다고 결심했을 것이다. 이에 필요한 자료는 이 책과 웹사이트 www.designingmlearning.com에 있다.

그러나 누구라도 망설이고 있다면 최소한 이것을 시도해보자. 가지고 있던 혹은 새로 구입한 모바일 기기를 가지고 안주함으로부터 벗어나보자. 모바일 기기가 우리의 생활을 보다 스마트하게 해주는 방법에 대하여 가능한 많이 체험해보자. 여러 방법에 대하여 다르게 생각해보고 또다시 우리에게 적용해보자.

모바일은 세상을 바꿀 수 있는 힘을 가지고 있다. 우리는 모바일을 활용함으로써 역량 강화라는 시너지 효과를 얻을 수 있는 새로운 기회를 얻었다. 이러한 역량을 유용하게 사용하는 것은 우리에게 달렸다. 이 책에 있는 정보가 세상을 보다 좋은 곳으로 만드는 데 활용되길 희망하지만 필요로 하는 도움도 가능하다는 것도 알고 있어야 한다.

준비되었는가? 이제 엠러닝을 시작해보자!

부록

APPENDIX

부록 A

도구들

모바일 기능

기능	콘텐츠 접근	정보 수집	계산	의사소통

유형 구분

형식 학습	비형식 학습
콘텐츠 접근	
정보 수집	
계산	
의사소통	

미디어 유형

역할	
SMS	
오디오/음성	
문서	
비디오	
상호작용적 매체	

부록 B

체크리스트

분석

- ❑ 성과를 측정할 수 있는가?
- ❑ 새로운 스킬이나 수행 증진에 도움이 되는가?
- ❑ 수행의 맥락은 어떠한가?
- ❑ 과업과 관련된 이슈는 무엇인가(예 : 과업 수행에서 시각적 주의집중이 필요한가)?
- ❑ 사용자의 기기는 어떠한 것인가?
- ❑ 사용자가 모바일에 가장 편리하게 접속할 수 있는 방법은 무엇인가?
- ❑ 사용자가 가진 제약 조건은 무엇인가?
- ❑ 모바일 사용에 어떠한 제약 조건이 있는가?
  - ❑ 연결성

- ❑ 화면 크기
- ❑ 입력 장치 옵션
- ❑ 출력 장치 옵션

❑ 최종 학습 목표는 무엇인가?

- ❑ 목표가 단순히 지식을 습득하기 위한 것이 아닌 새로운 행동을 형성하는 데 있는가?

설계

❑ 상황은 무엇과 관련되는가?

- ❑ 콘텐츠
- ❑ 수집하기
- ❑ 계산하기
- ❑ 소통하기

❑ 팀에게 적합한 스킬을 모두 활용하였는가?

❑ 적절한 설계 절차를 거치고 있는가?

❑ 창조적인 산출물을 위하여 적절한 환경을 조성하였는가?

❑ 적절한 매체를 활용하였는가?

❑ 최대한 몰입하여 설계하였는가?

❑ 상황 맥락적인 요소를 고려하였는가?

❑ 적절한 정보 설계 원리를 적용하였는가?

❑ 단순하면서 일관성 있게 정보 아키텍처와 내비게이션 구조를 구성하였는가?

❑ 솔루션을 어떻게 최소화할 수 있는가?

❑ 다문화적 이슈를 고려하였는가?

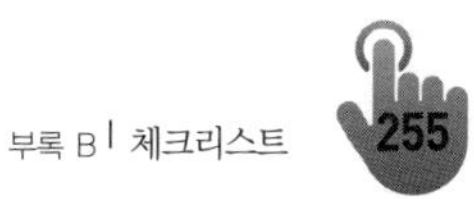

실행

- ❏ 설계물에 대해 프로토타입을 개발한 후 평가하였는가?
- ❏ 가장 효과적이면서 효율적인 전달 방법을 확인하였는가?
- ❏ 필요한 기술 인프라를 확보하였는가?
- ❏ 기술적 변화에 대비할 준비를 하였는가?
- ❏ 미래지향적인 계획을 가지고 있는가?
- ❏ 보상 체계를 가지고 있는가?
- ❏ 투자자가 있는가?
- ❏ 필요한 지원 체제를 개발하였는가?
- ❏ 솔루션을 위한 적절한 관리 및 통제 체제를 마련하였는가?
- ❏ 적절한 정책 및 절차를 마련하였는가?
- ❏ 접근성을 고려하였는가?

평가

- ❏ 평가 계획을 세워 두었는가?
- ❏ 평가를 위하여 어떠한 매트릭스를 사용할 것인가?
- ❏ 데이터 수집 계획은 어떠한가?
- ❏ 무언가 잘 되지 않은 경우나 개선이 필요한 경우 혹은 성공적인 경우에 대한 계획이 있는가?

참고문헌

Bozarth, J. (2010). *Social Media for Trainers.* San Francisco: Pfeiffer.

Carroll, J. (1990). *The Nurnberg Funnel: Designing Minimalist Instruction for Practical Computer Skill.* Cambridge, MA: MIT Press.

Clark, R., & Mayer, R.E. (2003). *e-Learning and the Science of Instruction: Proven Guidelines for Consumer and Designers of Multimedia Learning.* San Francisco: Pfeiffer.

Collins, A., Brown, J.S., & Holum, A. (1991). Cognitive apprenticeship: Making thinking visible. *American Educator, 12*(6), 38–47.

Collins, A., Brown, J.S., & Newman, S.E. (1989). Cognitive apprenticeship: Teaching the craft of reading, writing and mathematics. In L.B. Resnick (Ed.), *Knowing, learning and instruction: Essays in honor of Robert Glaser* (pp. 453–494). Mahwah, NJ: Lawrence Erlbaum Associates.

Cross, J. (2005). *Informal Learning: Rediscovering the Natural Pathways That Inspire Innovation and Performance.* San Francisco: Pfeiffer.

Cross, J., & Dublin, L. (2002). *Implementing e-Learning.* Alexandria, VA. ASTD Press.

eLearning Guild. (2007). *Mobile Learning 360 Research Report.* Santa Rosa, CA: eLearning Guild.

Gery, G. (1991). *Electronic Performance Support System.* Tolland, MA: Gery Performance Press.

IDC. (2010). More Than One Billion Mobile Workers Worldwide by Year's End, According to IDC. http://www.idc.com/getdoc.jsp?containerId=prUS22214110.

International Telecommunications Union. (2010). ITU sees 5 billion mobile subscriptions globally in 2010. http://www.itu.int/net/pressoffice/press_releases/2010/06.aspx.

Hutchins, E. (1995). *Cognition in the Wild.* Cambridge, MA: MIT Press.

ReadWriteCloud. (2010). How Many Enterprise Workers Will Work in the Mobile Cloud? Try 130 Million. http://www.readwriteweb.com/cloud/2010/03/how-many-enterprise-workers-wi.php.

Kapp, K., & O'Driscoll, T. (2010). *Learning in 3D: Adding a New Dimension to Enterprise Learning and Collaboration.* San Francisco: Pfeiffer.

Kirkpatrick, D. (1994). *Evaluating Training Programs.* San Francisco: Berrett-Koehler.

Metcalf, D. (2006). *mLearning: Mobile e-Learning.* Amherst, MA: HRD Press.

Morgan Stanley. (2009). The Mobile Internet Report. http://www.morganstanley.com/institutional/techresearch/mobile_internet_report122009.html.

Pink, D. (2005). *A Whole New Mind: Why Right-Brainers Will Rule the Future.* New York:

Riverhead Press.

Pink, D. (2008). *The Adventures of Johnny Bunko: The Last Career Guide You'll Ever Need.* New York: Riverhead Press.

Quinn, C. (2005). *Engaging Learning: Designing e-Learning Simulation Games.* San Francisco: Pfeiffer.

Quinn, C. (2009). Populating the LearnScape: eLearning as Strategy. In M. Allen (Ed.), *Michael Allen's eLearning Annual.* Pfeiffer: San Francisco.

Rossett, A., & Schafer, L. (2007). *Job Aids and Performance Support: Moving from Knowledge in the Classroom to Knowledge Everywhere.* San Francisco: Pfeiffer.

Ruder Finn. (2010). New Study Shows "Intent" Behind Mobile Internet Use. http://www.prnewswire.com/news-releases/new-study-shows-intent-behind-mobile-internet-use-84016487.html.

Thalheimer, W. (2003). *Spacing Learning: What the Research Says.* Somerville, MA: Work-Learning Research.

찾아보기

261

기타

저자 소개

Clark N. Quinn은 학습 시스템 설계를 위한 Quinnovation의 대표이다. Quinnovation에서는 Fortune 500, 교육, 정부, 비영리조직을 위한 전략적 솔루션을 제공하고 있다. 최근 Knowledge Universe Interactive Studio를 위한 연구와 개발을 수행하면서, Open Net과 Access CMC의 임원으로 활동하고 있으며, 오스트레일리아의 인터넷 기반 멀티미디어와 교육을 주도하기도 하였다. 또한 학습 공학 영역에서 다양한 저술 활동 및 발표를 하고 있는 국제적인 학자로, 뉴사우스웨일즈대학교, 피츠버그대학교의 Learning Research and Development Center와 샌디에이고주립대학교의 Center for Research in Mathematics and Science Education 등에서 강연하기도 하였다.

Clark는 캘리포니아대학교, 샌디에이고캠퍼스에서 인지과학 분야에서 박사 학위를 취득하였으며, 선도적인 소프트웨어 기업인 DesignWare에서 근무하였다. 또한 모바일러닝, 소셜 러닝, 수행 증진, 학습 시스템, 온라인 콘텐츠 심사, 교육용 게임, 웹사이트 등과 관련된 연구를 꾸준히 수행하고 있다. Clark는 학자일 뿐만 아니라 훌륭한 강연자이며, 최근 저술한 책으로는 *Engaged Learning, Designing e-Learning Simulation Games*가 있고 관련된 다양한 저술 활동을 하고 있다. 저자에게 궁금한 점은 clark@quinnovation.com, +1-925-200-0881, blog.learnlets.com, @quinnovator를 통해 전할 수 있다.

역자 소개

서영석

한양대학교 교육공학 박사

(현) 한국교육학술정보원

계명대학교 교육대학원

(전) 미국 남가주대학교(USC) 인지공학연구센터

권숙진

한양대학교 교육공학 박사

(현) 호원대학교 유아교육과

(전) LG CNS 소프트웨어아키텍처센터

방선희

한양대학교 교육공학 박사

(현) 국립외교원

(전) 한양대학교 BK21 차세대이러닝연구개발팀

정효정

한양대학교 교육공학 박사

(현) 단국대학교 교양기초교육원

(전) 한국방송통신대학교 원격교육연구소